SIMPLES LECTURES

POUR LES ÉCOLES

CAUSERIES DE FAMILLE

PAR

M. THÉRY

Inspecteur général honoraire de l'Instruction publique.

PARIS

LIBRAIRIE CLASSIQUE DE PAUL DUPONT

41, rue Jean-Jacques-Rousseau, 41

1876

SIMPLES LECTURES

POUR LES ÉCOLES

CAUSERIES DE FAMILLE

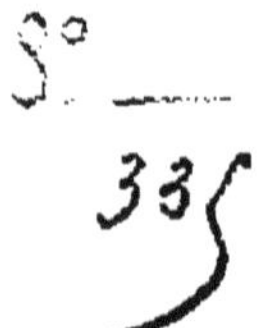

NOTE DE L'ÉDITEUR.

Les *Simples lectures, causeries de famille*, de **M.** Théry, se présentent avec un *double titre* à la confiance des écoles et des familles.

Ce livre a été *adopté officiellement pour les bibliothèques scolaires*, le 20 janvier 1876.

Plusieurs archevêques ou évêques l'honorent d'une *recommandation spéciale*.

La reconnaissance fait un devoir à l'auteur de mettre sous les yeux du public quelques lignes qui prouvent l'accueil bienveillant fait à son ouvrage par des juges si éminents :

« Je crois vos intéressantes *lectures* appelées à faire une impression salutaire sur nos chers élèves des écoles primaires, auxquels elles offriront des préceptes et des exemples aussi attrayants que moraux. Je ne puis donc que recommander votre livre et vous en féliciter. » (Lettre de **Mgr** le cardinal-archevêque de Rennes, du **18 février 1876**.)

. . . .

« Ce petit ouvrage, utile à la première jeunesse, peut l'être aussi aux instituteurs et aux parents, à cause du sentiment vraiment chrétien qui y est empreint, et de l'intérêt que vous avez su y répandre. » (Lettre de Mgr le cardinal-archevêque de Rouen, du 3 mars 1876.)

. . . .

« Je suis heureux de répandre et de recommander en toute occasion les bons livres comme le vôtre. Je le ferai bien volontiers pour les *Causeries de famille*. » (Lettre de Mgr l'évêque de Bayeux et Lisieux, du 14 février 1876.)

. . . .

« Simple par la forme et à la portée de l'âge auquel il est destiné, votre livre est élevé par la pensée qui l'anime. Vous l'avez dit avec raison : La religion, l'amour de la patrie, la vertu de chaque état en restent le fond sérieux. Il sera vraiment utile, et les enfants qui l'auront entre les mains ne peuvent que gagner à ces lectures. » (Lettre de Mgr l'évêque de Cahors, du 27 février 1876.)

. . . .

« Je verrai avec joie vos *Causeries* devenir celles des écoles et des familles de mon diocèse. » (Lettre de Mgr l'évêque de Moulins, du 13 mars 1876.)

De si précieux témoignages dispensent de tout commentaire.

CLICHY. — Imp. PAUL DUPONT, 12, rue du Bac-d'Asnières.

SIMPLES LECTURES

POUR LES ÉCOLES

CAUSERIES DE FAMILLE

PAR

M. THÉRY

Inspecteur général honoraire de l'Instruction publique.

DEUXIÈME ÉDITION

OUVRAGE ADOPTÉ

POUR LES BIBLIOTHÈQUES SCOLAIRES

et recommandé

Par NN. SS. les CARDINAUX-ARCHEVÊQUES

DE RENNES ET DE ROUEN

Et les ÉVÊQUES de BAYEUX, de CAHORS et de MOULIN

PARIS

LIBRAIRIE CLASSIQUE DE PAUL DUPONT

41, rue Jean-Jacques-Rousseau, 41

1877

PRÉFACE

Un bon livre de *lecture courante* est au premier rang parmi ceux que réclament les besoins de l'École.

Aussi les amis de l'enfance ont-ils souvent essayé d'écrire ce livre nécessaire.

Leurs efforts ont été appréciés. Quelques-uns de ces modestes ouvrages sont devenus populaires, et méritaient de l'être.

Mais le temps marche, et chaque époque a son caractère. Un livre de *lecture courante* a dû et devra toujours enseigner les vérités morales; il doit faire plus aujourd'hui, et enseigner aussi les devoirs publics, en harmonie avec les devoirs de la vie privée.

Deux écueils sont à craindre dans les livres de ce genre : Graves et abstraits, ils ennuient l'enfance; superficiels et frivoles, ils l'amusent sans profit. L'idéal, ce serait l'heureuse combinaison de la solidité et de l'agrément, de l'unité dans la pensée et de la variété dans les moyens.

Cet idéal, nous ne nous flattons pas de l'avoir réalisé ; nous ne prétendons qu'au mérite de l'effort.

Nous avons écrit, non pas avec l'autorité du savant, mais avec le cœur du père de famille.

Aucune des questions qui intéressent l'enfance ne nous a été indifférente, car l'enfant prépare l'homme, et l'écolier sera un jour le citoyen.

La religion, l'amour de la patrie, les vertus de chaque état resteront le fond sérieux de notre livre. Quant à la forme, nous avons toujours eu présente cette maxime de notre bon La Fontaine :

> Une morale nue apporte de l'ennui ;
> Le conte fait passer le précepte avec lui (1).

(1) Livre VI, fable 1.

SIMPLES LECTURES

POUR LES ÉCOLES

I

NOS AMIS

Voyez-vous, à l'entrée de ce faubourg d'une petite ville bretonne, une maison modeste, dont la blancheur tranche sur les murs grisâtres des maisons voisines?

Entrez-y avec moi; vous serez frappé de la disposition commode des appartements, de la propreté, de l'ordre qui règnent dans chaque pièce. N'y cherchez pas le luxe; vous n'y trouverez que la médiocrité, mais une médiocrité de bon goût, en rapport sans doute avec la fortune du propriétaire.

A l'extrémité de ce corridor du rez-de-chaussée, sur lequel ouvrent, à droite et à gauche, le salon, la salle à manger, la cuisine et un cabinet de travail, vous descendez par un perron bien simple, de six marches, dans un petit jardin, moitié potager, moitié parterre, vrai trésor, qui suffit à l'entretien du ménage et aux jeux de trois jeunes enfants.

A la première vue, vous serez tenté de dire : ce doit être la demeure d'un sage ; vous aurez deviné juste.

C'est là en effet que vit un bon père de famille, un ancien officier. Il ne s'est pas enrichi au service. Sa pension de retraite et le complément que lui vaut sa croix d'honneur composent à peu près tout son avoir.

Nous avouerons cependant qu'il lui était échu un petit héritage, et qu'il en avait profité pour construire, dans sa ville natale, ce nid paisible, aimant à répéter le joli vers de Florian :

Pour vivre heureux, vivons cachés (1)

Cet excellent homme avait eu le bonheur d'épouser une femme sensée, active, et il avait reçu du ciel trois jolis enfants : Alfred, jeune garçon qui atteint ses douze ans au moment où commence notre histoire ; Gustave, dont les huit ans donnent des espérances, et une fillette de dix ans, Blanche, qui vient déjà en aide à sa mère.

La maisonnette était bien l'ouvrage de M. Durand, car il en avait été non-seulement l'architecte, mais, en partie, le charpentier, le maçon et le peintre. Grâce à cette variété de talents utiles, il était devenu propriétaire à bon marché. Son jardin surtout lui tenait au cœur. Il l'avait dessiné ; il le cultivait avec amour, persuadé que ce labeur innocent et ce commerce avec la nature délassent, fortifient en même temps l'esprit et le corps.

(1) Fables, livre II, fable 1.

Un petit jardin, disait-il, est d'un prix inestimable pour la première éducation des enfants. Ils y puisent la santé ; il y développent leurs forces ; ils y commencent sans fatigue l'étude si attrayante des plantes et des fleurs. On a bien raison de rechercher une récréation si aimable, où tout est charme et profit.

Voyez-vous. disait encore M. Durand à un voisin qui lui rendait sa première visite, cet arbre que j'ai planté devant le perron, ou plutôt que j'ai transplanté du jardinet dépendant de notre ancien domicile ? C'est presque un étranger dont j'ai fait la conquête, et, quoique je ne sois pas riche, je ne donnerais pas mon acacia (1) pour beaucoup d'argent. Vous admirez ses jolies grappes, ses fleurs d'une blancheur éclatante, que la fin de mai voit éclore. Nous nous reposons à son ombre, et, dans la belle saison, c'est là, sous ce couvert de verdure, que je reçois un certain nombre de braves gens qui se figurent que mes conseils peuvent leur être utiles.

C'est qu'en effet, dans sa vie bourgeoise comme dans sa vie militaire, M. Durand s'est fait aimer. On ne prononce son nom dans la petite ville de V.... qu'avec une affection mêlée de respect. Même dans les petites communes environnantes, on le connaît pour un homme de bon conseil, qui sait étouffer un procès à son origine, qui s'entend à concilier les parties avec un bon sens presque infaillible. On l'a surnommé *le grand juge de paix*, bien qu'il ne possède aucun titre officiel de cette nature, et uniquement parce qu'il arrange sans bruit plus d'affaires que le tribunal n'en pourrait juger.

(1) Arbre originaire de l'Amérique, recherché pour l'ornement des jardins.

Je ne connais rien de plus respectable que cette influence morale d'un caractère droit et d'une vie de bon
exemple, qui n'ont pas besoin d'être appuyés sur un di-
plôme, et qui se font accepter de tous naturellement et
sans effort.

Aucune mère de famille n'était plus attentive que
madame Durand à la bonne direction du ménage. Elle
avait toujours des paroles douces et conciliantes pour
rendre la maison agréable à son mari et pour habituer
ses enfants à une obéissance sans contrainte. Peut-être
les deux garçons, Alfred, assez tenace dans ses idées,
Gustave, passablement étourdi, auraient-ils eu bon marché du gouvernement maternel. Mais le père était là, et,
comme il se montrait justement jaloux de son autorité,
il rétablissait l'équilibre. Blanche, la jeune fille, avait les
grâces de l'enfance et une raison déjà mûre. Gustave
disait quelquefois, avec un dépit plus comique qu'il ne le
croyait sans doute : *oh ! ma sœur ; elle a toujours raison !*

Telle était cette aimable famille, qui vivait paisible,
contente de goûter les joies domestiques, et dans laquelle
il n'y avait pas l'étoffe d'un roman.

Cependant, son existence n'était pas monotone. D'assez nombreux visiteurs, des parents, des amis, rompaient
l'uniformité de la journée, occupée d'ailleurs en grande
partie par l'étude. M. Durand, qui avait un fonds solide
d'instruction, s'était réservé la première éducation
d'Alfred, qu'on devait envoyer bientôt au collége. Gustave suivait les leçons d'un bon instituteur dont l'école
était toute voisine. Enfin, Blanche travaillait sous la direction de sa mère, qui, en temps utile, demandait compte
à la jeune écolière de ses modestes études.

De petites réunions, tout à fait intimes, tempéraient le sérieux du travail par d'innocents plaisirs. Point de langueur dans l'étude ; jamais d'ennui dans les moments de liberté.

Une des occupations favorites, qui tenait du travail et de la recréation, et qu'avait instituée le père de famille, c'étaient des lectures et des conversations, dans lesquelles on traitait quelquefois des questions assez élevées, mais simplement, avec une clarté qui les mettait à la portée de tous. Les enfants écoutaient, faisaient des objections naïves, auxquelles la mère souvent, le père toujours, répondaient de leur mieux. On s'habituait ainsi à comprendre, sans étalage de morale, l'importance des devoirs, la nécessité d'être honnête pour être heureux, les beaux traits de dévouement, la honte et le dommage qui résultent d'une mauvaise conduite.

Alfred adressait souvent des questions à son père. Il était intelligent et curieux. Il voulait savoir pourquoi on paye des impôts ; pourquoi il y a des riches et des pauvres ; à quoi servent de si grandes armées ; pourquoi tant d'années consacrées à s'instruire. Ses *pourquoi*, comme ceux dont parle un de nos grands poëtes, *ne finissaient jamais* (1).

Nous n'avons pas encore nommé un personnage qui jouera cependant un certain rôle dans la maison de nos amis. C'est un vieux sergent, qui a servi sous les ordres de M. Durand. En retraite dans son village, à quelques kilomètres de V..., il y était devenu garde champêtre. On l'aimait, malgré sa brusquerie, parce qu'il était juste

____

(1) Les pourquoi des mortels ne finissent jamais (Voltaire).

et serviable. Marcel, ou, comme on l'appelait familière-
ment, le père Marcel, se serait mis au feu pour M. Durand et pour tous les siens, et il n'aurait pas fallu qu'un
babillard dît du mal d'eux en sa présence. Il avait pris
surtout Gustave en affection, précisément parce que
l'étourdi abusait parfois de sa complaisance. Les diable-
ries de l'enfant amusaient le vieux grognard. Cependant,
il ne lui épargnait pas les bons conseils, non plus qu'à
son frère, et, sans être sermonneur, il leur faisait comprendre de ces vérités pratiques qu'on appelle quelquefois banales, et qui méritent de tenir une large place
dans la première éducation. M. Durand attachait un grand
prix à cet enseignement du bon sens, dont il donnait lui-
même l'exemple. La rusticité amicale de l'ancien sergent
ne lui déplaisait pas. Il l'appelait en riant son *aide de
camp*, et Marcel prenait au sérieux cette promotion flatteuse.

Quand tout ce monde était réuni, quand il y avait, par
exemple, quelque saint à fêter dans la famille, les conversations allaient leur train. La curiosité des enfants,
encouragée par l'honnête liberté que permettaient les
parents, s'exerçait avec une ardeur toujours nouvelle.
Des idées utiles se faisaient jour dans des réunions de
plaisir.

Nous connaissons e lieu de la scène ; les personnages
viennent de poser devant nous. Laissons-les se mettre
à l'œuvre ; prêtons l'oreille, et recueillons discrétement
un échange de propos familiers auxquels l'abstraction, le
pédantisme, la prétention scientifique n'auront pas de
part.

II

LE BRACONNIER

Le ciel était pur, l'air tiède et parfumé. C'était une de ces belles journées de juin, qui gardent quelque chose du printemps, mais qui annoncent déjà l'été. L'arbre de famille étalait sa parure splendide, et semblait inviter père, mère, enfants et amis à rechercher son ombre. Il faisait les honneurs de son couvert.

Le cercle se forme au pied de l'acacia bien-aimé. Les enfants sont joyeux. Leur première pensée, j'en ai peur, est de goûter en connaisseurs un petit régal champêtre qui leur a été promis. La seconde pensée, il faut être juste, est de profiter des récits intéressants qui ne manquent jamais dans ces occasions désirées.

Quand on eut fait honneur à la jatte de lait pur, à la galette appétissante et au verre de cidre, la boisson favorite des familles bretonnes et normandes, M. Durand frappa sur l'épaule du garde-champêtre, et lui dit en souriant : Si j'ai bonne mémoire, mon vieil ami, vous nous avez promis une histoire pour aujourd'hui.

— Oui! cria Alfred. Oui, oui, répétèrent les deux plus jeunes, à l'exemple de leur aîné.

— Et j'espère bien en prendre ma part, dit la mère.

— Allons, mon capitaine, dit à son tour Marcel, en s'adressant à M. Durand, puisque vous mettez les gens au pied du mur, il faut bien qu'on s'exécute. Seulement, je

préviens ces petits démons que, s'ils sont distraits, ce
qui leur arrive quelquefois, je me tairai sans miséricorde. Je demande de l'attention, non pas par vanité, ma
foi, mais parce que, sans cela, mes idées s'embrouillent.
Je ne suis pas comme ces savants qui ont toujours des
phrases à leur service ; et puis, c'est une grande impoli-
tesse, quand on a dit à quelqu'un qu'on serait bien aise
de l'entendre, de bayer aux corneilles pendant qu'il
parle, et mes petits amis ne doivent jamais être im-
polis.

— Nous le promettons tous, dit Alfred au nom des assistants ; nous le jurons ! et, sur le signal du père, ils ten-
dirent la main en avant, comme dans le beau tableau de
David, le *serment des Horaces* (1), dont ils avaient vu justement une copie quelques jours auparavant.

En ce moment, l'arbre gracieux, légèrement agité par
le vent, laissa tomber au milieu des convives quelques-
unes de ses fleurs épanouies ; on eût dit qu'il s'associait
au vœu général.

Marcel prit la parole :

— Je vais donc vous parler de mon métier, dit-il ; non
pas de mon métier d'autrefois, quoique j'aie bien dans
mon bissac quelques histoires militaires, mais de mes
exploits de garde champêtre, puisque c'est là le purgatoire que le bon Dieu m'avait réservé.

Il s'arrêta un moment, et Alfred le questionneur en
profita pour lui dire :

— Pourquoi donc, mon bon Marcel, appeler vos fonc-

(1) Trois frères qui assurèrent la victoire à Rome sur Albe, sa
rivale. Le peintre les représente prêtant serment entre les mains
de leur père.

tions un purgatoire? Elles sont pourtant bien utiles, et vous les remplissez si bien que.....

— Paix, mon mignon! reprit le garde. Je ne te défends pas de me faire des questions, mais attends l'ordre, et ne m'interromps pas ; ce serait pire que les distractions. Au fond, je te sais gré de ce que tu viens de dire. Tu veux te rendre compte des choses, tu as raison, et je vais tâcher de mettre les points sur les i.

Voici donc mon histoire. Elle est toute fraîche ; car c'est un souvenir d'hier.

Imaginez-vous que je montais la garde dans notre bois, où je savais qu'il y avait un peu de braconnage. J'étais bien décidé à faire un exemple, car je ne connais pas de peste plus nuisible que les braconniers. Ce sont tout simplement des voleurs, puisqu'ils pillent le bien d'autrui, et des voleurs tout prêts à devenir des assassins, quand ils sont pris au gîte. Le bois en était infesté jadis ; je leur ai fait bonne et rude guerre, non pas sans avoir à craindre pour ma peau, mais ce n'est pas pour rien que j'avais appris à me moquer des balles et des coups de sabre, et mon capitaine sait que, dans l'occasion, je ne boudais pas.

M. Durand fit un signe énergique d'approbation, en montrant du doigt la médaille militaire qui reluisait sur la poitrine du vieux brave.

— Or donc, continua Marcel, j'entendis un froissement de feuilles. Je piquai droit à un fourré, et là je vis un grand gaillard qui se baissait pour placer un collet (1),

(1) Nœud coulant en fil de laiton, pour prendre le gibier.

afin de se procurer du gibier sans la permission du propriétaire.

Il tombe à mes genoux, mais je connais la couleur, et je lui déclare procès-verbal.

Mon homme commence la litanie ordinaire : Il est réduit à la misère ; il a une femme et des enfants qui manquent de pain ; c'est la première fois qu'il a cédé à une mauvaise pensée. — Tout cela est connu, et ne pouvait pas m'empêcher de faire mon devoir. Je coupe court à ses jérémiades et je lui ordonne de me suivre.

Le pauvre diable ne songeait guère à résister. Il pleurait chaudement et sincèrement, mais il ne murmurait pas. Il me suit l'oreille basse, comprenant bien qu'il devait être puni.

A part moi, je le reconnaissais bien, sans le dire. Il n'avait pas toujours été pauvre ; il avait essayé d'un petit commerce, mais un fripon d'associé l'avait volé et laissé sans ressources. Il était assez bien noté dans la commune, où, à ma connaissance, il n'avait jamais eu rien à démêler avec la justice. Il était donc de bonne foi ; mais le délit était constant, et moi, je n'étais pas libre de lui passer une pareille fantaisie. Qu'allais-je donc faire ?

Si vous me le permettez, capitaine, j'en ferai juges mes petits amis. Vous aimez à les voir penser par eux-mêmes, et se faire une idée juste des obligations d'un honnête homme.

Voyons, Alfred, c'est par toi que je commence. Qu'aurais-tu fait à ma place ?

ALFRED.

A votre place, mon bon ami, j'aurais fait un rapport très-sévère, car un braconnier, comme vous le disiez très-bien, ne mérite pas d'indulgence.

MARCEL.

Et toi, mon petit Gustave, veux-tu dire ton mot?

—Oh ! moi, dit l'enfant, je ne suis pas assez grand pour avoir un avis là-dessus ; je crois cependant que j'aurais dit à ce pauvre homme, qui pleurait tant : Allez-vous-en, mais n'y revenez pas !

— Je voudrais bien, reprit Marcel, avoir un troisième avis — et il regardait Blanche.

Celle-ci, un peu confuse, mais sans trop hésiter, répondit : moi, j'aurais cherché un moyen d'être juste sans être trop sévère, et de faire mon devoir sans réduire un pauvre père de famille au désespoir. Il avait fait une grande faute, mais c'était la première, et son repentir était si grand ! je crois, mon bon Marcel, que vous aurez voulu le corriger sans frapper trop fort.

— Voilà, ma foi, dit le garde champêtre, un jugement digne de Salomon. On voit que la petite tient de son père.

Un rire général accueillit cette réflexion.

— Eh bien, donc, ajouta Marcel, voici ce que j'ai fait. J'ai rédigé mon rapport sans rien déguiser, mais j'ai plaidé, comme disent MM. les avocats, *les circonstances atténuantes* (1). M. le maire a interrogé notre homme,

(1) Circonstances qui permettent de rendre la peine moins sévère.

lui a parlé sévèrement, l'a prévenu qu'une seconde faute, une récidive, le rendrait indigne de pardon, puis il l'a renvoyé à sa maison, et, le connaissant pour un bon ouvrier, il lui a procuré de l'ouvrage.

Ma responsabilité était couverte, et il me semblait que je n'avais pas eu tort de prendre ce malheureux en pitié.

— Vous avez raison, Marcel, dit gravement la mère. Il est beau d'être juste, mais il ne faut pas être dur. Les enfants se souviendront de cette histoire ; elle leur apprendra à ne rien exagérer. Alfred en deviendra un peu moins sévère, Gustave un peu moins facile ; et Blanche, qui a fait la meilleure réponse, se rappellera que la vérité se trouve habituellement dans un juste milieu.

— Mon bon Marcel, s'écria gaiement Alfred, je suis battu aujourd'hui, mais j'espère ma revanche. Vous nous avez dit que vous trouveriez bien dans votre bissac des histoires militaires. J'en raffolle. Mère nous lisait l'autre jour une page de madame de Sevigné (1), qui déclarait qu'elle aimait beaucoup *les grands coups d'épée ;* n'est-il pas naturel que je les aime encore plus, moi qui suis un homme, et qui vais travailler pour entrer à Saint-Cyr (2) ?

— Halte-là ! mon garçon, dit l'ancien sergent ; tu n'y es pas encore. Au reste, je ne demande pas mieux que de babiller quelquefois pour te faire plaisir. Mais je te préviens que mes histoires militaires finissent volontiers par un éloge de la paix. Ce ne sera peut-être pas l'af-

____

(1) Dame illustre du temps de Louis XIV, célèbre par ses lettres.
(2) École militaire.

faire d'un batailleur comme toi. Et puis, nous avons le temps d'y songer. Ton bon père, ta digne mère sont bien plus capables que moi de te faire de beaux récits ; c'est-à-eux de marcher en avant ; ma place est dans la réserve.

— Allons, allons, père Marcel, dit M. Durand, vous n'êtes pas le maître ici, quoique vous soyez chez vous, et nous exigerons de vous tout ce qu'il nous plaira. Cependant nous serons bon prince : nous vous laisserons respirer, et nous prendrons la parole à notre tour.

La journée s'avançait ; on se sépara, en se donnant rendez-vous pour un jour de la semaine suivante.

III

DEUX BRAVES

La famille se trouvant de nouveau réunie à l'ombre de l'arbre favori ; le père, qui avait pour son compte plus d'une promesse à tenir, commença ainsi :

— Marcel a eu raison, mes enfants, de faire l'éloge de la paix. C'est méritoire de la part d'un vieux brave comme lui ; mais la question mérite bien qu'on l'examine.

On ne doit pas vouloir l'impossible. Il y a toujours eu des guerres, et il y en aura toujours. Dieu le permet ainsi. Il a créé les hommes libres de choisir entre le bien et le mal. Lorsqu'ils écoutent leurs passions au lieu d'écouter la justice, il s'irritent les uns contre les autres, ils s'attaquent, ils inventent des moyens de se détruire.

Nous voyons souvent, n'est-ce pas, des gens qui se prennent de querelle, qui se défient, qui se battent avec fureur. C'est la colère qui les pousse ; c'est une question d'intérêt mal compris qui leur fait perdre la raison. Eh bien ! la guerre fait en grand ce que font en petit les querelles particulières. Elle naît de l'ambition, du désir des conquêtes, ou d'une question d'amour propre blessé ou d'une prétention injuste. A ce point de vue, mes amis, la guerre est une vilaine chose. Elle est une œuvre de ruine pour les peuples, qui ont à payer de lourds impôts pour la soutenir. Elle n'est guère d'accord avec la fraternité chrétienne. Ah ! si vous aviez vu, comme moi, un champ de bataille couvert de morts et de blessés, des pays ravagés par le pillage et les incendies, vous feriez bien des prières pour obtenir du bon Dieu des années de paix.

Gustave, qui écoutait attentivement et qui paraissait fort ému, s'écria : Alors, père, ne permettez pas qu'Alfred se fasse soldat, puisque la guerre est une chose si atroce ! pourquoi veut-il entrer à Saint-Cyr? Il ferait bien mieux de rester avec nous.

Alfred fit un geste d'impatience. Il semblait qu'on lui enlevât son épaulette (1).

M. Durand donna une petite tape amicale sur la joue de Gustave et le loua de son bon cœur. Patience !

____

(1) Les jeunes gens sortent de Saint-Cyr avec le grade de sous-lieutenant.

ajouta-t-il ; nous n'avons pas fini. Je vois qu'Alfred a une question à me faire.

— Oui, père, dit Alfred. Si la guerre est un grand mal, pourquoi donc admire-t-on les conquérants qui ont ravagé tant de pays et fait périr tant d'hommes ? On nous intéresse à leur histoire. Il me semble qu'on devrait plutôt nous les faire haïr.

— Ne haïssons personne, mon ami, répondit le père ; mais distinguons entre ceux qui combattent pour la justice et ceux qui ne font qu'obéir à leur passion, entre ceux qui attaquent injustement un peuple à main armée et ceux qui combattent et meurent pour la défense de leur pays. A ceux-ci toute notre sympathie. Plaignons les autres et tâchons de ne jamais leur ressembler.

Nous lisons souvent l'histoire ensemble. Quels sont les noms qui nous paraissent les plus honorables ? Ceux des conquérants, comme Alexandre (1), qui mit l'Asie en feu pour satisfaire son vain amour de la gloire, ceux des guerriers impitoyables, comme Attila (2), qui ne laissa après lui que des ruines, et qui se glorifiait d'être appelé le fléau de Dieu ?

— Non ! père, dit Alfred. Ceux qui nous plaisent et que nous admirons, c'est Bayard, le chevalier sans peur et sans reproche ; c'est le brave d'Assas, qui sacrifie sa vie pour avertir ses compagnons d'armes de l'approche des ennemis.

M. DURAND.

A la bonne heure, mon enfant. Notre histoire nationale

(1) Roi de Macédoine, conquérant célèbre.
(2) Roi des Huns.

pourrait nous en fournir bien d'autres, car la générosité et le dévouement sont des qualités vraiment françaises.

— Eh bien! dit la mère de famille, puis qu'Alfred a si bonne mémoire, ne pourrait-il nous rappeler quelques traits de la vie de ces deux hommes de cœur? Il y a des histoires qu'on entend volontiers plus d'une fois; celles-là sont du nombre.

— Ta mère a raison, reprit M. Durand; tu nous feras plaisir à tous.

Alfred, fier de la confiance qu'on lui témoignait, et sensible au plaisir de montrer son savoir-faire, ne se fit pas prier :

ALFRED.

Je vais tâcher de vous dire ce que je me rappelle. D'abord, Bayard.

Son vrai nom était Pierre du Terrail, seigneur de Bayard; né dans les environs de Grenoble, il fut élevé par son oncle, évêque de cette ville, qui lui recommandait d'imiter ses ancêtres, tous bons et braves. A treize ans, il devint page du duc de Savoie, allié de la France, qui le céda ensuite au roi de France, Charles VIII. Il suivit ce prince dans la guerre qu'il fit en Italie (1) et montra la plus grande valeur dans la bataille de.....

— De Fornoue, dit le père, qui aida la mémoire du narrateur.

ALFRED.

Oui, de Fornoue, où il eut deux chevaux tués sous lui,

(1) Pour conquérir le royaume de Naples, auquel il croyait avoir des droits.

et prit un drapeau. Il servit ensuite sous le roi Louis XII, et fit alors tant et de si grands exploits que je ne pourrais me les rappeler tous. Ce dont je me souviens, c'est qu'il défendit seul un pont contre une troupe espagnole, et sauva ainsi l'armée française. On lui donna alors pour devise un porc-épic.

Gustave se mit à rire.

— Oui, monsieur le rieur, reprit Alfred. Cela voulait dire qu'on ne pouvait pas surprendre Bayard, et qu'il était sur ses gardes, comme le porc-épic, qui hérisse ses piquants pour se défendre.

Les ennemis eux-même admiraient Bayard, et enviaient au roi de France ce brave chevalier ; mais ses qualités morales étaient encore supérieures à sa bravoure.

Ici, Alfred respira un moment, parce que le sujet devenait plus difficile, puis il continua sans trop hésiter :

— Un traître osa proposer à Bayard d'empoisonner le pape Jules II, qui était devenu l'ennemi de la France. Il est à peine besoin de dire que le héros français rejeta cette proposition avec horreur.

Blessé en Italie à l'assaut d'une ville, il fut porté dans la maison d'un gentilhomme qui s'était enfui, et, tandis que le sang coulait dans les rues, sa présence sauva à tout une famille la vie et l'honneur.

Sa valeur décida de la victoire à la célèbre journée de Marignan, gagnée par François Ier, qui voulut être armé chevalier par Bayard, sur le champ de bataille.

Ce qu'il y a de plus beau dans la vie de Bayard, ce sont ses derniers moments. Pendant qu'il soutenait vigoureusement une retraite des Français, poursuivis par les Espagnols, une pierre, lancée d'une arquebuse (1), vint le frapper et lui rompit l'épine du dos : « *Jésus, mon Dieu ! je suis mort*, s'écria-t-il. On voulut le retirer de la mêlée : *non*; dit-il, *je me garderai bien de tourner le dos à l'ennemi pour la première fois*. Il se fit placer au pied d'un arbre, et, comme le connétable (2) de Bourbon, qui trahissait la France, vint à passer devant lui, et plaignit son sort : *Ce n'est pas moi qu'il faut plaindre*, lui dit Bayard, *mais vous, qui combattez contre votre roi et contre votre patrie.*

Ce héros était très-désintéressé. Il refusa les offres les plus brillantes, et mourut pauvre. Sa gloire resta toujours pure ; on l'a surnommé justement le *Chevalier sans peur et sans reproche.*

Alfred s'essuya le front, et sa bonne volonté lui valut les éloges de son père et de toute la compagnie.

— Tu as bien retenu les faits principaux de cette belle vie, dit M. Durand. Ce qu'il faut se rappeler surtout, c'est que les exploits merveilleux de ce grand homme de guerre ne sont que la moindre partie de sa gloire, et que ses qualités morales, la délicatesse, le désintéressement, la loyauté, lui ont fait encore plus de réputation que le courage. Il exerça, au milieu des horreurs de la guerre, des vertus qui l'auraient grandement honoré pendant la paix.

Laissons respirer Alfred, continua M. Durand. Je me charge de vous dire quelques mots de cet autre héros français dont nous avons prononcé le nom, le

(1) Arme à feu portative, qui a précédé le fusil.
(2) C'était le grade militaire le plus élevé.

brave chevalier d'Assas. On dirait qu'un de ces deux noms attire nécessairement l'autre, comme l'aimant attire le fer.

La vie de celui-ci n'est pas longue à raconter. Elle est tout entière dans un trait sublime, digne des anciens Romains.

D'Assas était un capitaine au service de la France, dans le régiment d'Auvergne. C'était sous le règne de Louis XV. Les Français faisaient alors la guerre en Westphalie. L'armée, dit-on, faillit être surprise par l'ennemi, qui, pendant la nuit, et à la faveur d'un bois épais, avait dissimulé sa marche. D'Assas, vaguement inquiet, voulut tenter une reconnaissance (1), mais, à peine entré dans le bois, il est saisi, et menacé de mort s'il profère une parole. Alors, enflant sa voix, l'héroïque capitaine s'écrie : *à moi, Auvergne! c'est l'ennemi.* Il tombe percé de coups, mais son cri a sauvé l'armée. Le roi pour honorer sa mémoire a justement anobli sa famille, et ce trait de dévouement patriotique a été mieux payé encore par l'admiration universelle.

Les auditeurs de M. Durand étaient touchés. Le père Marcel tordait sa moustache, et les larmes lui venaient aux yeux :

— Voilà mes hommes ! s'écria-t-il. Voilà les guerriers comme je les aime. Se battre et n'avoir pas de cœur, le beau mérite ! Mais être fort comme un lion, pur comme un agneau, être un Bayard, enfin ; ou bien s'oublier, donner sa vie pour son pays, sans calculer, sans ba-

______

(1) Opération militaire qui a pour but de reconnaître les dispositions de l'ennemi.

lancer, comme un d'Assas ; voilà les héros que je ser-
virais à genoux.

— Allons, dit le père, je vois qu'il faudra trouver quelque chose de plus gai pour notre conversation prochaine.
L'émotion est bonne, quand elle est causée par de si
belles actions ; mais nous ne resterons pas toujours sérieux. La variété des propos est dans notre programme.
Aujourd'hui attendris, égayés demain, nous tirerons
parti je l'espère, du rire aussi bien que des larmes.

IV

UNE VISITE A LA FOIRE

— Mes petits amis, dit un jour la mère de famille aux
trois enfants réunis, je vous ai promis une promenade à
la foire, si vous étiez bien raisonnables pendant trois
jours. En voilà quatre de passés, et vous avez gagné
votre cause. Je tiendrai ce soir ma parole; mais il faut
faire d'abord nos conventions.

Il y a de bien jolies choses à la foire. Vous les verrez
toutes, et je vous en achèterai bien quelques-unes. Les
ustensiles de ménage ne sont pas votre affaire; ce sera
ma part. Je sais bien où vos yeux vont se fixer tout d'a-
bord. Ces boutiques bien éclairées, où s'étalent coquet-
tement des joujoux de toute espèce, des pantins élé-
gants, des poupées gracieuses, vous intéressent fort.
Mais, mes bons amis, je voudrais bien savoir toute votre

pensée, avant de donner suite à la mienne. Il faut que des enfants raisonnables, et il est convenu que vous l'êtes, réfléchissent un peu, même avant de s'amuser. Laissez-moi donc vous faire quelques questions. Je commence par toi, chère fille.

Tout naturellement, tu désires une poupée. Il est temps de remplacer tes vieilles poupées bretonnes. Elles sont un peu passées de mode, et tu es assez grande pour mériter quelque chose de mieux.

Voyons si tu as profité de nos entretiens sur l'éducation de tes filles, et si l'expérience que tu as acquise te servira pour bien choisir.

— Ma bonne mère, dit Blanche, je n'ai rien oublié de tes conseils. La simplicité est ce que j'aimais dans mes poupées bretonnes. Je n'ai pas de goût pour ces brillantes mariées, perdues dans des flots de dentelles, si difficiles à déshabiller et à rhabiller, qui coûtent si cher, et qui donnent le goût du luxe. Je préférerais donc une poupée dont la toilette ne serait pas plus riche que la mienne, et qui ne ferait pas honte à sa mère.

MADAME DURAND.

Bien répondu, mon enfant. Tu parles presque comme un bon ami de ton père, un homme d'esprit, qui a fait un charmant article de journal sur les poupées. Je l'ai sous la main ; écoute ce qu'il dit après avoir visité une splendide exposition de joujoux :

« Qu'est-ce qu'une poupée, s'il vous plaît? Ce n'est pas une chose, ni un objet ; c'est une personne ; c'est l'enfant de l'enfant. Celui-ci lui prête par l'imagination la vie, le mouvement, l'action. Il la gouverne, comme il est lui-même gouverné par ses parents. Il la punit ou la récompense, l'embrasse, l'exile ou l'emprisonne, selon que la poupée a bien ou mal agi ; il lui impose la discipline qu'il subit ; il partage avec elle l'éducation qu'il reçoit... c'est la moitié de l'éducation de la petite fille... mais passez la revue de ces princesses ; ce n'est que velours, satin et soie, bijoux, dentelles et rubans... en vain j'ai cherché, comme la septième merveille du monde, une poupée économe, qui portât sans rougir une robe d'indienne... je me trompe ; derrière une marquise à cinq volants, j'ai découvert, modestement tapie comme une violette, une servante du Calvados habillée en vraie Normande... j'aime à voir ces costumes de nos vieilles provinces ; ils apprennent aux enfants que toute la France ne porte pas des robes à falbalas... C'est là une bonne fille, soyez en sûre, propre, laborieuse, qui a la paix de l'âme et la santé du corps, et avec qui la ferme ne chôme pas. Voilà de vraies poupées, simples, aimables et utiles ! Quant à ces péronnelles qui se guindent dans leurs habits de soie, et qui ont l'air de dire à l'univers : regardez-moi ; fi de leur impertinence et de leur vanité (1) ! »

— Oh ! que c'est bien parlé, dit Blanche, en joignant les mains pour exprimer sa sympathie.

MADAME DURAND.

Ton choix est donc fait d'avance, mon enfant ?

BLANCHE.

Certainement, ma bonne mère. Tu m'as répété souvent

(1) Hippolyte Rigault, *Conversations littéraires et morales.*

que, même entre les amusements, une fille doit préférer ceux qui lui donnent le goût de la vie intérieure et des soins du ménage.

MADAME DURAND.

Je te servirai donc suivant ton goût. — Et toi, mon petit Gustave, que désires-tu que je te donne dans notre visite de ce soir?

Gustave parut d'abord un peu embarrassé. Il eût peut-être mieux aimé une surprise, un cadeau imprévu. La réflexion n'était pas trop à son usage. Cependant, comme il était bon et soumis, il fit un effort pour plaire à sa mère, rappela ses souvenirs, et rendit cet oracle : Je voudrais avoir un objet amusant, mais qui servirait à quelque chose.

—C'est-à-dire, reprit la mère en souriant, que tu voudrais joindre l'utile à l'agréable. Ce ne serait pas un mauvais choix. Voyons donc ce qui pourrait te plaire et te servir.

Nous trouverons à la foire des bonshommes de métal, bossus et difformes, des pantins de toutes les tailles, des ménages de fer battu, des ménageries renfermées dans de jolies boîtes, de petits chemins de fer, les rails tout posés; des soldats d'étain et de plomb avec des sabres, des fusils et des canons; des billes, des cerceaux, des cerfs-volants, et bien d'autres choses de ce genre. Eh bien! t'y reconnais-tu? que vas-tu choisir?

GUSTAVE.

Tout cela est très-joli, ma bonne mère; mais je crois que j'aimerais surtout un chemin de fer, parce que c'est amusant à faire marcher, et qu'on apprend par là

2.

une chose utile. J'aimerais bien aussi une boîte d'architecture, ou un jeu de patience pour étudier la géographie. Ce sont des choses qui servent et qui n'ennuient pas.

MADAME DURAND.

Donc, mon enfant, tu ne choisirais ni ces vilaines figures, ces magots qui font rire un instant, mais qui ont l'inconvénient d'accoutumer nos yeux à la laideur ; ni ces machines guerrières qui donnent aux jeunes garçons des habitudes prématurées de commandement ; ni ces joujoux de luxe, dont le principal mérite est de coûter fort cher. Je t'en félicite. On te cherchera des joujoux utiles, modestes, et ils ne t'en amuseront pas moins.

Je ne te parle pas de joujoux, mon Alfred. Tu vises à présent plus haut. Voyons ; que désires-tu pour ta foire ?

Alfred fut très-fier d'être regardé presque comme un homme. Il répondit gravement :

— Tu as raison, ma bonne mère ; je ne m'arrêterai pas beaucoup aux boutiques de joujoux ; je chercherai ailleurs. Une jolie boîte de compas, un assortiment de papeterie, qui me serviront pour étudier, feront mon affaire. Je pensais bien à ces beaux jouets guerriers qui nous arrivent d'Allemagne ; j'aurais du plaisir à ranger mes soldats en bataille ; mais, tout bien examiné, j'attendrai que j'aie en face de moi de vrais soldats, maniant de vrais fusils, et, pour le moment, j'aime mieux des objets qui servent à l'étude.

MADAME DURAND.

C'est bien raisonnable, mon enfant, et j'aurai du

plaisir à te satisfaire. Oui, à ton âge, il faut penser surtout au travail, et les meilleurs jouets sont ceux qui apprennent quelque chose d'utile. Il ne faut pas vouloir être homme avant le temps; on n'en remplira que mieux tous les devoirs quand l'heure sera venue.

Cette bonne conversation porta ses fruits. Elle fut rapportée au père, tout joyeux des paroles et des dispositions raisonnables de ses enfants.

Le soir, la famille se rendit à la foire. Les achats furent faits suivant le désir de chacun. Les enfants étaient radieux. Ils sentaient qu'ils avaient l'esprit libre et la conscience nette. C'est ce qui arrive toujours quand on réfléchit avant d'agir, et qu'on a suivi fidèlement la bonne direction de ses parents.

Avant de rentrer, le père annonça qu'il allait régaler tout le monde, en récompense des bons choix qu'on avait faits. Il y avait alors à la foire un cirque où des cavaliers habiles faisaient manœuvrer des chevaux dont ils avaient soigné l'éducation. M. Durand y conduisit son monde, à la très-grande joie d'Alfred, qui aimait beaucoup les exercices du corps, le mouvement et le bruit, et qui se rendait compte des prodiges d'adresse et de souplesse des écuyers. Gustave était tout yeux et tout oreilles. Blanche n'était pas toujours rassurée ; les coups d'éclat la surprenaient. Quand un cavalier, après avoir passé à travers un cerceau, retombait sur son cheval, elle se serrait contre sa mère ; cependant, la jeune personne, qui avait de l'empire sur elle-même, comprimait cette petite émotion ; elle savait bien que son père et sa mère ne l'auraient pas exposée à un danger.

Somme toute, on passa une agréable soirée, et, ce

qui n'a pas moins de prix, on en remporta d'utiles leçons.

V

QUELQUES SOUVENIRS DE FÉNELON

M. Durand avait commencé à former pour Alfred une
petite bibliothèque. Les livres n'étaient pas nombreux,
parce que le père de famille ménageait la dépense, mais
ils étaient bien choisis. On y voyait d'abord les livres
de classe essentiels, dictionnaires, grammaires, précis
d'histoire et de géographie, auteurs à l'usage des classes
élémentaires, recueil de morceaux de prose et de vers,
très-utiles pour exercer la mémoire. Un rayon spécial
avait reçu le Robinson Crusoé (1), mis à la portée de
l'enfance, le Robinson suisse (2), digne de figurer à
côté de son aîné, les fables charmantes de La Fontaine,
celles de Fénelon, celles de Florian. On aura beau médire des fables, elles tiendront toujours une place légitime dans la première éducation.

Les fables de Fénelon étaient d'acquisition récente.
Elles plaisaient beaucoup au jeune garçon, et, comme il
était toujours curieux de s'instruire, il voulut savoir
comment un grave archevêque avait pu s'occuper de
choses aussi frivoles que l'histoire d'une vieille reine
qui n'avait plus ni dents ni cheveux, le voyage dans

(1) Par Daniel de Foë.
(2) Par Wiss.

l'île des plaisirs, où il y a des montagnes de compote et des rochers de sucre candi et de caramel, ou le jeune mouton crédule, qui se laisse attraper et croquer par le loup.

— Mon enfant, lui dit le père, je ne suis pas fâché de l'occasion qui se présente de te faire connaître un grand homme et un charmant écrivain.

Tu sais déjà, je te l'ai dit en mettant ce petit volume dans ta bibliothèque, que l'auteur était un prince de l'Église. Tu es étonné qu'un tel personnage se soit amusé à écrire des fables enfantines ; mais tu reviendras de ta surprise, quand tu sauras que Fénelon, avant d'être archevêque, était précepteur du duc de Bourgogne, petit-fils de Louis XIV, et qu'il a composé ses fables, comme beaucoup d'autres ouvrages, pour l'instruction de son élève. Le prince était un enfant comme toi, et son maître cherchait à le divertir, tout en gravant dans son esprit de bonnes leçons morales. L'histoire de la vieille reine prouve qu'on a plus de chances d'être heureux dans une vie modeste que dans les grandeurs. Le voyage dans l'île des plaisirs a pour conclusion légitime qu'un plaisir matériel, comme celui de la gourmandise, dégrade notre âme, et qu'une vie sobre, un travail modéré, des mœurs pures, sont seuls dignes de nous ; enfin, la moralité de la fable du jeune mouton crédule est exprimée en ces termes : défiez-vous des belles paroles des gens qui se vantent d'être vertueux. Jugez-en par leurs actions et non par leurs discours.

Tu vois que ces belles maximes-là ne sont pas indignes d'un saint archevêque, et que Fénelon n'employait pas un si mauvais moyen en leur donnant une place dans son enseignement.

ALFRED.

Oh ! maintenant, je comprends l'utilité de ces fables ; elles ne sont pas si frivoles qu'elles en ont l'air. Je sais d'ailleurs que Fénelon a fait un beau livre, les *Aventures de Télémaque*, que nous devons lire plus tard, et probablement bien d'autres ouvrages sérieux.

M. DURAND.

Non-seulement des ouvrages, mon ami, mais de belles actions, ce qui est encore plus méritoire ; pour achever de mettre Fénelon dans tes bonnes grâces, je vais te dire quelques mots de sa vie. Ce sera un bon souvenir à garder.

Fénelon était un grand évêque. Il se faisait adorer dans son diocèse, parce qu'il n'était occupé qu'à faire le bien. Il pensait toujours aux autres, et peu à lui-même. Son désintéressement était si grand qu'il n'estimait la fortune que comme un moyen d'exercer la charité. Il se montrait vraiment le père des pauvres, des affligés, de tous ceux qui souffraient.

Un jour, le feu prend à son palais de Cambrai. En quelques heures, ses meubles, ses livres, ses papiers sont consumés. Il était alors à Versailles. Un de ses amis y court pour le prévenir, et s'étudie à prendre des émnagements, car il croyait que la nouvelle du sinistre n'était pas encore arrivée jusqu'à lui, « je le savais, mon ami, répondit Fénelon. Il vaut mieux que le feu ait pris à ma maison qu'à la chaumière d'un pauvre laboureur », et il reprit tranquillement la conversation un moment suspendue.

— C'est pourtant fort désagréable, interrompit Alfred, de perdre tout d'un coup des choses si précieuses, qu'il n'est pas facile de remplacer. Fénelon était donc bien philosophe?

— Ce n'est pas le mot, mon enfant, dit M. Durand. Il était soumis à la volonté de Dieu, sans laquelle rien n'arrive. C'est sa piété qui faisait sa force. Il ne disait pas que cette perte le laissait insensible, mais il la préférait généreusement à celle qu'aurait soufferte un pauvre laboureur.

Mais je n'ai pas encore fini de te raconter les belles choses qu'il a faites. Je choisis dans le nombre, car on ferait un livre en les réunissant.

Sur la fin du règne de Louis XIV, il y eut des guerres malheureuses pour la France. Le diocèse de Fénelon souffrit beaucoup de l'invasion. Dans ces circonstances douloureuses, Fénelon fut admirable. Aucun sacrifice ne lui coûta. Le palais épiscopal devint l'asile des généraux, des officiers et des soldats malades et blessés. Il assistait, lui, aux consultations des médecins et des chirurgiens; il se rendait dans les hôpitaux, dans les maisons particulières où des soldats avaient été dispersés. Tous ces soins étaient donnés si modestement qu'on aurait dit que les autres ne lui devaient rien, et qu'il était leur obligé. Il fit plus; il trouva le moyen de nourrir une partie de l'armée française, dans le rigoureux hiver de 1709. Il inspirait tant de respect aux ennemis que leurs généraux épargnaient ses terres et ses magasins et les faisaient respecter par leurs troupes.

Mais voici le plus beau. Écoute bien le récit d'un trait mémorable, presque unique dans l'histoire. Je l'emprunte à un historien de Fénelon (1).

« A la fin de la campagne de 1711, dit-il, l'armée des alliés se trouvait à la vue des remparts de Cambrai, et elle séparait l'armée de France de la petite ville de Câteau-Cambresis, principal domaine des archevêques de Cambrai. Câteau-Cambresis était rempli des grains de l'archevêque, et de ceux que les habitants de la campagne y avaient déposés, sous la protection du nom de Fénelon. Le duc de Marlborough, général en chef de l'armée ennemie, les fit d'abord conserver par un détachement qu'il y envoya ; mais, quand il prévit que la rareté des subsistances, dont sa propre armée commençait à manquer, ne lui permettrait pas de refuser à ses soldats la liberté de se pourvoir dans les magasins de Câteau-Cambresis, il en fit avertir Fénelon. On chargea sur des chariots tous les grains qui s'y trouvaient, et Marlborough les fit escorter par ses propres troupes jusque sur la place d'armes de Cambrai, devenu le quartier général de l'armée française.

« Cet hommage rendu à la vertu d'un simple particulier par des étrangers acharnés à la ruine de la France servit à sauver la France elle-même. Fénelon livra tous ses magasins aux ministres de la guerre et des finances ; il ne se réserva que ce qui était strictement nécessaire pour sa consommation et celle des militaires qui venaient lui demander l'hospitalité. Le contrôleur général (2) l'invita à fixer lui-même le prix des grains qu'il

____

(1) Le cardinal de Bausset.
(2) Le ministre des finances de ce temps.

venait de fournir avec tant de générosité dans un si pressant besoin. « Je vous ai abandonné mes blés, « monsieur, lui répondit Fénelon, ordonnez ce qu'il vous plaira ; tout sera bon. »

Il écrivait en même temps au duc de Chevreuse, un de ses illustres amis : « Si on manquait par malheur d'argent, j'offre ma vaisselle d'argent et tous mes autres effets, ainsi que le peu qui me reste de blé. Je voudrais servir de mon argent et de mon sang, et non faire ma cour. »

Remarque, mon cher Alfred, que Fénelon était alors en disgrâce, parce que des méchants avaient prévenu le roi contre lui. Que penses-tu de cette histoire ?

ALFRED.

Oh! elle est bien belle et je ne l'oublierai pas. Je regrette que le bon Marcel n'ait pas été là pour l'entendre.

M. DURAND.

Eh bien ! mon ami ; quand son service lui permettra de revenir nous voir, tu auras le plaisir de la lui raconter à ton tour.

Gustave s'était glissé depuis quelques instants dans la chambre et il avait entendu la fin du récit.

—Père, se prit-il à dire, tu m'as parlé une fois de Fénelon, et tu m'as raconté de lui une autre histoire.

M. DURAND.

Vraiment, mon ami ! et tu t'en souviens ?

GUSTAVE.

Oh oui elle n'est pas longue et elle est très-amusante

M. DURAND.

Je vois que tu grilles de montrer ton petit savoir.
Courage! nous t'écoutons.

GUSTAVE.

Tu m'as dit qu'un pauvre paysan avait perdu une
vache qui s'appelait Brunon, et qu'il aimait beaucoup.
C'était pour ces braves gens une grande perte, parce
que la vache leur fournissait du bon lait.

Fénelon, qui visitait souvent les pauvres, arrive chez
eux et les voit désolés. On lui dit pourquoi. Il cherche
à les remonter un peu, et se fait dire par eux de quelle
couleur, de quelle taille est la vache qu'ils ont perdue.
Puis, il s'en va.

Quelques heures après, il revient, tenant Brunon par
un licol, et il la rend à ces pauvres paysans, qui ne savaient comment le remercier d'avoir si bien cherché et
retrouvé la bête.

Seulement Fénelon était bien las, et il avait beaucoup
de chemin à faire pour retourner chez lui. Le paysan
et ses voisins lui font avec des branches une espèce de
petit lit, qu'on appelle, je crois, une civière, et ils le
reportent tout doucement dans son palais.

M. DURAND.

Eh! mais, mon cher Gustave, tu ne t'es pas mal tiré
d'affaire, et je vois que, pour retenir si bien cette touchante anecdote, tu n'as pas consulté seulement ta mémoire, mais ton bon cœur.

VI

LES DEUX JEANNE

Il y avait assez longtemps que Blanche n'avait fait sa partie dans les petits récits de famille. Madame Durand réclama pour elle ; Alfred et Gustave, qui aimaient beaucoup leur sœur, se montrèrent empressés de l'entendre.

— Ma chère fille, dit la mère, tu devrais nous lire ce résumé d'histoire que tu m'as remis hier, et qui, j'en suis sûre, intéressera tout le monde.

— Écoutons le petit chef-d'œuvre, dit malicieusement M. Durand.

— Oh ! père, murmura Blanche avec un doux accent de reproche, si tu commences par te moquer de moi, je n'aurai pas le courage de lire.

M. DURAND.

Allons, pas de querelle ! Tu sais bien, mon enfant, que je ne suis pas un juge trop sévère. Quel est le sujet de ta lecture ?

BLANCHE.

La vie de deux femmes célèbres, qui ont porté le même nom, et qui, dans le même siècle, ont rendu de grands services à la France : Jeanne d'Arc et Jeanne Hachette.

— A la bonne heure, dit Alfred. Blanche ne veut pas

laisser aux hommes seuls la gloire de bien servir leur pays.

Cette réflexion fit rire l'auditoire, et Blanche, encouragée par sa mère, lut ce qui suit :

« Les Anglais, au xvᵉ siècle, avaient conquis une partie de la France, et ie roi Charles VII, dépouillé de presque tous ses États, tenait sa cour dans la petite ville de Chinon, en Touraine.

« Une jeune bergère, née à Domremy, près de Vaucouleurs, fut touchée des malheurs de la France. Comme elle était très-pieuse, Dieu lui inspira le projet de sauver sa patrie. Elle entendait, disait-elle, des voix célestes qui lui promettaient la victoire.

« Malgré tous les obstacles, obéissant à la volonté de Dieu, elle parvint jusqu'au roi, à qui elle déclara sa mission. Charles VII hésita d'abord à croire en elle. Enfin, il consentit à lui confier le commandement de quelques soldats. Jeanne, en huit jours, battit plusieurs fois les Anglais, fit lever le siége d'Orléans, et excita dans toute l'armée française un enthousiasme inexprimable. Elle conduisit le roi à Reims, où il fut sacré avec pompe. C'était là, à ce qu'elle assurait, le terme de sa mission. Elle ne demandait pour toute récompense que la permission de retourner à son village pour y garder son troupeau. Les prières de Charles VII la retinrent. Elle continua à combattre avec courage; mais sa confiance n'était plus la même. Elle s'était jetée dans Compiègne, que l'ennemi assiégeait. Dans une sortie, elle fut faite prisonnière, et les Anglais, qui la croyaient sorcière, parce qu'ils n'avaient pas pu lui résister, eurent la cruauté de la brûler vive dans la ville de

Rouen. Mais cette barbarie ne profita pas à leur cause, car, à partir de ce moment, ils furent chassés de toutes les places qu'ils avaient conquises, et le martyre de la Pucelle d'Orléans (c'est ainsi qu'on appelait Jeanne d'Arc, en mémoire de sa première victoire) ne fit que rendre leur défaite plus prompte et plus complète. Jeanne fut donc la libératrice de la France, et son nom est resté un des plus illustres de notre histoire.

« Ce qu'il faut admirer dans la vie de Jeanne d'Arc, ce sont moins encore ses exploits que ses vertus. Une jeune fille de dix-huit ans, qui obéit sans hésiter à la voix de Dieu, qui entreprend et qui poursuit sans se décourager la tâche la plus difficile et la plus glorieuse, c'est là un grand et beau spectacle. Sa modestie, sa simplicité de cœur ne lui font pas moins d'honneur que son courage. Aussi est-on bien porté à la regarder comme une sainte, et si jamais l'Église lui confère ce titre, ce sera une grande joie pour les âmes chrétiennes et pour les cœurs vraiment français. »

Un murmure d'approbation suivit cette lecture. Blanche continua :

« L'autre jeune fille, qui porta aussi le nom de Jeanne, naquit à Beauvais, quelques années plus tard. Le duc de Bourgogne, Charles le Téméraire, faisait la guerre au roi Louis XI, fils de Charles VII. Il assiégeait Beauvais, et, comme il était fort cruel, les habitants, qui redoutaient ses vengeances, se défendaient avec l'énergie du désespoir. Pourtant, le péril était grand. Pendant que les assiégés faisaient une sortie, les Bourguignons tentèrent un assaut, et déjà un soldat plantait son drapeau sur la muraille, lorsqu'une femme courageuse, suivie de quelques autres, enflammées par son exemple, fondit sur les assaillants, et les précipita du haut des remparts. Elle était armée d'une petite hache, avec laquelle elle portait des coups assurés, et, plus tard, quoiqu'elle se nommât Jeanne Lainez, on ne la connut que sous le nom de Jeanne Hachette. C'est le seul que lui ait conservé l'histoire. La ville fut sauvée par cette généreuse fille, et la France compta une héroïne de plus. »

—Ma chère fille, dit M. Durand, voilà deux belles histoires ; la première surtout ne saurait être répétée trop souvent, car il n'y aura jamais trop d'hommages rendus à une renommée aussi pure. J'aime à voir comment ta bonne mère choisit dans tes souvenirs d'études, dont elle nous fait jouir en commun.

Cet éloge mérité fit sourire madame Durand. Elle embrassa Blanche plus tendrement encore que de coutume ; ce fut sa réponse modeste au compliment du père de famille.

— Maintenant, poursuivit M. Durand, je ne serais pas fâché de connaître un peu la pensée des jeunes garçons sur la lecture qu'ils viennent d'entendre.

— Moi, dit Alfred, j'aurais bien quelques questions à faire, mais uniquement pour m'instruire, car tout me paraît admirable dans la vie de Jeanne d'Arc, dans le dévouement de Jeanne Hachette. Blanche nous les a très-bien fait connaître ; mais son récit n'a-t-il pas été un peu court ?

M. DURAND.

L'histoire de Jeanne d'Arc, mon enfant, a été racontée si souvent, comme je te le disais tout à l'heure, qu'on ne peut guère ouvrir un recueil de beaux exemples sans l'y voir briller au premier rang. Je ne le regrette pas, bien au contraire ; mais, quand on rappelle des faits si connus, on peut abréger les détails. Blanche en a résumé les traits principaux ; cela suffisait, et la merveilleuse histoire n'y a rien perdu de sa grandeur.

Quant à Jeanne Hachette, son dévouement patriotique est bien digne d'éloges, mais toute sa vie est comme renfermée dans un seul moment, qui n'exigeait pas des détails nombreux, et qu'il fallait seulement marquer, comme l'a fait ta sœur, d'une manière précise.

As-tu quelques autres questions à nous faire ?

ALFRED.

Voici. Puisque le roi Charles VII avait rétabli ses affaires par le secours de Jeanne d'Arc, comment n'a-t-il pas empêché qu'on la fît mourir ? Est-ce qu'il a laissé tranquillement s'accomplir ce crime abominable ?

M. DURAND.

Hélas ! mon ami, tu as touché juste. Charles VII a été ingrat, parce qu'il était faible et indolent. Il n'a fait aucun effort sérieux pour sauver celle à qui il devait sa couronne. Seulement, après la guerre, il l'a fait *réhabiliter*.

— Voilà un mot bien savant ! dit Gustave, en faisant une petite moue significative.

— Aussi allais-je l'expliquer, reprit M. Durand. Cela veut dire qu'après avoir examiné, par ordre du roi, toutes les pièces du procès de Jeanne d'Arc, un tribunal l'a déclarée complétement innocente. C'était bien le moins qu'on pût faire pour sa mémoire.

— Il y a aussi, dit Alfred, une chose qui m'embarrasse dans l'histoire de Jeanne Hachette. Que faisaient donc les hommes à Beauvais, puisque les femmes étaient obligées de défendre les murailles?

M. DURAND.

Oh! les hommes n'étaient pas moins occupés; mais je conviens qu'ils manquèrent de prévoyance. Tandis qu'ils risquaient une sortie en masse, ils négligèrent un moment la garde des remparts, et les Bourguignons en profitèrent. Sans l'héroïsme des femmes, la ville était prise.

Alfred se déclara satisfait, et termina la séance par cette réflexion pleine de sagesse :

— Qu'on vienne dire maintenant que les femmes doivent filer, coudre, s'occuper de leur ménage, et qu'il ne leur convient pas de partager les occupations des hommes! Voilà deux beaux exemples à citer, pour prouver qu'elles nous valent bien quand il faut montrer de l'énergie.

— Ce que tu dis là est aimable pour nous, dit la mère en souriant ; cependant ne prenons pas l'exception pour la règle. Les devoirs des femmes ne changent pas, parce qu'elles peuvent, au besoin, être aussi braves que les hommes. Même dans la vie cachée de la famille, elles ont bien des occasions de se dévouer, mais elles se dévouent sans bruit, sans ambition de renommée. Nous admirons nos deux héroïnes, mais nous savons nous contenter du lot plus modeste que la Providence a voulu nous assigner.

QUESTIONNAIRE

Des chapitres I à VI inclusivement

I. — De quelles personnes se composait la famille Durand?
Quelle était la réputation du père?
Comment les enfants étaient-ils élevés?
Que faisait-on dans les réunions de famille?
Qu'était-ce que le père Marcel?

II. — Quelle rencontre fit le père Marcel?
Comment se conduisit-il envers un braconnier
Quelle est la moralité de ce récit?

III. — Que faut-il penser de la guerre?
Qu'était-ce que Bayard?
Que doit-on admirer surtout dans Bayard?
Racontez sa mort.
Qu'était-ce que d'Assas?
Quelle est l'action qui l'a rendu célèbre?

IV. — Que faudra-t-il acheter à la foire?
Faut-il des jouets riches ou des jouets utiles?
Comment le père récompense-t-il la sagesse de ses en-
fants?

V. — Que doit-on penser des fables de Fénelon?
Citez les paroles de Fénelon, à propos de l'incendie de son
palais.
Comment se conduisit-il pendant la guerre?
Comment le traitèrent les ennemis?
Racontez l'histoire de la vache retrouvée par Fénelon.

VI. — Qu'était-ce que Jeanne d'Arc?
Donnez une idée de ses belles actions.
Que faut-il admirer surtout en elle?
Qu'était-ce que Jeanne Hachette?
Racontez son acte de dévouement.

VII

DIX MINUTES D'ARRÊT

M. DURAND.

Eh! voilà notre bon père Marcel! Vous devenez rare, savez-vous? étiez-vous malade?

MARCEL.

Non, mon capitaine; j'étais absent. Je trottais en chemin de fer pour aller voir un vieux camarade que j'aimais bien, et qui a été heureux de me serrer la main, avant de passer l'arme à gauche (1). C'est un triste moment que celui de la grande séparation; mais Dieu est le maître; il faut se soumettre à sa volonté! Me voici de retour; je reprends mon service; mais d'abord j'ai voulu toucher barre (2) ici, et prouver à mon petit Gustave que je ne l'ai pas oublié.

Et, en même temps, il tirait de sa poche un joli volume, bien relié, bien gaufré (3), qu'il faisait miroiter aux yeux de l'enfant.

Gustave, toujours un peu brouillon, se jeta sur le livre qui allait lui appartenir; mais il se sentit arrêté par la main du vieux sergent, qui comprima la sienne comme dans un étau.

—Eh bien! petit, dit Marcel; tu oublies la consigne.

(1) Mourir.
(2) M'arrêter.
(3) Imprimé en bas-relief,

D'abord, viens m'embrasser, en manière de remercî-
ment. Ensuite, nous ouvrirons le livre ensemble ; il faut
que je tâche d'expliquer à quoi il pourra te servir.

L'étourdi, qui avait bon cœur, s'exécuta sans peine.
Il embrassa le sergent, qui lui rendit l'usage de ses
mains, et attendit l'ordre.

— Vous saurez donc, reprit le père Marcel, qu'en revenant de conduire mon pauvre camarade à sa dernière
étape, je broyais un peu de noir (1) dans mon wagon,
lorsque les employés crièrent : *dix minutes d'arrêt !*

J'en profitai pour mettre le nez à l'air et me distraire
un peu de ma tristesse. Je tombai sur une de ces bibliothèques pimpantes (2) qu'on voit dans toutes les gares,
et j'y aperçus le petit volume que je tiens. Je le feuille-
tai par curiosité, et je vis qu'il contenait l'histoire d'un
ingénieur anglais qui a inventé les locomotives.

Cela me parut très-intéressant, et je me dis : Voilà
une des grandes inventions modernes ; nous nous en
servons tous les jours sans savoir à qui nous la devons.
Il est un peu tard pour les vieux de l'apprendre ; mais
il est temps pour les enfants ; et, dès à présent, je crois
bien que Gustave pourra en profiter. S'il y a des détails
trop savants, on les passera d'abord, ou M. Durand
saura bien les expliquer ; mais tout ce qui a rapport à
la vie de l'inventeur, à sa persévérance et à son courage, il le comprendra bien, le cher enfant. Si je me
trompe, ce sera partie remise. Le volume restera sous
cloche (3), et, plus tard, on le retrouvera.

(1) J'étais triste
(2) Élégantes.
(3) Caché.

— Merci, mon bon Marcel, dit M. Durand. Voici, je crois, le moyen de tout arranger. Gustave me permettra de faire les honneurs de son joli cadeau. Je lirai d'abord le livre; je l'étudierai, et j'en rendrai compte devant tout le monde, que je convoque à bref délai.

On se sépara, et, au jour marqué, devant la famille réunie, à laquelle, bien entendu, le sergent était venu se joindre, M. Durand prit la parole :

— Voici, mes enfants, ce que j'ai trouvé dans le volume en question.

C'est l'histoire d'un des plus grands génies dont s'honore l'industrie anglaise, Georges Stephenson. Retenez bien ce nom; c'est vraiment celui d'un bienfaiteur de l'humanité.

Il naquit en 1781, dans une pauvre maisonnette d'un village de mineurs, qui n'avait de remarquable que des monceaux de cendres et de charbon de terre, des forges d'où partaient de noirs tourbillons de vapeur et de fumée, et des machines pour épuiser l'eau des mines. Son père gardait une pompe d'épuisement (1). Il gagnait bien peu, et la famille était nombreuse; mais c'était un homme raisonnable, un travailleur, et il savait se contenter à peu de frais.

Georges, dans ses premières années, fit comme les autres enfants du village. Sa grande affaire était de dénicher des oiseaux. Mais, ce qui l'amusait le plus, c'était d'entendre raconter les aventures merveilleuses de Robinson et d'autres personnages extraordinaires. Le vieux

____

(1) Machine qui sert à aspirer l'eau qui peut se trouver dans les mines.

Stephenson en savait beaucoup, et il était sûr de trouver dans son fils un auditeur très-attentif.

On ne connaissait pas encore l'emploi de la vapeur. C'étaient des chevaux qui traînaient les wagons chargés de houille, en suivant des rails de bois, du chemin jusqu'à la mine. Georges fut chargé de veiller sur ses frères, plus jeunes que lui, et de les tenir à distance des wagons. Comme il s'acquitta de ce soin avec intelligence, une fermière, dont les vaches paissaient le long de la voie, le choisit comme gardien, pour préserver le troupeau de la rencontre des trains, et pour fermer les barrières le soir. Georges avait huit ans. Il fut tout fier et tout heureux d'un emploi qui lui valait deux pences par jour, c'est-à-dire vingt centimes.

Mais déjà son imagination s'éveillait. Il regardait avec curiosité la machine placée à l'entrée de la mine. Il en fabriquait des modèles en miniature avec de la terre glaise, des tiges de roseaux, des morceaux de liége, des bouts de ficelle et quelques planchettes. Les vieux mineurs étaient ébahis de ce travail. Un méchant, un envieux peut-être, le brisa en mille pièces. C'était pour Georges une première expérience de la malice des hommes. Il s'en souvint, mais sans se décourager. La persévérance était une de ses vertus précoces.

Après avoir, pendant quelque temps, travaillé aux champs, arraché les racines, conduit les chevaux de labour, Georges obtint ce qu'il désirait ardemment : il fut admis au nombre des ouvriers de la mine. Il commença par l'emploi de nettoyeur de charbon, avec un salaire de six pences (60 centimes) par jour; puis il fut chargé de diriger un cheval de manége (1), puis, d'assister son père comme chauffeur. Il gagna alors un shilling (1 fr. 25 c.) par jour, et il se crut aussi riche que la reine. Seulement, il savait que son avancement avait excité bien des jalousies. Il craignit de perdre son emploi, et, le propriétaire de la mine étant venu inspecter les travaux, il se tint caché pendant tout le temps de cette visite, craignant qu'on ne fît une comparaison entre la petitesse de sa taille et l'élévation du prix de sa journée.

La mine à laquelle Georges était attaché s'épuisa. Il fallut changer de résidence. Dans une autre mine, appartenant à un grand seigneur, il fut choisi pour surveiller la pompe, service important qui lui coûtait chaque jour douze heures de travail. Il avait alors dix-sept ans.

Quand sa journée était faite, sa récréation consistait à démonter la machine pour la nettoyer, à l'examiner dans toutes ses parties, à se familiariser avec chacune d'elles. Il la considérait avec une sorte de tendresse; il voulait lui arracher son secret.

Mais, voyez, mes enfants, comme il est difficile de vaincre les obstacles, même quand on possède les dispositions les plus heureuses, et combien il importe d'exercer de bonne heure la première qualité d'un homme de cœur : la volonté.

Georges, si intelligent, si appliqué, si désireux de s'instruire, le pauvre Georges, à dix-sept ans, ne savait pas lire... « Aller à l'école, dit celui qui nous raconte sa vie, était pour les enfants pauvres de cette époque un luxe presque inconnu. »

(1) Machine que des chevaux font mouvoir en tournant,

Mais Georges avait une volonté ferme. Il comprit que sans la lecture, qui est la clef des sciences (1), il n'y a pas moyen de devenir un ouvrier habile. Il alla bravement s'asseoir sur les bancs. A la fin de l'hiver, il lisait couramment, il savait écrire et connaissait les premières règles de l'arithmétique. « Le jour, assis près de sa machine, il avait toujours à la main ou un livre ou une ardoise ; le soir, il portait à son maître les problèmes qu'il avait résolus, et en recevait d'autres pour le lendemain. »

Alors, une ambition légitime s'empara de lui. Il voulut gagner un nouvel avancement. Un de ses amis lui montra la manœuvre du frein, qui sert à faire monter des charges de houille du fond de la mine. Il réussit dans cet essai, malgré une cabale organisée par des mineurs jaloux, et fut nommé garde-frein peu de temps après.

Georges devenait riche, car son nouvel emploi lui permit de mettre de côté une *pièce d'or !* Quelle fortune ! Il en éprouva une vive joie ; c'était sa première épargne ; plusieurs autres s'y ajoutèrent, car, avec l'esprit d'ordre, on tire parti des positions les plus modestes, et Georges, tranquille sur l'avenir, se mit à étudier avec ardeur les principes de la mécanique. Il essaya de construire des appareils. Il échoua, puis il réussit mieux, avançant pas à pas, mais avançant toujours.

Les mécaniciens se moquaient souvent de l'humble garde-frein. Ils ne comprenaient pas les espérances de ce génie inventif. Cependant, les circonstances le ser-

(1) Qui introduit à la connaissance des sciences.

virent. Il eut l'honneur de remettre en état une machine
d'épuisement que les ingénieurs ne trouvaient pas le
moyen de réparer. Le directeur de la mine admira son
travail et fut généreux. Il fit présent à Georges de dix
guinées (environ 250 fr.). Ce fut un événement dans sa
vie.

On venait de loin le consulter, et, en même temps
que sa réputation s'étendait, il augmentait ses connaissances. D'une sobriété exemplaire, il n'acceptait de ses
camarades aucune invitation. Il aurait eu honte de dérober une heure de temps à l'étude.

Une grande découverte occupait alors le monde savant. Un célèbre ingénieur anglais, Watt (1), avait trouvé
la machine à vapeur. C'était une puissance immense au
service de l'industrie. Des voitures à vapeur circulèrent
d'abord sur les routes ordinaires, mais avec beaucoup
de difficulté, à cause des inégalités du terrain. On adopta
bientôt les chemins à rails, usités depuis longtemps
dans les mines, mais les machines, qui ne servirent pendant plus de douze ans qu'au transport des charbons,
restèrent longtemps défectueuses. Georges étudia les différents systèmes, prit à chacun ce qu'il avait de bon, et
construisit une locomotive, qui ne devait d'abord fonctionner que sur un parcours de douze kilomètres. On
ne rêvait pas alors un plus grand progrès, et on raillait
l'inventeur sur ses prétentions ambitieuses. Dans tous
les cas, on ne croyait pas possible d'appliquer le nouveau système à autre chose qu'au service des charbons.
Enfin, dans un concours établi entre plusieurs locomo-

____

(1) Habile mécanicien du xviiie siècle.

tives, celle de Georges obtint le prix. Sa cause était gagnée; ce n'était plus qu'une question de temps et d'argent.

Des sociétés se formèrent; des ingénieurs se mirent à l'œuvre, d'après les données que Georges avait fournies. Les voies ferrées s'établirent, et transportèrent avec une grande vitesse, non-seulement des colis, mais des voyageurs. De grandes lignes réunirent des points très-éloignés, et Georges Stephenson n'eut plus qu'à jouir de sa gloire. On lui offrit des honneurs; il les refusa, car c'était un homme simple, à qui il suffisait d'avoir trouvé un moyen d'être utile à ses semblables.

Il mourut en 1848, laissant à ses concitoyens l'exemple de ce que peuvent la persévérance et la probité. En 1862, la reconnaissance publique lui a élevé une statue.

Eh bien! mes enfants, trouvez-vous cette vie-là bien remplie?

— Oh! oui, père, dit Alfred; mais tout le monde ne peut pas être un Georges Stephenson.

M. DURAND.

C'est vrai, mon ami; mais tout le monde peut être probe, laborieux, persévérant, et quand ces qualités ne procurent pas la gloire, elles donnent la satisfaction d'une bonne conscience, et la joie d'avoir dignement rempli son devoir.

Et, se tournant vers le père Marcel, M. Durand ajouta: vous voyez, mon brave ami, que vos *dix minutes d'arrêt* nous ont valu un riche profit.

VIII

LES JOLIS DÉFAUTS

Madame Durand, quoiqu'elle se consacrât entièrement à sa famille, avait quelques relations de bon voisinage. On se sentait attiré vers elle par son obligeance, par la simplicité digne de ses manières, et plusieurs mères de famille lui soumettaient avec confiance leurs doutes en matière d'éducation.

Une dame, mère de deux enfants, d'une fille un peu plus jeune que Blanche, d'un garçonnet de l'âge de Gustave, vint faire visite aux hôtes de la maisonnette, qu'elle appelait avec un peu de malice : *l'hôtel de l'Acacia*. C'était une personne aimable, mais un peu trop indulgente pour les défauts des enfants en général et des siens en particulier. D'ailleurs, elle n'était pas susceptible, et prenait en bonne part les objections et les conseils de son amie.

Pendant que toute la jeune famille se livrait, dans le jardin, aux jeux de son âge, cette dame entama avec madame Durand sa conversation habituelle, mais en lui donnant cette fois un tour nouveau.

— Vous ne devineriez pas, dit-elle, ce que me disait hier madame***, dont vous connaissez l'esprit vif et la raison piquante. Elle me soutenait que ce qu'on appelle défauts chez les enfants n'est autre chose que des commencements de qualités : qu'il faut bien se garder de faire la guerre à ces dispositions que l'âge changera peu à peu en vertus solides, et que si tant d'enfants tournent mal, c'est que leurs parents les ont trop comprimés.

— Voilà un gros paradoxe (1), dit en riant madame Durand; j'espère que vous ne l'avez pas laissé passer.

LA VISITEUSE.

Mon Dieu! j'ai été assez embarrassée de répondre. Je vais vous faire juge de ce que cette dame m'a dit, et vous, qui êtes la sagesse en personne, vous trouverez mieux que moi la réponse.

Elle a pris pour exemple trois défauts des enfants : l'étourderie, la turbulence et les caprices ; et voici comment elle a raisonné :

« On se plaint de l'étourderie des enfants. On trouve qu'ils ne sont pas attentifs aux bons conseils, qu'ils ne se souviennent de rien, qu'ils se jettent au travers de tout, qu'ils parlent et agissent sans réflexion, qu'ils manquent de prévoyance et de mesure.

« Mais comment voulez-vous obtenir d'un jeune enfant ce qu'on n'obtient pas toujours des personnes plus âgées? les conseils qu'on leur donne ne se gravent pas dans leur esprit, parce qu'il est mobile; c'est sa nature, et ils ne sont pas responsables de ce qu'il leur manque quelques années pour régler l'emploi de leurs facultés. Vous seriez bien fâchée de les voir plus raisonnables, car cette raison leur ferait perdre leur grâce, et une gravité trop précoce en ferait de petits personnages

---

(1) Opinion contraire au sentiment commun.

lourds et ennuyeux. Leur étourderie n'est que la vivacité brillante du papillon qui vole de fleur en fleur. Lui souhaiterez-vous des ailes pesantes, comme celles de certains insectes engourdis? Laissez agir la bonne nature. Elle sait mieux que nous ce qu'il faut tolérer comme un légitime effet de l'âge. Pour moi, j'adore les enfants étourdis. Je tiens que c'est leur cachet et leur privilége, et je me garderais bien de gêner un si charmant essor. »

Elle vit que je n'étais pas convaincue. « Attendez; ajouta-t-elle; j'ai encore deux prétendus défauts à examiner. Vous répondrez à tout en même temps.

« La turbulence! oh! voilà un grand mot, un gros péché de l'enfant! L'enfant turbulent, c'est la plus haute expression de l'étourdi; c'est un trouble-fête dans la famille. Il fait, à lui seul, du bruit comme quatre; il casse ses jouets, gâte ses livres; il essaye des tours de force où il pourrait bien se briser les os. Il crie, il pleure, il frappe; un orage succède à un autre orage. Il ne laisse à ses parents ni trêve ni repos.

« J'espère que je n'ai pas flatté le portrait de l'enfant turbulent. Eh bien! laissez-moi crever cette bulle de savon, et vous verrez qu'il n'en reste rien qu'une petite goutte d'eau à peine visible.

« Ce que vous appelez turbulence est tout simplement un besoin d'agir et de se développer que vous ne pouvez contrarier, sans nuire à l'intelligence et à la santé même de l'enfant. Quoi! vous empêcheriez que cette faible créature s'exerçât à devenir forte! vous l'emprisonneriez dans une sorte d'immobilité qui l'étiolerait (1)

(1) La flétrirait.

comme une plante privée d'air et de lumière! Eh! laissez-lui donc casser quelques verres, démonter quelques jouets, risquer de se faire une bosse au front, dépenser en gestes et en cris sa trop grande activité naturelle. C'est l'exercice de sa force qui commence; il n'y a pas de temps à perdre; vous n'attendrez pas qu'il ait vingt ans pour l'aider à devenir robuste et hardi. Encore une fois, suivez la nature; obéissez-lui; ne mettez pas les menottes à ces mains qui ne demandent qu'à se mouvoir; n'attachez pas ces pieds qui sont impatients de partir. Que gagneriez-vous à exiger d'un enfant de dix ans la sagesse, qui arrivera à son heure, mais dont l'heure n'est pas venue! Soyez donc très-indulgente pour la turbulence; c'est tout simplement la vie, dont l'exubérance (1) même est salutaire. Prenez garde, mère intelligente, d'enlever une qualité à votre enfant, en cherchant à le guérir d'un défaut. »

Mon étonnement croissait; mon amie le remarqua; mais elle avait encore quelque chose à me dire :

« Et le caprice ! ajouta-t-elle, de combien de méfaits n'est-il pas accusé? L'enfant capricieux est regardé comme une nature insaisissable. Son nom même est tiré des habitudes de la chèvre (2), qui va, vient, sautille avec des mouvements irréguliers. Quel triste honneur d'être semblable à un animal impatient et indocile! On ne peut compter sur rien avec l'enfant qui a ce vilain défaut. Il dit *oui* et *non* à quelques minutes de distance. Celui que vous connaissiez tout à l'heure n'est déjà plus

____

(1) L'excès.
(2) En latin *capra*, d'où l'on a tiré *caprice*.

le même. Il fatigue, il excède ceux qui ont le droit de lui commander. Il a des imaginations bizarres, déraisonnables ; on n'ose pas le montrer ; il déroute ses parents, ses amis ; il est le fléau de tout le monde.

« Et moi, je dis : Non ! cent fois non ! L'enfant capricieux n'est pas ce petit monstre qu'on dépeint de si noires couleurs. Il impatiente quelquefois, mais c'est votre devoir de l'observer, de le suivre et de le redresser sans effort. Il n'est pas libre, lui, de changer subitement sa nature. Ses impressions sont vives et variées ; c'est une richesse, si vous savez en tirer parti. On a dit qu'un homme qui n'aurait qu'une idée serait un être dangereux ; l'enfant qui ne changerait jamais d'humeur annoncerait une intelligence étroite et timide. Les mille et un mouvements que produit le caprice prouvent le nombre et la diversité des idées qui s'agitent dans ce petit cerveau. C'est l'histoire du kaléidoscope (1), qui, lorsqu'on le secoue, prend une foule de formes élégantes, gracieuses, qui changent toujours, mais qui plaisent dans tous leurs changements.

« Mais, ma bonne amie, dit-elle en concluant, je ne veux pas m'échauffer davantage. Je connais votre bon jugement. Vous n'êtes pas une personne à préjugés ; vous savez élever vos enfants, et, suivant les paroles d'un aimable écrivain (2), *les gâter avec intelligence*. Ne soyez donc pas sévère pour ce que j'appelle sans hésiter les *jolis défauts* de leur âge. La liberté même que vous leur laisserez en abrégera la durée. Chaque chose arri-

(1) Instrument inventé à Londres en 1817.
(2) Saint-Marc Girardin.

vera en son temps ; je crois que c'est la vraie sagesse. »

Vraiment, continua madame***, il me semble que j'ai appris par cœur tous ces beaux discours, et j'ai voulu vous les rapporter tout de suite. Vous savez qu'autrefois on allait consulter les oracles (1), pour savoir la vérité.

— Chère dame, dit madame Durand, je ne suis pas un oracle, je ne puis me flatter que d'un peu de bon sens. Mais vous ne me dites pas ce que vous avez répondu.

— C'est assez difficile, reprit madame ***, car j'étais très-émue de cette singulière plaidoirie, et, s'il faut vous l'avouer, je n'ai rien répondu.

MADAME DURAND.

Alors, puisque vous avez une si bonne mémoire, et qu'elle vous a rappelé si fidèlement les arguments de votre amie, vous me permettrez de lui confier à mon tour ce que je pense de ces graves questions, et votre bon jugement fera la balance.

Le texte de votre visiteuse était bien choisi. Elle s'est attachée précisément aux défauts qui ont un côté séduisant, et qui pourraient se transformer plus tard en qualités. Elle vous a vanté adroitement l'avantage qu'il y a à ne pas contrarier la nature, et il semble qu'elle ait mis votre amour maternel à l'aise en lui donnant pour toute mission de favoriser les instincts de l'enfance. C'est assurément le plus commode, mais je me hâte d'ajouter : c'est, à mon avis, le plus périlleux.

Franchement, mon amie, est-ce bien là le rôle d'une

____

(1) Réponses qu'on attribuait aux faux dieux.

mère de famille intelligente, qui ne pense pas seulement à l'heure présente, mais qui prévoit et qui prépare l'avenir de ses enfants? n'a-t-elle été placée auprès d'eux par la volonté divine que pour les regarder faire, et pour attendre, les bras croisés, que les qualités aient succédé aux défauts?

J'admets facilement qu'elle évite de tourmenter l'enfance, de la contraindre sans nécessité. Je sais bien que l'étourdi, le turbulent, le capricieux doivent toujours trouver en elle de l'indulgence et de la douceur. Il faudrait qu'elle cessât d'être mère pour avoir d'autres sentiments. Mais il lui appartient de régler ce qui est en désordre, de séparer l'ivraie (1) du bon grain. Son habileté consiste précisément à conserver, à fortifier ce qui est bon, en le dégageant de ce qui est nuisible, et, par là, elle ne prive ses enfants d'aucune force; elle rectifie doucement leurs habitudes, car ils n'en deviennent que plus aptes à la pratique des vertus. L'enfant a besoin de guide; c'est la mission sainte que leur père et leur mère ont reçue. L'enfant a déjà en lui tous les germes qui se développeront dans l'homme fait; mais il y a sans doute un mélange qui tient à l'imperfection de l'âge.

Si vous avez un enfant étourdi, passez-lui les choses peu importantes; mais, pour les manquements plus graves, ne l'épargnez pas. Que votre tendresse et, au besoin, votre autorité s'emploient à lui donner un peu de réflexion, à lui faire sentir qu'il est plus heureux quand il vous écoute.

Est-il turbulent? usez encore d'indulgence, quand il

---

(1) Mauvaise herbe qui pousse au milieu des blés.   .

reste dans certaines bornes ; mais, s'il devient incommode aux autres, faites-lui comprendre qu'il est égoïste, et qu'on le laissera tout seul, s'il s'obstine à être importun. Vous trouverez vingt occasions de lui montrer les dangers de la turbulence pour lui-même, les fautes graves où la désobéissance peut le faire tomber. Vous n'enchaînez pas sa liberté ; vous en modérez l'emploi. Il en conservera les bénéfices, car vous n'en retrancherez que ce qui nuit à lui-même et à tous.

Avez-vous affaire à un enfant capricieux ? à quels déboires ne l'exposerez-vous pas en lui pardonnant tous ses caprices ? Il exigera l'impossible ; le lui donnerez-vous ? On a ri de cet enfant qui voyait l'image de la lune dans un seau d'eau, et qui voulait contraindre sa bonne à la lui donner. Le caprice n'est pas toujours de cette force ; mais, avec des nuances, ce sera toujours de l'exigence et de la déraison. Pourquoi donc laisser subsister ces mauvais germes, qui ne produiront plus tard que des fruits de mort ? Oui, sans doute, le caprice aura quelquefois de la grâce ; il fera sourire la famille ; mais ne vous fiez pas à ces douceurs ; elles vous prépareraient de cruelles amertumes.

Ne comprimez pas vos enfants ; mais gouvernez-les.

— Allons ! voilà qui est dit, reprit madame***, persuadée par ce langage. Je vais être forte maintenant. Si mon amie revient à la charge, je suis prête à lui répondre. Vous serez contente de moi, et j'espère que mon petit gouvernement de famille se ressentira de notre conversation d'aujourd'hui.

IX

LES PRIX DE VERTU

— Vous savez, mes enfants, dit un jour M. Durand, que j'ai fait un petit voyage d'affaires à Paris, l'année dernière.

C'est beau, Paris : des monuments admirables ; des promenades pleines d'agrément ! trop de bruit, par exemple ; trop de poussière ; trop de chances d'être écrasé par les voitures, quand on chemine souvent, comme moi, en piéton modeste. Je n'habiterais pas volontiers cette grande ville, mais j'ai trouvé du plai-. sir à y passer quelques jours. D'ailleurs, ce temps si court m'a suffi pour assister à deux séances bien intéressantes, grâce à deux billets que j'ai obtenus sans beaucoup de peine.

Je vous en ai dit quelques mots à mon retour, mais cela ne suffit pas. Il faut que ces bons souvenirs prennent la place qu'ils méritent dans nos causeries ; parlons-en aujourd'hui à notre aise.

La première, la plus émouvante de ces deux séances (je vous parlerai de l'autre plus tard) est celle où l'Académie française (1) a distribué les prix de vertu fondés par un bon riche, M. de Montyon.

Je vais d'abord vous faire connaître en peu de mots le

(1) Une des classes de l'Institut de France, fondée par le cardinal de Richelieu.

fondateur de ces prix ; vous êtes capables, à votre âge, de le comprendre et de l'admirer. Il y a plus de cinquante ans qu'il est mort, mais son œuvre subsiste, et il est comme présent au milieu de nous, en continuant ses bienfaits.

D'abord avocat habile, puis administrateur très-distingué, auteur d'ouvrages de littérature et d'économie politique qui ont eu une juste réputation, tous ces mérites ont disparu dans un mérite encore plus éminent : M. de Montyon fut un bienfaiteur universel.

Riche, mais ne comprenant la richesse que comme un moyen de faire des heureux, on le voit d'abord consacrer vingt mille livres de son revenu à secourir les indigents et les ouvriers sans travail. Puis, il fonde libéralement dés prix annuels dans l'intérêt de l'industrie et de la moralité. Honoré lui-même plusieurs fois de récompenses académiques, ce sont les Académies qu'il charge de distribuer ses libéralités, y comprises les sommes attachées aux prix qui lui étaient décernés.

Une partie de ces fondations avaient été emportées par la tourmente révolutionnaire (1). Quand elle fut passée, et que le calme eut succédé à l'orage, M. de Montyon rétablit purement et simplement les fondations premières, en y ajoutant 35,000 francs dont il faisait don aux bureaux de charité de Paris. Ce ne fut pas assez pour ce grand homme de bien. Son testament prolongea, éternisa l'œuvre de sa vie. Il y inscrivit les dispositions suivantes :

« 10,000 francs seront mis en rente pour donner un

____
(1) En 1793.

prix à celui qui découvrira les moyens de rendre quelque art mécanique moins malsain, au jugement de l'Académie des sciences.

« 10,000 francs seront mis en rente pour fonder un prix annuel en faveur de celui qui aura trouvé dans l'année un moyen de perfectionnement de la science médicale et de l'art chirurgical, au jugement de la même académie.

« 10,000 francs en faveur d'un Français pauvre, qui aura fait dans l'année l'action la plus vertueuse.

« 10,000 francs pour fonder un prix annuel en faveur du Français qui aura composé et fait paraître le livre le plus utile aux mœurs.

« Ces deux derniers prix, laissés au jugement de l'Académie française. »

Pour couronner ce splendide monument de charité, M. de Montyon légua, par ce même acte, 10,000 francs à chacun des hospices des divers arrondissements de Paris.

On se perd, n'est-ce pas, mes enfants, dans ces générosités sans mesure. La vanité n'y avait point de part. On aurait dit que M. de Montyon voulait se faire pardonner sa richesse, en l'employant saintement et uniquement à faire le bien.

Dans la séance à laquelle j'assistais, il n'était question que du prix de vertu, un de ceux qu'il appartenait à l'Académie française de décerner. Des imitateurs modestes de M. de Montyon avaient ajouté quelques fondations aux siennes. Les prix et les médailles pouvaient être partagés, afin de récompenser un plus grand nombre de Français ou de Françaises, dont les titres avaient été soigneusement examinés.

Je vous assure qu'on n'a pas écouté sans émotion le compte rendu de toutes ces bonnes actions, dont le mérite s'acccroît encore par l'obscurité dans laquelle elles s'accomplissent. Ce n'étaient pas seulement les *honnêtes gens* qu'on récompensait ; nous devons croire que le nombre eût été assez grand pour embarrasser les juges ; c'étaient des hommes, des femmes qui s'oubliaient eux-mêmes pour se dévouer à des parents, quelquefois même à des étrangers. Les vertus des pauvres, il faut le dire à leur éloge, sont craintives, ombrageuses, et se dérobent aux yeux du monde. L'homme dont le nom est ignoré ne puise guère ses inspirations de bienfaisance que dans son cœur. Ce n'est pas un désir de gloire qui peut le séduire ; c'est la voix de la conscience qui parle, et la récompense vraie, désintéressée, c'est le bonheur qu'on éprouve à exercer la charité.

Mais la société, dans son intérêt, doit faire quelquefois sortir de leur ombre modeste ces vertus exceptionnelles. Il lui importe, n'est-ce pas, de pouvoir proposer en exemple les beaux actes de dévouement. Les impressions que laissent ces comptes rendus, ces prix, ces médailles, sont utiles et salutaires. Quand on n'en retirerait que la jouissance d'entendre proclamer des noms justement honorés, on sentirait qu'on a respiré un air plus pur, et on serait naturellement porté vers des idées plus élevées. Jugez-en par quelques exemples, que j'ai retenus, ou plutôt dont j'ai pris note, à votre intention.

Voici deux époux bretons, deux Rennais, du nom de Besnard, qui espéraient bien cacher plus longtemps leurs belles actions, et qui ont été tout surpris, presque effrayés de la récompense supérieure qui est venue les trouver à l'improviste. L'homme, chef modeste d'un atelier de serrurerie, dont le produit suffisait à peine aux besoins de son ménage, distribue, tous les dimanches, une forte part du gain de la semaine aux malades, aux orphelins, aux infirmes, aux prisonniers ; pour tout dire, en un mot : à ceux qui souffrent. La femme, associée depuis trente ans à cette œuvre de bienfaisance de son mari, ne se contente pas d'y concourir avec le calme d'une bonne conscience. Il lui faut des occupations plus actives. Elle rencontre quatre enfants à peu près abandonnés, couverts de plaies hideuses ; elle les attire, les guérit, les garde plusieurs semaines ; elle sauve des jeunes filles indigentes, et les préserve des mauvais conseils. Enfin, un aumônier du pays a dit le mot décisif : *Qu'on me procure vingt femmes comme madame Besnard, et je me charge de transformer la classe ouvrière de Rennes.*

Un pareil exemple, mes amis, me dispenserait presque de vous en citer d'autres. Cependant, je ne résiste pas au plaisir de consulter toujours mes notes ; je vois qu'elles vous intéressent.

J'aperçois maintenant une ouvrière, orpheline, adoptée toute jeune encore par un ouvrier sans fortune comme elle. Une maladie affreuse attaque ce pauvre homme. L'orpheline est là, soutenant le courage de l'ouvrier et de sa femme. Tombée malade elle-même, elle consent à donner quelques semaines aux soins de sa santé, se hâte de revenir à son poste, auprès de son bienfaiteur, et verse dans le pauvre ménage le salaire de 1 fr. 20 cent. par jour qu'elle gagne comme dévideuse dans une filature de coton. Elle refuse ce qu'un parent lui offrait pour la tirer de la misère. Peut-elle abandonner, tant qu'il vivra, l'ouvrier qui l'a recueillie autrefois ?

Enfin, s'éloignant un peu du texte, mais non pas de l'esprit de la fondation, l'Académie a récompensé un pauvre volontaire (1), un curé du département de Maine-et-Loire qui, avec l'aumône seule, versée entre ses mains et noblement employée, a montré une grande puissance d'initiative (2). Sans avoir rien à lui, épargnant même sur son ordinaire ce qu'il appelait la part des pauvres, en vingt ans il bâtit une église, un presbytère, une école pour deux cents enfants, un cercle (3) qu'il offre à la jeunesse en remplacement du cabaret, un hôpital pour les malades, une maison de refuge pour les vieillards infirmes. Il s'expose aux plus grands dangers pendant une terrible inondation de la Loire et sauve plusieurs de ses paroissiens. Nommé chevalier de la Légion d'honneur, il en profite pour adresser à ses confrères un chaleureux appel, auquel il est répondu noblement. Des vitraux magnifiques sont acquis à son église, qui est consacrée sous le titre de *Notre-Dame de la Légion d'honneur*.

Voilà, mes enfants, les grands prix de cette dernière année. Ajoutez-y dix-sept médailles, de différentes valeurs, attribuées à des actes de vertu tous également dignes de récompense, mais que l'Académie classe d'après les difficultés vaincues, et la durée plus ou moins longue des services rendus.

Eh bien ! croyez-vous que j'aie perdu mon temps en

(1) Qui se faisait pauvre volontairement.
(2) S'est montré capable d'inventer.
(3) Réunion où l'on s'occupe surtout de lecture.

assistant à cette belle séance? Vous auriez voulu y être,
j'en suis sûr, et ce n'est pas vous qui auriez applaudi le
moins.

Les enfants furent vivement touchés de ce récit. Ils
en remportèrent de bonnes impressions morales ; le père
de famille avait atteint son but.

X

LA CONSCIENCE

Le père Marcel arriva un jour tout échauffé, tout ému.
Ah bien ! cria-t-il en ouvrant la porte, voilà du nouveau !
Jusqu'à présent, les malhonnêtes gens se cachaient après
avoir commis un crime, tâchaient de tromper la gendarmerie et la police, et, s'ils étaient pris, avouaient le plus
tard possible le meurtre ou le vol qu'ils avaient sur la
conscience. Je viens d'en quitter un d'une espèce particulière. Il se prétend coupable, quoique personne ne
l'accuse. Il m'a supplié de le conduire chez le commissaire, et là, il s'est déclaré l'auteur d'un meurtre commis,
il y a plus de dix ans, sur une bonne vieille femme du
pays, qui avait des écus et qui vivait isolée. Le commissaire crut avoir affaire à un fou; car vous savez que, dans
la folie, il peut arriver qu'on s'accuse de crimes imagi-
naires. Il le fit causer cependant, et ne savait trop à quoi
s'en tenir. L'homme répétait sans cesse: « J'ai fait le
crime, je dois être puni. Arrêtez-moi, arrêtez-moi, je

vous en supplie. » — Et ce n'était pas une simagrée (1) ;
il avait les larmes aux yeux.

Le commissaire fit son rapport, et l'individu, après
avoir subi un interrogatoire en règle, fut écroué à la
prison. Il s'en montra reconnaissant, presque joyeux.
Voici ce que j'ai retenu de cette drôle d'affaire :

Mon homme était un forgeron d'un bourg voisin. Il
s'était lié avec quelques mauvais sujets qui allaient plus
au cabaret qu'à l'église. La paresse les conduisit au vol,
et bientôt ils ne reculèrent même pas devant l'idée du
meurtre. Jusque-là, rien d'extraordinaire ; c'est malheureusement une histoire comme tant d'autres du même
genre. Le forgeron, qui passait pour un des plus résolus
de la bande, fut chargé de soulager la vieille femme avare
du poids de ses écus, car c'est ainsi que ces mécréants
tournaient leurs crimes en plaisanterie. La pauvre femme
fut bâillonnée et volée, mais le voleur n'eut pas besoin de
la tuer, car l'émotion qu'elle éprouva en se voyant dé-
pouillée de son cher trésor lui porta le coup mortel.

Les mauvais garnements avaient si bien pris leurs
mesures qu'on ne les soupçonna même pas ; on chercha
ailleurs, mais sans succès. Peu à peu, cette affaire tomba
dans l'oubli. Les ouvriers du pays se dispersèrent. Au
bout de dix ans, personne ne songeait plus ni à la victime ni à l'assassin.

Le forgeron avait émigré comme d'autres, mais sans
presser son départ, sans attirer l'attention par des dépenses extraordinaires, uniquement pour exercer son
métier là où il pouvait être le plus avantageux. Sa con-

(1) Démonstration qui n'est pas sérieuse.

duite, plus réservée que celle de ses compagnons de bouteille, n'avait donné lieu à aucun soupçon. Il travailla dans plusieurs villes, mais peu de temps dans chacune. On aurait dit qu'une idée le poursuivait et ne lui per-mettait pas de se tenir en place. A force de cheminer vers la frontière, il se trouva hors de France, et, alors (c'est lui qui parle), il respira plus librement.

Le voilà parti pour l'Amérique. Il y fait d'assez bonnes affaires pour mettre de côté quelques économies. C'est presque une richesse pour un ouvrier.

Cependant, il y a une ombre bien noire au tableau. Cet homme, dont les affaires vont bien, est toujours triste, toujours absorbé dans des réflexions que personne ne pourrait comprendre. Il n'a pas de confident. Sa vie est celle d'un animal sauvage. En dehors des obligations de son métier, où il se montre abordable et commode, c'est un loup plutôt qu'un homme.

Tout à coup, il part, ayant mis ses affaires en règle, mais ne faisant pas d'adieux à ses voisins. On lui entend dire seulement qu'il a le mal du pays, qu'il va retourner en France, en Bretagne. On n'en sait pas, on n'en demande pas davantage.

C'est ici, mon capitaine, que mon récit pourrait vous intéresser, si j'étais un peu plus philosophe, car c'est comme une histoire de ses idées et de ses sentiments que nous faisait ce pauvre homme, à qui nous ne pouvions pas refuser quelque intérêt. Je vais tâcher de vous en donner un aperçu.

Depuis son embarquement pour la France, il ne dormait presque plus ; son court sommeil était troublé par des songes effrayants. C'étaient des fantômes qui lui apparaissaient, un poignard à la main, et qui, s'abaissant peu à peu vers lui, le frappaient en silence ; c'était une vieille femme qui sortait d'un tombeau, la figure menaçante, et qui entraînait le malheureux en poussant des cris inarticulés.

Le jour il n'était pas plus tranquille ; souvent, sans motif apparent, il se levait brusquement, comme s'il était appelé par une voix impérieuse ; on le voyait errer, disaient les passagers, *comme une âme en peine*, mais on n'avait pas l'indiscrétion de vouloir pénétrer son secret.

Arrivé dans son pays, il était allé trouver un prêtre, un saint homme qu'il ne connaissait pas ; lui avait laissé une somme assez ronde pour donner aux pauvres, et pour faire dire des messes à l'intention d'un malheureux qui avait presque désespéré de la miséricorde divine.

C'est à la suite de cette visite au prêtre qu'il me rencontra chez le commissaire. Il va donc attendre ce jugement qu'il sollicite et cette condamnation qu'il espère. Je le répète, on ne voit pas beaucoup de criminels de ce calibre-là (1).

— Vous entendez, mes enfants, dit M. Durand. Notre ami nous a rendu service, en nous racontant une aventure qui peut nous faire juger de la puissance de la conscience. Il est bien important que vous sachiez de bonne heure ces grandes vérités.

Ce forgeron, qui se rend coupable d'un crime, qui échappe aux soupçons, qui s'expatrie, qui réussit dans

____

(1) De cette force-là ; calibre signifie mesure.

l'emploi d'un bien mal acquis, mais dont la conscience s'inquiète, s'exaspère, ne laisse plus de repos au coupable, et, après dix ans, lorsque personne ne l'accuse, l'amène au pied de la religion pour y verser une large aumône, au pied de la justice, pour lui crier : Arrêtez-moi ! j'ai un crime à expier. — Ne reconnaissez-vous pas là ces paroles éloquentes d'un grand prédicateur, de Massillon (1), que j'ai sous la main, et que nous ferons bien de consulter souvent : « Partout nous rendons hommage, par nos troubles et par nos remords secrets, à la sainteté de la vertu que nous violons; partout, un fond d'ennui et de tristesse inséparable du crime nous fait sentir que l'ordre et l'innocence sont le seul bonheur qui nous était destiné sur la terre. Nous avons beau faire montre d'une vaine intrépidité; la conscience criminelle se trahit toujours elle-même. Les terreurs cruelles marchent partout devant nous ; la solitude nous trouble; les ténèbres nous alarment; nous croyons voir sortir de tous côtés des fantômes qui viennent toujours nous reprocher les horreurs secrètes de notre âme ; des songes funestes nous remplissent d'images noires et sombres, et le crime, après lequel nous courons avec tant de goût, court ensuite après nous comme un vautour cruel, et s'attache à nous pour nous déchirer le cœur et nous punir du plaisir qu'il nous a lui-même donné. »

— Mais, objecta Alfred, puisque la conscience est si puissante, et puisque les remords se font nécessairement sentir aux coupables, comment se fait-il qu'il y ait

____

(1) Prêtre de l'Oratoire, célèbre prédicateur.

si peu de gens qui se dénoncent eux-mêmes? Car c'est
ce que le bon Marcel nous a dit : « l'histoire du forgeron est une exception. » Il y a bien des gens qui se
repentent quand ils sont pris, et qui avouent leur crime
quand il ne peuvent plus le cacher; mais ceux qui viennent se livrer sont rares, et je crois bien qu'ils le seront
toujours.

M. DURAND.

Tu as malheureusement raison, mon enfant ; peu de
gens ont le courage d'avouer leur faute en face, surtout
quand ils en espérent l'impunité ; mais il reste toujours
deux vérités incontestables.

La première, c'est que les criminels ne peuvent pas
échapper aux remords. Les plus endurcis pourront bien
se faire illusion quelque temps sur ce point, essayer de
mettre à l'aise, avec des blasphèmes (1), leur imagination
dépravée; quelques autres, enivrés d'orgueil, mettront
leur gloire à paraître des scélérats d'élite (2) et paraî-
tront mourir dans l'impénitence finale. Mais si nous
pouvions, même alors, pénétrer dans ces cœurs cor-
rompus, nous y trouverions, je l'affirme, cet aiguillon
du remords qui fait sentir sa pointe implacable, et qui
dément la joie insolente des grands criminels.

Ensuite, il faut dire que le petit nombre de ceux qui
se livrent eux-mêmes, s'il ne suffit pas pour réjouir les
cœurs purs, suffit pour consacrer ce grand principe de la
conscience. N'y eût-il qu'un homme par siècle qui ai-
mât mieux mourir que d'emporter ses remords au tom-

(1) Parole impie ou grossière
(2) Distinguées.

beau, la Providence serait justifiée, et l'instinct du bien serait mis hors de doute.

Voilà, mes chers enfants, la conclusion qu'il faut tirer du récit intéressant de notre ami.

XI

VISITE A UNE IMPRIMERIE

ALFRED.

C'est aujourd'hui, je crois, mon bon père, que tu dois nous conduire à l'imprimerie. Il n'y a pas beaucoup de choses à voir dans une petite ville; celle-là, j'en suis sûr, nous intéressera beaucoup. Elle sera bien un peu savante pour nous, mais tu es là, tu nous feras tout comprendre, et nous y mettrons toute notre bonne volonté.

M. DURAND.

J'y compte, mes amis. Je sais que vous êtes tous trois disposés à vous instruire, et l'industrie que je voudrais vous faire connaître mérite bien une sérieuse attention.

Avant de nous mettre en route, je crois qu'il serait bon de causer un peu de l'invention et de l'inventeur. Dans les ateliers, nous verrons bien le détail des différents moyens employés pour l'impression des livres ; un chef ouvrier nous les expliquera avec obligeance ; mais nous n'irons pas lui demander une leçon d'histoire; c'est à nous de savoir d'avance ce qui peut rendre plus claires les explications.

Reconnaissons d'abord qu'il n'y a guère d'invention plus belle que celle de l'imprimerie.

Autrefois, quand un livre avait été composé, il fallait, pour le répandre, employer une foule de copistes. C'était très-long, très dispendieux, et on n'était jamais certain de sauver quelques-unes de ces copies si rares, quand une cause quelconque, un incendie, une invasion, ou quelque mesure dictée par une passion aveugle en avait détruit un grand nombre. C'est ainsi que nous avons perdu beaucoup de beaux ouvrages de l'antiquité. Dans les temps modernes, on n'a pas subi les mêmes pertes ; mais, jusqu'au xv⁰ siècle, on a dû se borner à copier les manuscrits, qui, en très-petit nombre, composaient la bibliothèque des cloîtres, des châteaux, et, plus tard, des universités.

Et quand on songe que, maintenant, c'est par milliers que les exemplaires imprimés se débitent, circulent et vont porter d'un bout du monde à l'autre tout ce que produit la pensée humaine, brochures, livres, journaux, on ne peut se défendre d'une vive admiration.

Ce n'est pas à dire que tout soit bon dans l'imprimerie, cette merveille. Elle propage les mauvaises comme les bonnes doctrines, les idées fausses comme les vraies ; il faut choisir dans ses produits. Mais, en somme, c'est une puissance contre laquelle il n'y a pas d'opposition ni de résistance possibles ; elle porte avec elle tout ce qui intéresse la civilisation.

Je vous parle, mes petits amis, comme à de grandes personnes, parce que vous aimez à réfléchir. Je me souviens cependant qu'un certain espiègle de ma connaissance me disait un jour avec malice : « Si l'on n'avait pas inventé l'imprimerie, je n'aurais pas de si longues leçons. »

GUSTAVE.

Oh ! père.

M. DURAND.

Qu'y a-t-il, mon enfant ? Ai-je nommé quelqu'un ? je n'ai parlé que d'un espiègle.

Mais, il ne s'agit plus de cela. Au fond, vous êtes tous persuadés que l'imprimerie est une belle chose. Il ne s'agit plus que d'en connaître un peu l'inventeur.

C'est au xve siècle, vers 1450, quarante ans avant la découverte de l'Amérique, qu'un Allemand, Jean Gutenberg, né à Mayence, vint fonder à Strasbourg, après bien des essais et au moyen de fortes dépenses, une imprimerie encore grossière, mais qui contenait en germe tous les progrès.

Il eut le premier la pensée de multiplier les manuscrits à l'aide d'un moule (1) unique qui, recouvert d'encre grasse, permettait d'obtenir sur le papier un nombre indéfini de reproductions du texte. Pendant dix ans, il travailla seul, et il parvint à graver facilement des lettres métalliques mobiles ; mais les ressources lui manquèrent, et son travail se fût trouvé interrompu, si trois bourgeois de la ville ne l'avaient aidé de leur bourse et de leur concours.

Il lui restait à obtenir un métal ou un alliage (2) convenable pour la multiplication de ces lettres mobiles. Le fer était trop dur, le plomb trop mou ; le bois n'aurait

(1) Mesure creuse.
(2) Combinaison de plusieurs métaux.

offert ni assez de force ni assez de durée. Gutenberg croyait toucher au but; la mort de ses associés, les poursuites de ses créanciers le découragèrent. Il retourna à Mayence, et là, deux associés nouveaux, Fust, un riche orfèvre, Scheffer, un copiste habile, joignirent leurs efforts aux siens. Scheffer trouva l'alliage nécessaire, en combinant le plomb avec un autre métal, l'antimoine (1). Fust, voyant que l'invention de Gutenberg était si heureusement complétée, n'eut plus qu'une pensée, celle de dépouiller l'inventeur à son profit. Gutenberg, qui ne put s'acquitter de ce qu'il lui devait, fut poursuivi, réduit à la misère, obligé de quitter Mayence. Fust, associé à Scheffer, son gendre et son complice, réussit tout d'abord dans la direction de son imprimerie ; mais il mourut bientôt de la peste, et Scheffer, resté seul, continuait l'exploitation, lorsque lui-même périt dans un assaut donné à la ville. Son fils, qui lui succéda, eut la loyauté d'écrire en tête d'un livre imprimé en 1505 : « C'est à Mayence que l'art admirable de la typographie (2) a été inventé par l'ingénieux Jean Gutenberg, l'an 1450. » Il ajouta, à la vérité, que Fust et Scheffer, son père, avaient amélioré cet art, mais la date de l'invention devenait précise, et Gutenberg était vengé.

A partir de ce moment, mes bons amis, l'imprimerie fut toujours en progrès. La plupart des souverains la favorisèrent, en prenant quelques précautions contre ses abus. Des imprimeurs célèbres, les Aldes, les Elzévir, et, de nos jours, les Didot, les Paul Dupont, les Lahure ont acquis une réputation égale à celle des bons écrivains.

(1) Métal d'un blanc bleuâtre.
(2) L'art de l'imprimerie.

Je m'arrête là. C'est sur place qu'il faut prendre connaissance des moyens. Déjeunons d'abord, puis, Blanche accompagnant sa mère, et moi, escorté de mes deux gardes du corps, nous irons profiter de la bonne occasion qui nous est offerte.

Pendant le déjeuner, les enfants causèrent de ce qu'ils venaient d'entendre : Blanche plaignait les malheurs d'un homme aussi utile et aussi confiant que Gutenberg : Gustave faisait son héros de Jean Scheffer, et trouvait qu'il valait mieux que son père; quant à Alfred, il s'extasiait devant la gloire de l'inventeur, et, s'il n'adressait pas de questions à son père, c'est qu'il les réservait pour la visite de famille qui allait avoir lieu.

Le prote, c'est-à-dire le premier ouvrier, mis à la disposition de M. Durand par le propriétaire de l'imprimerie, reçut les visiteurs avec une politesse qui ne manquait pas de distinction; plus le caractère d'une industrie est noble, plus les manières des ouvriers qui l'exercent y gagnent de dignité.

Le guide, dans les renseignements qu'il donnait, s'adressait à toute la famille, mais on voyait bien que M. Durand avait signalé son fils aîné comme celui qui devait profiter le plus de la visite, et le prote, à la grande satisfaction d'Alfred, se tournait surtout vers lui.

Il lui montra d'abord l'atelier établi pour la fonte des caractères. Quatre ouvriers étaient rangés autour d'un fourneau circulaire, contenant, dans des creusets (1), l'alliage d'antimoine et de plomb; les ouvriers coulaient dans des moules l'alliage fondu.

(1) Vase employé dans les laboratoires.

— Mais il me semble, dit Alfred, qui avait suivi attentivement l'opération, que toutes les lettres obtenues ne sont pas bien régulières.

LE PROTE.

C'est vrai, mon jeune monsieur ; mais voici deux autres ouvriers qui vont couper les parties excédantes de la coulée (1). Chaque ouvrier, voyez-vous, a sa tâche à remplir.

On passa ensuite aux casses (ou petites cases) d'imprimerie, devant lesquelles se tenaient des ouvriers compositeurs. Ils prenaient dans ces boîtes à compartiments les lettres que les fondeurs avaient fournies, et, au moyen d'un instrument appelé *composteur*, ils assemblaient ces lettres destinées à former des mots. Quand ils avaient fini une ligne, ils la séparaient de la suivante par une lame métallique ; cela s'appelle *interligner*. Ce travail, si simple en apparence, permettait à chacun de *lever*, c'est le terme employé, dix mille lettres par jour.

Ces explications, obligeamment données, excitaient l'admiration des enfants.

Le *composteur* étant rempli, il fallait transporter les lignes disposées par pages sur une table préparée et cerclée de châssis de fer qu'on appelle des *formes* (2). Cela fait, il ne restait plus qu'à opérer le tirage sur papier.

Tout ces détails passaient un peu vite sous les yeux des visiteurs ; on ménagait leur attention pour l'importante opération du tirage.

____

(1) Fonte des métaux qui deviennent solides.
(2) Châssis de fer qui supporte les pages à imprimer.

Voici d'abord la *presse à bras* (1), qui est encore employée dans beaucoup d'imprimeries, et qui l'était seule autrefois avant l'invention du tirage à la mécanique.

— Mais si l'autre vaut mieux, dit Alfred, qui aimait toujours à courir au but, pourquoi monsieur se fatiguerait-il à nous montrer celle-ci, qui n'est plus de mode ?

M. Durand sourit de la vivacité d'Alfred, et, comme il craignait que le prote n'en fût blessé, il se hâta de dire : Comment veux-tu, mon ami, apprécier les progrès d'une invention, si tu ne connais pas ce qui l'a précédée ? Veuillez, monsieur, nous montrer l'une et l'autre machine, la *presse à bras* et la *presse mécanique* (2); ce sera pour nous double profit.

En effet, un ouvrier, sur un signe du prote, plaça la *forme* sur une table plane, et la recouvrit d'encre à l'aide d'un rouleau élastique (3). Puis, quand il eut placé le papier, préalablement mouillé, sur un cadre, et disposé convenablement une *manivelle* (4) et un *levier* qui exercèrent une pression régulière, la feuille se trouva imprimée.

— Ici, ajouta le guide, vous saisissez surtout le résultat. Il faudrait des explications un peu trop scientifiques pour rendre raison de tous les détails. J'espère, d'ailleurs, que vous reviendrez nous voir, si la visite d'aujourd'hui vous a intéressés.

Je vais pourtant vous indiquer encore, mais un peu en courant peut-être, et pour le même motif, le jeu de

(1) Machine à imprimer.
(2) Autre machine à imprimer, plus simple que la première.
(3) Cylindre muni d'un corps élastique.
(4) Pièce ordinairement en fer.

la *presse mécanique,* que vous voyez de cet autre côté.

Cette presse permet d'effectuer les tirages d'imprimerie avec une très-grande rapidité, et sans nécessiter l'assistance de plus de deux ouvriers. Elle marche au moyen de roues, de courroies, de cylindres (1), de rubans et de rouleaux, tous mis en mouvement par la vapeur. Je vais la faire fonctionner devant vous. Les explications à donner, poursuivit-il en s'adressant aux enfants, seraient trop savantes pour vous et pour moi. Je ne suis qu'un homme pratique, et vous ne disputez pas encore les prix de mécanique. Mais, vous êtes intelligents, vous aimez à vous instruire, et, si vous n'avez pas tout compris dans un temps si court, vous aurez tout entrevu. C'est un souvenir qui pourra bien, plus tard, vous venir en aide.

On remercia vivement l'aimable guide. La journée parut bonne à la famille, et je crois bien qu'Alfred, la nuit suivante, rêva de *casses,* de *formes,* de *presses,* et de toute cette merveilleuse industrie.

XII

LES AVENTURES D'UN MOQUEUR

Si tous ceux qui ont le vilain défaut d'être moqueurs connaissaient l'histoire racontée par M. Durand, il est probable qu'ils travailleraient à se corriger, car ils ver-

---

1) Solide terminé par trois surfaces.

raient quels malheurs peuvent résulter de cette manie, plus répandue qu'on ne le pense.

M. Durand avait surpris chez ses deux garçons, chez l'aîné surtout, des dispositions à la moquerie. Il les prit à part et leur parla ainsi :

— Nous passions, il y a quelques jours, en nous promenant, devant cette petite maison délabrée qui est tout au bout du pays, en face de l'octroi. Tu me demandais, Alfred, par qui cette pauvre demeure était habitée, et je t'ai répondu : par un homme sans famille, sans amis, qui ne veut recevoir personne, un loup, un misanthrope achevé.

Voici ce que j'ai entendu raconter de son histoire. Elle est fort simple, mais elle peut donner lieu à d'utiles réflexions.

Lenoir appartenait à une famille très-modeste, qui fit cependant des sacrifices pour son instruction. Il ne réussissait pas mal dans ses études, et le principal du collége..., dont il suivait les cours, le prit en amitié.

Une mauvaise pensée, qui lui vint un jour, et à laquelle il céda, changea sa position. Il s'avisa de dessiner une caricature (1) représentant un âne à figure humaine, et il écrivit au-dessous : « Le dessin du corps ne vaut pas grand chose, mais la tête est frappante; *c'est le principal.* » Cette méchante plaisanterie est placardée à la porte du collége. Quoique l'écriture soit déguisée, l'auteur est reconnu, et chassé sans miséricorde. Voilà son premier déboire à l'entrée de la vie. Le pauvre garçon s'était cru spirituel, parce qu'il avait trouvé un mot à

____

(1) Dessin ou gravure dans laquelle on tourne quelqu'un ou quelque chose en dérision.

double sens, et indépendant, parce qu'il s'était montré ingrat. La moquerie se retournait déjà contre le moqueur.

Ses parents le firent entrer chez un pharmacien. Il y travailla, car il ne manquait pas de courage. Son but était de devenir officier de santé. Il faillit plusieurs fois se faire de mauvaises affaires avec des voisins, parce qu'il les raillait avec persistance, tandis que lui, ce qui n'est pas rare chez les moqueurs, il prenait mal leurs railleries. Heureusement, il ménageait au moins son pas tron, qui le préserva d'abord ; mais un jour que Lenoir reconduisait avec force politesses un des clients les plus respectables de l'officine, il s'amusa à tirer la langue derrière lui, et à faire le geste insultant qu'on appelle *un pied de nez* (1). Un miroir le trahit. Le client offensé porta plainte, et voilà le pauvre Lenoir obligé de chercher fortune ailleurs.

Ce n'était pourtant pas un méchant homme. Vous le voyez, c'est une misérable *toquade* (2), comme on dit, qu'il n'a pas la force de vaincre et qui le perd. Les gens dont on se moque ne pardonnent guère ; le moqueur leur paraît capable de tout, parce qu'il les blesse au point le plus sensible, dans leur amour-propre, et, quoiqu'on puisse trouver quelquefois leur rancune excessive, on ne peut nier qu'ils aient le droit de se plaindre.

Lenoir essaya du commerce, plut par son extérieur, et fut agréé comme commis dans un magasin de nouveautés. Mais, cette fois, la tentation fut bien forte. Des acheteurs qui exigeaient un grand déballage de pièce-

(1) Geste de moquerie.
(2) Manie.

et se retiraient sans rien choisir ; des étrangers qu'on reconnaissait trop facilement à leur accent ou aux traits de leur visage ; que d'occasions de saisir les ridicules, de s'en moquer sans même cacher son jeu ! Ce fut cependant la seule étape que Lenoir fournit sans qu'il lui arrivât malheur ; mais il ne lutta pas longtemps, et, au bout de six semaines, il quitta le magasin pour occuper une position nouvelle.

Un petit héritage lui était échu. Il voulut, comme on dit, faire une fin. Il obtint la main d'une jeune fille simple et modeste, qui lui trouva de bonnes manières, et dont le père tenait un commerce de quincaillerie. Au bout de quelques mois, le gendre succéda au beau-père, qui avait bien achalandé la maison.

Malheureusement, la maladie de cet homme, je veux dire sa manie, se réveilla avec une force nouvelle. Elle le mit d'abord aux prises avec les garçons de magasin et les gens de service, qui, bafoués (1) toute la journée, désertaient quinze jours après leur entrée, disant que *monsieur* était trop *gouailleur* (2). La femme de Lenoir lui fit quelques douces remontrances ; il n'en prit aucune au sérieux. En même temps, la clientèle diminuait, parce que les acheteurs s'étaient trouvés choqués de l'air goguenard (3) et des paroles à double sens de ce pauvre homme. Il ne s'avoua le mal que lorsqu'il n'était plus temps d'y porter remède. Les acheteurs de passage firent seuls vivoter la maison ; une première visite au magasin était aussi la dernière.

(1) Moqués.
(2) Moqueur.
(3) Moqueur.

Voilà donc la tristesse et presque la misère installées au logis, sans que le patron eût commis de fautes contre l'honneur, mais uniquement parce qu'il n'avait pas eu le courage de se corriger d'un défaut.

Lenoir avait un fils qui annonçait assez d'intelligence, et une vive sensibilité. Sa mère prenait heureusement la plus grande part à sa première éducation ; cependant le père y concourait avec plus de zèle que de jugement. Lorsque l'enfant eut huit ans, on parla de l'envoyer à l'école. La mère lui donna des avis judicieux, lui recommanda une grande obéissance envers ses maîtres. Lenoir lui prescrivit surtout de ne jamais se rendre ridicule, parce que c'était la plus grande faute à ses yeux. Il lui prédit que ses maîtres et ses camarades se moqueraient de lui, s'il tournait la tête de telle façon, s'il remuait les pieds de telle manière. Le pauvre enfant eut une peur effroyable de cette prédiction. Il sentait que son père s'entendait en moquerie, qu'il parlait de ce qu'il connaissait trop bien.

Dans l'école, un nouveau venu est toujours exposé à quelques moqueries. Un enfant ordinaire en eût pris assez résolument son parti. Il n'en fut pas ainsi du petit Lenoir. Sa constitution délicate ne résista pas au chagrin. Six mois après son entrée, il fut pris de la fièvre, et mourut sans prononcer d'autre nom que celui de sa mère.

Il faut rendre justice à Lenoir ; il fut inconsolable. Les reproches trop justes de la mère désolée l'accablèrent de repentir et de douleur. La violence eût produit des effets moins terribles que la moquerie. Lenoir aurait dû armer l'enfant contre ces épreuves, et non lui en faire un monstre qui devait accabler sa faiblesse.

On vendit les marchandises du magasin et on en ferma la porte. C'est alors que le malheureux couple (1) vint s'installer dans ce taudis à peine habitable, en proportion avec leurs dernières ressources.

Au bout de trois ans, la femme mourut d'une maladie de langueur. Elle n'avait plus fait de reproches à son mari depuis l'explosion de son désespoir maternel; mais, si elle avait eu moins d'empire sur elle-même, elle aurait eu bien des occasions de s'apercevoir que, même avec elle, l'insensé avait besoin de lancer des épigrammes, de tailler en pointes de sottes railleries. Maladie incurable, qui ne pouvait cesser qu'avec le malade !

Lenoir vient de mourir. Quels regrets laisse-t-il après lui? on ne le connaissait pas, ou l'on s'était empressé de l'oublier. Sans être dénué de qualités, il avait gâté et détruit les siennes par un travers que les gens du monde regardent comme peu de chose. Vous voyez, mes enfants, s'il faut le juger avec tant de faveur.

Non, mon cher Alfred, mon cher Gustave, l'habitude de la moquerie n'est pas un défaut de peu d'importance. C'est un vice vraiment dangereux. Le moqueur, à un moment donné, peut sacrifier au plaisir de s'amuser et d'amuser les autres, amis, parents, et jusqu'à sa propre dignité.

Je ne prolongerai pas trop cette histoire un peu triste, quoique je ne veuille pas m'engager à ne jamais faire que des récits agréables. Celui-ci, je l'espère, sera utile, et c'est, pour cette fois, tout ce qu'il me faut.

(1) Réunion de deux personnes.

QUESTIONNAIRE

Des chapitres VII à XII inclusivement.

VII. — Qu'était-ce que Georges Stephenson?
Comment inventa-t-il la locomotive ?

VIII. — Qu'appelle-t-on de jolis défauts chez les enfants?
Définissez l'étourderie, la turbulence et les caprices.
Comment faut-il traiter ces défauts?

IX. — Qu'était-ce que M. de Montyon?
Donnez une idée de ses libéralités?
Quels sont les actes de vertu que récompense l'Académie française ?

X. — Quelles sont les pensées de l'homme qui a commis un crime?
Définissez le remords.
Quelle est la conclusion morale de cette étude?

XI. — Qu'était-ce que Gutenberg ?
Que doit-on penser de l'invention de l'imprimerie?
Quelles furent les déceptions de l'inventeur?
Quelles sont les principales opérations de l'imprimerie?

XII. — Que faut-il penser du caractère d'un moqueur?
A quoi s'expose un moqueur?
Quelle conclusion y a-t-il à tirer de cette histoire?

XIII

DEUX BIENFAITEURS ORIGINAUX

M. Durand tenait beaucoup, nous le savons, à exercer le jugement de ses enfants. Un jugement sain, disait-il, est le fruit le plus précieux d'une bonne éducation. Des enfants qui auraient négligé quelque peu l'exercice de leur mémoire et de leur imagination pourront réparer le temps perdu, mais le jugement qu'on n'aurait pas maintenu droit et ferme dès le commencement ne se redresserait jamais.

Aussi, chaque lecture, chaque conversation, fournissait-elle aux enfants une occasion de questionner, au père et à la mère une occasion de répondre. La curiosité des uns, l'expérience des autres tournaient au profit de la pratique. Point de vaines paroles; mais de claires et solides conclusions, qui devenaient des préceptes sans en avoir l'air.

Un jour qu'on avait commencé à causer des meilleurs moyens à employer pour faire du bien aux autres : Je me souviens, dit Blanche, d'une parole de notre mère : « Il ne faut jamais, nous a-t-elle dit, faire le bien avec ostentation. Un bienfait dont on se vante humilie ceux qui le reçoivent. »

—Moi, dit Gustave, j'ai retenu aussi une parole de notre mère : « On ne peut pas toujours donner beaucoup, mais le bon Dieu est content, si l'on a donné de bon cœur. »

M. DURAND.

De sorte, mes chers enfants, que c'est votre mère qui me répond. Au reste, vous ne pouviez mieux faire que de vous rappeler ses paroles. Une femme, une mère, s'entend mieux que les hommes à donner des préceptes de charité. Mais je vois là un jeune philosophe qui n'a pas encore dit sa pensée.

— C'est que je suis très-embarrassé, dit Alfred. Il y a tant de manières de faire le bien! Il me semble que l'important est de le faire, et qu'il faut laisser chacun libre de choisir le moyen qui va le mieux à son caractère et à ses habitudes.

M. DURAND.

Tu pourrais bien avoir raison, mon ami. Même quand un bienfaiteur se montre un peu bizarre, il n'en est pas moins respectable, et il ne faut pas se choquer de la forme, quand on sait que le fond est noble et généreux.

A ce propos, je vais vous citer deux anecdotes, l'une connue depuis longtemps, mais bonne à répéter une fois de plus, l'autre qui est d'hier, et que je viens de lire dans un journal.

Voyons la première. Elle se rapporte à un illustre écrivain français.

C'était à Marseille, un dimanche. Un jeune canotier, nommé Robert, attendait sur le rivage qu'un promeneur le louât pour faire le tour du bassin.

Un inconnu se présenta ; mais, quand il eut regardé avec attention le jeune homme et qu'il l'eut entendu parler, il fit mine de se retirer, ne trouvant pas à son guide les allures ni le ton d'un marinier.

Robert comprit ce mouvement: « Ayez confiance, monsieur, dit-il à l'inconnu. Je ne suis pas marinier, en effet, mais, comme j'en fais le métier les fêtes et les dimanches, j'ai acquis de l'habitude; vous n'avez rien à craindre avec moi. »

Et la promenade commença.

— Qui vous oblige donc, reprit le passager, à rechercher ainsi un travail qui n'est pas le vôtre, car vous avez sans doute un état?

LE CANOTIER.

Oui, monsieur, je suis ouvrier joaillier; ma mère et mes sœurs travaillent jour et nuit dans les modes, et cependant il faut que je tâche d'accroître encore nos petits bénéfices.

L'INCONNU.

Seriez-vous avare? Je regretterais de vous avoir mal jugé, car vous m'inspirez de l'intérêt.

LE CANOTIER.

Oh! non, monsieur; nous n'avons pas de si mauvaises pensées. Notre ambition unique est de racheter le chef de notre famille, mon père, qui est esclave à Tétuan (1).

L'INCONNU.

Esclave! que dites-vous?

LE CANOTIER.

Mon père était courtier dans cette ville. Parti pour Smyrne (2), son vaisseau fut pris par un corsaire, et

(1) Ville de l'état de Maroc.
(2) Ville de la Turquie d'Asie.

tout l'équipage mis aux fers. Il faut payer deux mille écus pour sa rançon. Hélas! nous sommes bien loin encore de pouvoir faire cette dépense; mais, Dieu aidant, nous espérons bien la réaliser à force de petites économies. Son patron passe pour être humain; c'est l'intendant des jardins du Roi; il traite ses esclaves avec douceur, mais.....

L'INCONNU.

Oh! sans doute; rien ne console votre père de l'éloignement de sa famille. Et quel nom porte-t-il à Tétuan?

LE CANOTIER.

Son nom ordinaire, Robert, comme à Marseille.

L'INCONNU.

Bien. Votre position me touche. Espérez un meilleur sort. Vous agissez en bon fils; la Providence vous viendra en aide.

Après quelques tours de bassin, on touchait au rivage, l'inconnu paya généreusement le jeune batelier, dont les yeux se mouillèrent de larmes de reconnaissance.

Six semaines plus tard, grand événement dans la pauvre famille. Robert le père se présente, très-proprement vêtu. La surprise, la joie, les rendent tous muets d'abord. Après les premiers transports, le bon Robert les remercie avec effusion de leur dévouement admirable. Quoi! ils ne se sont pas contentés de payer sa rançon; on lui a compté cinquante louis en s'embarquant dans le vaisseau, où tous les frais de passage étaient acquittés d'avance!...

Il allait continuer, lorsque la mère s'écria: « Mon ami,

il y a là un mystère qui me fait peur. Nous avons tous beaucoup travaillé, et notre fils plus que tous les autres. Nous avions mis de côté un peu plus de la moitié du prix de ta rançon... Mon fils, mon cher Robert, as-tu trouvé, à mon insu, chez des amis peut-être, des ressources qui t'ont permis d'achever l'œuvre ?...

La pauvre femme hésitait ; elle n'osait pas dire toute sa pensée.

— Mon fils, dit le père avec anxiété, hâte-toi d'expliquer ta conduite! N'as-tu rien fait contre l'honneur?

— Oh non ! répondit tranquillement le jeune homme ; non, mon père ; non, ma mère ; votre fils est resté digne de vous.

Alors, il raconta sa conversation avec l'inconnu, dont la munificence et les paroles encourageantes lui avaient causé tant de joie. C'est là, soyez-en sûr, ajouta-t-il, le bienfaiteur qui vous rend à notre tendresse. Mais il faut le chercher, le trouver, l'attirer au milieu de nous, lui dire : « Homme généreux, venez contempler votre ouvrage ! »

Or, quelques années plus tard, lorsque déjà la bonne famille désespérait de retrouver celui à qui elle devait tant de reconnaissance, le jeune Robert rencontra l'inconnu qui se promenait seul sur le port. Il tomba à ses pieds, le supplia de l'accompagner, de venir recevoir les hommages de ses parents, lui, leur sauveur, leur dieu tutélaire. La foule s'assemblait autour d'eux : Vous vous méprenez, répondit l'inconnu ; je ne vous connais point et vous ne pouvez me connaître. Malgré l'insistance du jeune homme, il fut inflexible, et, profitant de la surprise générale, il perça la foule et disparut.

— Est-ce qu'il a bien fait, cet homme généreux, dit Alfred, de refuser un si grand bonheur à la famille qu'il avait sauvée ?

M. DURAND.

On n'ose pas le blâmer, mon ami, car il donna par là un exemple sublime de modestie. Il s'est privé d'une grande et légitime jouissance, et je crois qu'il n'aurait pas beaucoup d'imitateurs.

ALFRED.

Mais son nom, père, tu ne nous l'a pas dit.

M. DURAND.

Non ; jusqu'ici nous l'avons appelé l'*inconnu*. Maintenant que son nom reste dans notre mémoire ! C'était un des plus grands écrivains du xviiie siècle, le président de Montesquieu.

Il avait une sœur à Marseille, où il se rendait quelquefois. C'est dans une de ses excursions qu'il avait fait la rencontre du jeune Robert.

Une note qu'on trouva dans ses papiers après sa mort indiquait une dépense de 3,500 livres employées pour racheter un Marseillais nommé Robert, esclave à Tétuan, conformément aux ordres de M. de Montesquieu. Ainsi fut révélé le secret de sa bienfaisance.

— Et la seconde histoire, père ! dit alors Gustave ; car il est dans l'âge où les enfants disent volontiers : encore ! encore ! quand un récit les a intéressés, parce qu'ils en espèrent un second où l'intérêt ne sera pas moindre.

— Oh ! la seconde histoire ne sera pas longue, mon ami, reprit en souriant le père ; la voici en peu de mots.

Cette fois, il ne s'agit plus d'un homme de lettres, mais d'un artiste des plus distingués de notre temps, qui vient de mourir, et qui était arrivé par son travail à deux choses rarement réunies, à la gloire et à la fortune.

Les bons juges ont loué justement la ferme exécution de ses tableaux, le sentiment poétique de ses paysages. Les journaux de ces dernières années ont été remplis d'hommages à sa mémoire. C'était justice. Pour moi, j'ai été frappé d'un trait de sa vie privée, singulier en apparence, et que beaucoup de gens pourraient juger quelque peu naïf, mais que vous apprécierez, je l'espère, tout autrement.

Il possédait plusieurs maisons à Paris ; et, comme il gardait tout son temps pour le travail, il avait chargé un gérant de recouvrer ses loyers. Un de ses locataires éprouva un embarras d'argent ; il fut en retard d'un terme. Le gérant, strict observateur de la règle, pressa le retardataire. Celui-ci, fort en peine, eut l'idée d'aller trouver le propriétaire lui-même et de solliciter un délai. Le peintre l'écouta attentivement, puis il ouvrit son secrétaire, en retira une somme égale au montant du terme, et dit, comme en confidence, au locataire confondu : « Tenez, monsieur ; remettez cela à mon gérant ; c'est un homme exact, qui tient à régulariser les affaires. Moi, je vous attendrai. »

Que dis-tu de ce procédé, mon cher Alfred ?

ALFRED.

Père, je le trouve original, mais généreux et délicat. Ce grand peintre, ce propriétaire commode, était certai-

nement plus occupé des autres que de lui-même. Un
égoïste ne se serait pas avisé d'un trait pareil.

XIV

LA VISITE DU PERCEPTEUR

M. DURAND.

Décidément, monsieur le percepteur, puisque nous
recevons l'honneur de votre visite, il faut que je vous
dénonce un jeune homme difficile à convaincre sur le
chapitre des impôts. Quoiqu'il ait grande confiance dans
la parole de son père, et qu'il se reconnaisse éclairé
par moi sur plusieurs points, il y en a qu'il aimerait à
voir éclaircir par un témoignage plus imposant, le
vôtre par exemple. Et moi, qui guette les occasions de
donner à mes enfants quelques notions positives de
chaque chose, je me suis chargé de vous présenter
l'humble requête de M. Alfred Durand, ici présent.

Le percepteur était un homme d'humeur joviale, qui
ne refusait jamais un acte d'obligeance.

— Je suis, dit-il en faisant à l'enfant un salut amical, à
la disposition de cette brillante jeunesse. Je ne sais
guère que mon affaire, mais du moins je la sais bien.

Procédons par ordre. Veuillez me dire d'abord, mon
petit ami, ce que vous avez appris de M. votre père
sur ce grave sujet des impôts. Nous en viendrons ensuite à vos doutes, s'il vous en reste, et comme je ne

compte pas les résoudre en savant, mais en homme pratique, j'aurais bien du malheur si un garçon intelligent ne me comprenait pas sans effort.

Alfred était enchanté de la tournure que prenait la conversation. Il commença donc avec confiance.

— J'ai demandé d'abord à mon père ce que c'est que les impôts. Il m'a appris que c'est de l'argent que nous fournissons tous au gouvernement, d'après des règles fixes et équitables, de manière à ce que chacun fasse un sacrifice proportionné à ses moyens.

Mais, lui ai-je objecté, j'ai entendu dire que le gouvernement réclame des sommes énormes, et qu'il pourrait se contenter à moins; car ce sont des charges bien lourdes pour tout le monde.

« Te rends-tu bien compte, m'a dit mon père, de tout ce dont le gouvernement lui-même est chargé? Les particuliers ne peuvent pas gouverner; il faut bien qu'ils donnent leur confiance à un pouvoir supérieur qui ait soin de leurs intérêts, et sans lequel la société serait impossible. Il nous faut une armée qui puisse défendre le territoire, une marine qui aide à la prospérité du commerce, une magistrature qui rende à tous la justice, un clergé qui maintienne l'influence précieuse de la religion, des maîtres qui instruisent l'enfance et la jeunesse, une police qui nous rassure contre les entreprises des malfaiteurs. Tout cela exige de l'argent, de l'argent et encore de l'argent. Où le gouvernement prendra-t-il les ressources nécessaires? Dans notre bourse, dans ce qu'on appelle les *contributions*. Il ne possède pas un trésor caché, et, d'ailleurs nous n'avons le droit de profiter de ces dépenses que si nous contribuons à les payer. Comment pourrions-nous voyager, circuler d'un pays à l'autre, si nous n'avions pas des routes praticables? C'est le gouvernement qui les établit. Et quand on invente des routes plus commodes, les chemins de fer, par exemple, comment en jouirions-nous, si le gouvernement et les grandes associations ne s'entendaient pas pour les ouvrir? »

J'ai prié mon père de ne pas se fatiguer à épuiser ces détails, car je me déclarais convaincu.

Mais pourquoi donc, ai-je dit seulement, tant de personnes crient-elles contre le gouvernement, à cause de l'élévation des impôts? n'y a-t-il pas quelque fondement à ces plaintes universelles?

« Ceux qui crient, mon enfant, a repris mon père, ne sont pas justes. Ils ne sont frappés que d'une chose, c'est qu'ils ont des sacrifices à faire et que leurs intérêts du moment en souffrent. Ils souffriraient bien autrement si la machine du gouvernement s'arrêtait tout à coup. Et puis, ils ne réfléchissent pas que le gouvernement n'est pas maître d'établir des impôts arbitraires. Il y a des assemblées nommées par le peuple qui discutent les propositions faites par le gouvernement, d'après la connaissance qu'il a de tous les besoins. Ces mandataires (1) de la nation accordent certains impôts, en refusent d'autres, fixent la proportion de chacun. C'est comme si nous décidions nous-mêmes, puisque ce sont nos délégués qui décident.

« Sans doute, il y a des impôts plus lourds que d'autres, et le devoir du gouvernement est de les diminuer

_____

(1) Ceux que la nation charge de la représenter.

quand il le peut, ou plutôt d'en proposer la diminution. Mais, quand il n'en demande que dans la mesure de ce qui est nécessaire pour assurer sa marche, dans notre intérêt même, il a droit à notre confiance. Nous voulons la fin, qui est le bon état de la société; et tu connais ce vieux proverbe : Qui veut la fin veut les moyens. »

Je dois dire, monsieur, que je n'ai rien trouvé à répondre, et la preuve que j'ai bien compris ce que m'a dit mon père, c'est que j'ai pu vous le réciter assez fidèlement.

— Eh bien! mais, dit le percepteur, il me semble que ma tâche est singulièrement abrégée par ce que vous venez de dire, mon jeune ami. Je ne sais trop ce qui me reste à vous apprendre. Allons! mettez-moi à mon tour sur la sellette; que le mot ne vous fasse pas peur; je m'y trouverai très-bien assis.

ALFRED.

Alors, monsieur, veuillez m'expliquer comment des rouages si compliqués fonctionnent sans se gêner mutuellement, pour faire arriver, de droite, de gauche et du centre, tant d'argent dans les caisses de l'État. Il ne s'égare donc rien en route, et on peut se rendre un compte exact du voyage de ces sommes fabuleuses, nécessaires, je le comprends, pour faire marcher tous les services.

LE PERCEPTEUR.

Je vois, mon ami, que les explications de votre digne père vous ont édifié sur la valeur morale des impôts. C'est beaucoup; c'est le principal même. Ce que vous me demandez, ce sont les principes de notre organisation financière. Je vais vous en faire connaître non pas tout ce que je pourrais en dire, ce serait long et inutile pour vous, mais ce qu'il suffit à un jeune homme instruit d'en savoir.

Pour mettre de l'ordre dans les idées et dans les chiffres, on a distribué les impôts en plusieurs classes.

On a d'abord les impôts *directs*, qui comprennent l'*impôt foncier*, l'*impôt mobilier* et l'*impôt personnel*; ils sont établis sur les propriétés, les habitations et les personnes. On a ensuite les impôts *indirects*, qui portent sur les objets de commerce et de consommation. Vous comprenez que les impôts *directs*, qui reposent sur des bases certaines et visibles, une terre, une maison, une personne, sont plus faciles à déterminer que les impôts *indirects,* parce que le prix des objets de consommation et de commerce est naturellement variable.

Le gouvernement central ne pouvait pas, cela est évident, percevoir par lui-même l'argent provenant de ces diverses formes de l'impôt. Le ministre des finances, placé au sommet, a sous ses ordres des autorités secondaires, entre lesquelles la besogne se distribue : des directeurs généraux et des directeurs particuliers, des inspecteurs, des contrôleurs, des trésoriers-payeurs généraux dans les départements, des receveurs particuliers dans les villes, enfin, au rang le plus humble, des percepteurs. Chacun de ces fonctionnaires est soumis à des règles de comptabilité que vous me dispensez, n'est-ce pas, de vous énumérer. Chacun est responsable envers le chef qui lui est immédiatement supérieur, et l'argent en fin de compte arrive sain et sauf dans le grand réservoir commun, c'est-à-dire dans la caisse du Trésor, d'où il se répand, comme une pluie bienfaisante, dans tous les services.

Je sais bien qu'on se plaint quelquefois du grand nombre des employés et de l'argent qu'ils coûtent. Mais, croyez-moi, cette dépense, que l'ordre exige, en épargne une plus grande, celle qu'amèneraient le désordre et le gaspillage des fonds. Aujourd'hui, toute l'administration financière est à jour, et c'est peut-être parmi les employés qui manient le plus d'argent qu'on trouverait le plus de fidélité à la règle et le plus de garanties de probité.

— Il ne me reste, monsieur, dit Alfred, qu'une toute petite question à vous soumettre, et encore je ne le fais qu'à cause de votre extrême obligeance.

Est-ce que vous n'avez pas quelquefois à vous plaindre, en exerçant vos fonctions, du mauvais vouloir de certains *contribuables* (c'est le mot, je crois)? La semaine dernière, j'en ai entendu un, que je ne nommerai pas, qui disait que vous le tourmentiez beaucoup, parce qu'il était un peu en retard. Ce pauvre homme se trompait sans doute, car vous êtes trop bon pour persécuter les gens.

—Mon ami, répondit le percepteur, toutes les fois que ma responsabilité n'est pas engagée, je suis porté à l'indulgence. On peut avoir un motif sérieux et légitime de me faire un peu attendre un recouvrement, et je me prête autant que possible à la circonstance. Mais, il y a des gens de mauvaise volonté, qui voudraient bien garder tout ce qu'ils doivent, et qui tâchent du moins de ne s'en dessaisir qu'à la dernière extrémité. Ceux-là, je suis obligé de les presser, de les menacer, de leur *faire des frais*, comme on le dit, et suivant les instructions de mes supérieurs. L'observation de la règle est toujours une bonne chose; dans les questions financières, c'est une nécessité absolue, car, si celui qui doit ne paye pas, celui qui avait charge d'exiger le payement est tenu de payer, quoiqu'il ne doive rien. Cette conclusion, je pense, n'est pas d'accord avec la justice.

Alfred adressa au complaisant percepteur de nouveaux remercîments, et M. Durand y ajouta une cordiale poignée de main qui termina l'entrevue.

XV

CHATIMENT D'UN ENVIEUX

Vers la fin de l'été, il se passa, dans un bourg des environs, une histoire assez tragique, dont notre ami, le garde champêtre, fut le témoin involontaire, et qu'il vint raconter le lendemain en famille, comme une preuve nouvelle de la justice que Dieu exerce envers les bons et envers les méchants.

Marcel faisait sa ronde dans un bois qui dépendait de sa commune, lorsqu'il aperçut dans le lointain, sur un territoire qui n'était plus le sien, des flammes qui dévoraient une ferme isolée.

Le père Marcel n'avait jamais manqué une occasion de se dévouer. Il courut à la maison incendiée, où il trouva des secours assez adroitement organisés. Il se joignit aux travailleurs, et travailla plus que tous les autres. Le foyer fut éteint, mais les ravages du feu était considérables. La grange était détruite avec tous les grains qu'elle contenait. La maison d'habitation, qui était bien vieille, avait beaucoup souffert. Il n'y avait guère que les murs principaux qui fussent restés debout.

Le désespoir du malheureux propriétaire faisait peine à voir. C'était un bon père de famille, estimé de tout le monde. Il se voyait complétement ruiné. Cependant, il n'accusait pas la Providence, car il était pieux et confiant dans la miséricorde divine ; mais il songeait à ses enfants, et la misère à laquelle ce sinistre les condamnait lui arrachait des larmes amères.

L'incendie était-il le résultat d'un accident ou d'un crime ? On ne songeait pas d'abord à éclaircir ce point important. Le plus pressé avait été de se rendre maître du fléau. Marcel, qui avait un profond sentiment de la justice, et que ses fonctions avaient habitué à se défier des apparences, essaya de faire une enquête (1) rapide. Il fit causer les gens du bourg, tout en travaillant avec eux, et il apprit qu'on soupçonnait fort un des plus proches voisins du malheureux propriétaire, un homme taré (2), qui n'avait pas réussi dans ses affaires, et qui s'était montré plus d'une fois jaloux du bon aménagement et des profits légitimes de son voisin.

Il songeait en lui-même aux moyens d'éclaircir la chose, lorsqu'une clameur, partant d'un côté de la ferme

____

(1) Information.
(2) Signalé au mépris public.

où le feu avait fait le plus de ravages, attira son attention. Il y courut, et voici ce qu'il trouva :

Un homme gisait au pied d'une muraille noircie, de laquelle une poutre s'était détachée avec fracas. Cette poutre avait frappé l'homme au front et l'avait étendu mort. En même temps, par le trou béant dans la muraille, à l'endroit même de la chute, on apercevait un grand nombre de pièces d'or, dont plusieurs avaient roulé sur la terre. Le propriétaire était là, troublé, confondu, partagé entre des sentiments opposés, l'horreur de la catastrophe, et la joie d'une découverte qui rétablisssait sa fortune détruite.

Marcel commença par établir de l'ordre dans cette foule. Même en supposant qu'il n'y eût là que d'honnêtes gens, il fallait discipliner les curieux, les indiscrets, et préserver le droit de l'homme de bien qu'avait protégé visiblement la Providence.

Voici ce qui s'était passé, et ce que le père Marcel put établir après un examen attentif,

Le malheureux qui était là, privé de vie, entre des ruines et un trésor, était bien ce voisin suspect que désignait la clameur publique. On se souvint, non pas seulement de sa jalousie, souvent exprimée avec imprudence, mais de quelques menaces qu'il avait faites, et qu'on ne l'avait pas cru capable de réaliser.

Ce méchant homme, rongé d'envie, avait profité d'une nuit bien noire et de la trop grande sécurité de son voisin pour se glisser dans la grange et y mettre le feu. Mais il voulut goûter, savourer sa vengeance, et sa passion, qui l'aveuglait, l'empêcha de se retirer à temps. Tandis que, l'esprit troublé, il cherchait une issue, le feu éclatait avec violence. Une poutre à demi calcinée sortait de la muraille lézardée et chancelante, et frappait l'incendiaire.

Cette vieille maison, qui avait changé plusieurs fois de propriétaire, et qui avait été exposée aux ravages de la guerre à l'époque des invasions, renfermait sans doute une des cachettes qu'on pratique dans les campagnes, aux heures du péril, et où les paysans dissimulent avec le plus d'adresse possible ce qu'ils espèrent dérober à l'ennemi. C'est une de ces cachettes que l'action du feu avait mise à nu. Le propriétaire actuel en ignorait l'existence; mais il avait un droit incontestable au profit de la découverte. Dieu s'était chargé de punir le coupable, et d'assurer à l'homme de bien le repos de ses vieux jours.

Marcel avait saisi l'occasion de donner à cette population rustique, mais sensible à l'honneur, des conseils de probité et de charité chrétiennes. Il ne répéta pas à la famille Durand les paroles dont il s'était servi et que lui-même avait probablement oubliées, mais M. Durand ne craignit pas de lui dire :

— Mon vieil ami, vous avez fait votre devoir, comme toujours, et je suis sûr qu'il vous est venu naturellement de bonnes paroles, parce que vous êtes un homme droit, religieux. On est toujours assez éloquent, lorsqu'on parle le langage du cœur.

Puis, se tournant vers les enfants, il ajouta :

— Retenez, mes bons amis, les leçons que nous donne cette tragique histoire.

Comprenez d'abord qu'il n'y a pas de vice plus odieux que l'envie. Rien ne satisfait l'envieux, tant qu'il voit auprès de lui quelqu'un qui réussit par son application à ses devoirs, tandis qu'il échoue, lui, parce qu'il ne marche jamais droit, et qu'il se perd dans des chemins tortueux, à la poursuite d'un bien-être dont il n'est pas digne. Il devient triste, parce qu'il est méchant, et il croit avoir à se venger de ceux qui ne le sont pas.

Voyez ce misérable, qui sèche de jalousie à la vue des succès modestes d'un voisin. Il aurait moins de peine à prendre pour l'imiter que pour lui nuire ; mais l'orgueil le domine ; il ne veut pas s'avouer son infériorité ; il ne rêve qu'un triomphe, la ruine de celui qu'il ne peut égaler.

O mes enfants ! que le ciel vous préserve de ce vice abominable ! Servez-vous des qualités que vous avez reçues de la nature ; corrigez les défauts que vous signalent vos parents, vos amis et vos maîtres. Améliorez-vous sans cesse, mais ne portez pas envie aux autres ! Votre cœur se gâterait, et vous ne recueilleriez même pas le triste avantage du succès.

Ce n'est pas tout. Vous avez encore une conclusion à tirer du récit frappant que nous a fait le bon Marcel.

Certainement, Dieu ne fait pas toujours des miracles en faveur des gens honnêtes, comme il en a fait en faveur du propriétaire de la ferme. Ce n'est pas à nous de mesurer la profondeur de ses desseins. Mais il veut quelquefois faire éclater sa justice, pour donner un enseignement aux hommes, et cette découverte d'un trésor, qui dédommage un honnête homme au moment où il risque d'être ruiné par un envieux, est un événement qui donne à réfléchir même aux incrédules. Le hasard a bien moins de part aux choses humaines que certaines personnes n'affectent de le croire. Ce qu'on appelle *hasard*, c'est l'œuvre directe de la Providence, qui nous rappelle, quand et comme elle le veut, au sentiment de nos devoirs.

Cette histoire et les réflexions de M. Durand avaient intéressé vivement toute la famille. Alfred aurait voulu savoir la suite, car, souvent les enfants ne se contentent pas de ce qu'on leur raconte; ils voudraient aller plus loin et connaître les *mais*, les *si* et les *car* de chaque chose; mais, quand on leur a dit tout ce qui était nécessaire, il faut arrêter leur curiosité quelque peu intempérante, et passer à d'autres sujets.

C'est ce que fit M. Durand. D'accord avec le père Marcel, il dit à Alfred qu'on n'en avait pas su davantage; que c'en était assez pour que la leçon fût claire et complète; et qu'on la retiendrait d'autant mieux qu'elle serait moins chargée de détails. C'était une leçon de goût en même temps que de morale; et chacun s'en montra satisfait. On se donna donc le bonsoir de famille, et si les rêves furent troublés par la partie tragique de l'aventure, ils furent calmés par la conclusion.

XVI

FAUT-IL CROIRE AUX PROVERBES

—Père, dit un jour Alfred à M. Durand, nous entendons souvent parler des proverbes. On en cite devant nous, et nous en connaissons plusieurs. Mais, pour mon compte, je n'en ai pas une idée bien claire, et je me souviens que tu avais promis de nous en parler.

—Mon ami, dit le père, je suis tout prêt à remplir ma promesse. Rien ne m'est plus agréable que de vous voir impatients d'acquérir une connaissance de plus.

—En lisant ou en apprenant les fables de La Fontaine, reprit Alfred, nous avons rencontré des proverbes qui nous embarrassaient un peu.

— C'est vrai, interrompit Gustave, je me rappelle que je trouvais drôle le commencement de la fable : *le Loup et l'Agneau : La raison du plus fort est toujours la meilleure.* Est-ce que c'est vrai, ce proverbe-là?

—Mes enfants, dit M. Durand, parlons un peu des proverbes en général ; nous en viendrons ensuite à celui qui n'est pas du goût de Gustave, et à quelques autres, qui pourraient bien être contestés comme celui-là.

Je vous ai déjà expliqué ce que c'est qu'un proverbe. C'est une manière de parler vive et courte, une maxime exprimée en peu de mots, et que tout le monde répète, comme lorsqu'on dit : *Plus fait douceur que violence,* c'est-à-dire : on réussit moins en général par la violence que par la douceur ; ou bien encore : *Aide-toi, le ciel t'aidera,* quand on veut conseiller à quelqu'un de se donner de la peine pour obtenir ce qu'on désire, et de mériter ainsi que la Providence vienne à notre secours.

ALFRED.

Oui, père ; et tu as ajouté qu'on appelle quelquefois les proverbes : *la sagesse des nations.* Qu'est-ce que cela veut dire?

M. DURAND.

Cela signifie que, chez tous les peuples, on a renfermé ainsi dans de courtes phrases des règles de conduite, des préceptes fondés sur l'expérience, et qu'on a l'occasion de citer souvent. Mais je me hâte de dire qu'on a tort de qualifier les proverbes d'une manière aussi générale, car il y en a un certain nombre qui ne semblent pas d'accord avec la sagesse, et qui ont grand besoin d'être expliqués avant de servir pour la pratique.

Ainsi, le proverbe que se rappelle Gustave : *La raison du plus fort est toujours la meilleure*, sera très-faux, si nous le prenons à la lettre, car il n'est pas vrai que le plus fort ait toujours raison. La Fontaine nous donnerait une bien mauvaise règle de conduite, s'il nous proposait pour modèle le loup, qui n'écoute pas la justification de l'innocent agneau, et qui le croque pour toute réponse. Cette *raison du plus fort* n'est certainement pas *la meilleure*. Mais, mon cher Gustave, ce n'est pas là non plus le sens de cette prétendue maxime. La Fontaine a voulu dire que, dans le monde, les plus forts font trop souvent la loi aux plus faibles. C'est un fait malheureusement vrai, mais ce n'est pas un éloge donné à l'injustice des plus forts. Voilà qui est bien entendu.

Maintenant, soyons justes. Il n'y a pas beaucoup de proverbes qui se présentent sous cette forme-là. La plupart énoncent des idées raisonnables, qu'on a rendues plus frappantes par la concision du style. Les uns sont incontestables, parce qu'ils ne font qu'exprimer ce que prouve l'expérience de tous les jours ; les autres ne sont vrais qu'en partie, et cessent de l'être quand on veut les généraliser pour tous les cas.

Examinons-en quelques-uns sous ces deux rapports.

Nous rencontrerons pour exemple celui-ci : *La méfiance est la mère de la sûreté* ; ce qui veut dire que nous pourrions nous compromettre par un excès de confiance, et que nous devons être sur nos gardes, quand nous avons affaire à des personnes que nous ne connaissons pas bien. Cela est fort légitime. Mais, si nous allons en conclure que la méfiance doit être la disposition habituelle de notre esprit, nous tombons dans le faux, car ce serait une vie insupportable que de soupçonner tout le monde à tout propos.

Le mieux est l'ennemi du bien, dit un autre proverbe. Oui et non, selon le sens qu'on donne à ces paroles. Améliorer est toujours un bien. Qui pourrait nous blâmer d'améliorer notre caractère, notre position, par des efforts généreux? personne, n'est-ce pas? Mais si, quand nous avons atteint un bon niveau, nous sommes tourmentés par des scrupules qui nous font rêver une perfection imaginaire, si nous poussons toujours en avant, nous épuisant en efforts sans résultats, nous gâtons ce qui est *bien*, en cherchant trop curieusement le *mieux* ; nous sortons de la juste mesure, qui est la loi de la sagesse.

Il faut, dit un autre proverbe, *hurler avec les loups*. Pris à la lettre, il est faux, car, si nous sommes avec des méchants, nous ne devons jamais prendre leurs habitudes ni leur langage. Veut-on dire qu'il ne faut pas heurter imprudemment les gens avec qui l'on se trouve? C'est alors un conseil de prudence, rien de plus !

Voilà pour les proverbes susceptibles de plusieurs explications ; d'autres, et en très-grand nombre, ne font que constater des vérités généralement reconnues ; par exemple :

Qui veut voyager loin ménage sa monture.

C'est-à-dire : il faut ménager ses forces, quand on veut mener à bien une entreprise difficile. Trop de hâte pourrait en compromettre le succès.

Paris n'a pas été bâti en un jour.

On veut dire par là que les choses ne se font bien que par degrés, que le temps est nécessaire pour réaliser ce qu'on a conçu et pour rendre l'œuvre durable.

Il ne faut jamais vendre la peau de l'ours avant de l'avoir jeté par terre.

Maxime très-sage, dont le sens est qu'il ne faut pas se hâter de croire qu'on a réussi, ni se vanter trop tôt du succès, car on peut être trompé tout à coup dans ses espérances.

A l'œuvre on connaît l'artisan.

C'est-à-dire qu'il ne faut pas s'en rapporter à de belles paroles, et que c'est à l'œuvre qu'on peut juger les gens.

En toute chose il faut considérer la fin.

Cela signifie, non pas que *la fin justifie les moyens,* autre proverbe très-faux, par lequel on pourrait justifier tous les crimes ; mais que, lorsqu'on veut suivre un dessein, il faut se rendrecompte du résultat possible, et s'assurer que le but auquel on aspire mérite les efforts qu'on fait pour y arriver.

En voilà bien assez, mes enfants, pour vous faire discerner les bons des mauvais proverbes, ceux qui peuvent être interprétés de diverses manières et ceux qui sont tellement simples et clairs par eux-mêmes qu'il suffit de les énoncer pour les faire comprendre.

—Ah ! je vois bien maintenant, dit Alfred, qu'on aurait tort d'appeler les proverbes *la sagesse des nations*. Ils expriment seulement une opinion générale, mais bonne ou mauvaise, vraie ou fausse, et qu'on peut souvent discuter. Aussi, quand on me dira maintenant : *vous savez ce que dit le proverbe*, je ne regarderai pas cette parole comme un oracle, et j'examinerai d'abord si elle est d'accord avec le bon sens.

M. DURAND.

Tu as raison, mon ami, d'autant plus que les proverbes qui ont cours dans la conversation n'ont pas le même caractère chez les différentes nations. Ils se ressentent souvent des habitudes du pays et de l'état de la société où on les emploie, ce qui peut être encore une cause d'obscurité et de confusion.

Ainsi, l'Allemand dira : *une femme et un poêle ne doivent pas bouger de la maison*. Traduisons : les femmes doivent mener une vie modeste et cachée.

L'Anglais : *Veux-tu savoir ce que vaut l'argent? essaie d'en emprunter*. C'est comme si l'on disait : on connaît trop bien le prix de l'argent pour en prêter volontiers.

Ne reconnaissons-nous pas dans le premier de ces deux proverbes un peuple qui pratique sévèrement, mais avec quelque rusticité, la vie de famille ; dans le second, une race accoutumée aux grandes affaires industrielles et commerciales, où l'argent joue un si grand rôle?

Je vous fais grâce des proverbes espagnols, italiens, orientaux, car il y en a chez tous les peuples, dans toutes les langues, mais toujours avec ce mélange de vérité et d'erreur, de simplicité et d'exagération.

En somme, il ne faut pas se laisser prendre à l'apparence des proverbes, mais on doit réfléchir sur ceux qu'on rencontre, pour ne pas s'en faire une idée fausse, dont on se débarrasserait malaisément plus tard.

J'insiste un peu sur ce sujet, sans vouloir lui donner plus d'importance qu'il ne le mérite, parce que j'ai vu des erreurs graves de conduite résulter de quelques proverbes mal compris. Ce sera, si vous le voulez, un petit chapitre d'éducation, qui ne vous sera pas inutile. Je me reprocherais de négliger les plus modestes occasions d'affermir votre jugement.

—Tu nous as appris, mon bon père, dit Alfred, à faire des proverbes un usage raisonnable ; nous profiterons de la leçon.

XVII

LES PETITES VERTUS

C'était le 20 janvier, jour de la fête de saint François de Sales. Madame Durand, qui était une femme d'une piété douce et éclairée, avait beaucoup lu les ouvrages de cet illustre évêque, qu'elle appelait en riant le plus aimable des saints du calendrier. Elle avait souvent parlé de lui devant ses enfants, et lui avait fait une petite popularité dans la famille. On avait surtout remarqué une expression dont le saint fait un fréquent usage, et que madame Durand citait avec complaisance. Saint François parle souvent des *petites vertus* et en recommande la pratique.

— Ne croyez pas, disait à ce propos la mère de famille, que ces mots : les *petites vertus*, désignent des qualités de peu d'importance. Ils expriment au contraire des qualités essentielles, qui contribuent beaucoup au bonheur de la vie et à l'accomplissement des devoirs. Mais il faut bien s'entendre sur leur signification. Voulez-vous, mes enfants, que nous honorions la fête du plus doux, du plus indulgent des saints par quelques réflexions sur ses idées ? Ce ne sera pas aussi grave qu'un sermon ; je ne serais pas capable de monter en chaire ; mais je tâcherai de prendre la manière de mon saint favori, qui écrivait à une dame : *Il ne faut pas pointiller en l'exercice des vertus ; mais il faut y aller rondement, franchement, naïvement, à la vieille française.* J'essaierai de parler, comme saint François recommandait d'agir. Cela vous convient-il, mes amis ?

Au lieu de répondre, les enfants se groupèrent autour de leur mère, empressés, attentifs, et impatients de l'entendre.

Elle reprit ainsi :

— Il y a donc de grandes et de petites vertus ? Oui, sans doute.

Les grandes vertus sont celles que nous prescrivent la religion et la morale, et qu'on est absolument obligé de pratiquer.

Ainsi, l'observation des commandements de Dieu et de

l'Église est strictement obligatoire. Le devoir d'honorer Dieu, le respect des parents, la probité, la charité envers nos semblables, sont des devoirs sacrés, qu'on ne peut négliger sans crime. Ce sont là les grandes vertus.

Mais il y en a d'autres qui, sans être aussi obligatoires, importent beaucoup à la tranquillité de l'âme et au repos de la vie. Quand on les néglige, on risque d'être à charge à soi-même et aux autres ; on vit dans la société comme si l'on ne vivait que pour soi, et, comme on oublie tout le monde, tout le monde aussi vous oublie.

Ces *petites vertus*, si utiles, faciles en général à pratiquer, et précieuses à connaître, sont celles dont je veux vous dire quelques mots.

Il y en a beaucoup ; je n'en ferai pas la liste ; mais, quand je vous aurai dit les principales, l'expérience vous apprendra les autres, et vous en dresserez vous-mêmes le catalogue, que vous ferez bien de consulter souvent.

Les enfants redoublèrent d'attention, et Blanche surtout, qui était simple et modeste, sembla persuadée que les *petites vertus* étaient tout à fait à sa taille et à son usage.

— Commençons, continua la mère, par celle qu'il importe le plus de cultiver. Je l'appelerai l'*égalité d'humeur*. Elle consiste à supporter les petites imperfections de nos parents, de nos amis, des étrangers même, avec qui nous ne sommes en rapport que par occasion, en passant, pour ainsi dire. Si nous sommes trop facilement blessés de ces imperfections, nous devenons moroses, impatients ; nous refusons aux autres l'indulgence dont nous aurions grand besoin pour nous-mêmes. Nous voyons des monstres partout ; nous sommes bientôt insupportables, précisément parce que nous ne savons rien supporter.

C'est là, mes enfants, un caractère très-malheureux. Ceux qui ne savent pas s'en corriger peuvent être sans doute parfaitement honnêtes, réguliers dans leur conduite, attachés à leurs devoirs. On ne les accuse pas de négliger les grandes vertus ; mais celle dont nous parlons, toute petite qu'elle paraisse, augmenterait le prix des autres et en faciliterait l'exercice.

Tenez : voici un petit volume imperceptible, mais plus précieux qu'il n'est gros, où un savant abbé a développé les idées de saint François de Sales sur les *petites vertus*, surtout sur *l'égalité d'humeur*. Il est bien facile à comprendre, et je l'ai apporté pour vous en citer quelques lignes. Je ferai des coupures, mais je ne changerai rien au fond.

« Les petites vertus sont des vertus sociales, c'est-à-dire éminemment utiles à toute personne appelée à vivre dans la société de ses semblables... Elles sont usuelles, c'est-à-dire d'un usage fréquent. On trouve chaque jour l'occasion de les pratiquer, elles sont de toutes les époques et de toutes les conditions de la vie...

« Je veux vous exposer en peu de mots quelques motifs dictés par la raison, pour nous engager à supporter notre entourage :

« Voici une personne soupçonneuse. Elle analyse chaque parole, chaque signe, interprétant tout en mauvaise part et contre elle-même. Le plus petit moucheron qui bourdonne dans l'air, est pour elle un éléphant dont la masse l'écrase ; le ver luisant de la prairie est un feu qui la brûle. Rien vraiment n'est plus à charge que cette race de gens soupçonneux, toujours de mauvaise humeur, toujours environnés de vains fantômes : pour peu que vous les fréquentiez, ils exigent dans vos actes, dans vos gestes, dans vos regards, mille attentions minutieuses, et, en fin de compte, vous avez encore le déplaisir de voir l'insuffisance de tous vos efforts. Cependant, il faut supporter ces personnes, précisément à cause de leur faiblesse. Elles ont tort sans doute de suspecter sans cesse ; mais ne sont-elles pas déjà suffisamment punies par leurs soupçons même?...

« Autre exemple. Un frère, une sœur sont enclins à la colère, à l'irascibilité. Supportons, croyez-moi, une faiblesse qui leur déplaît plus qu'elle ne nous fait tort. Ils se mettent vite en colère, je vous l'accorde ; mais ils rentrent non moins vite en eux-mêmes.

« Ce sont de bons cœurs, plus prompts à faire la paix qu'ils ne le furent à commencer la guerre. Voyez-les dans leur chambre solitaire. Ils se fâchent bien plus vivement contre eux-mêmes qu'ils ne le firent contre leurs compagnons... Je vous en prie, prenons leur faiblesse en considération...

« Il faut supporter les autres, parce que tous nous avons besoin d'être supportés. Aucun homme, quelque sage, quelque accompli qu'il soit, ne peut se passer de l'indulgence d'autrui. Aujourd'hui, je dois supporter une personne, et demain elle aura à me supporter moi-même. Serait-il juste d'exiger pour soi des prévenances et des égards, et de n'y répondre que par la rudesse et l'orgueil ? »

Madame Durand s'arrêta un moment, comme pour laisser le loisir d'une courte réflexion à son jeune audi-

toire. Elle n'était pas fâchée de voir si les enfants faisaient tout bas un rapide examen de conscience, s'ils
avaient le souvenir de quelque accès de mauvaise humeur ou de colère contraire à la règle des *petites vertus*;
peut-être; mais l'histoire n'en dit rien, et nous ne por-
terons pas un jugement téméraire.

— Je pourrais en rester là, dit la mère de famille;
car le sujet des *petites vertus* est si riche que je ne me
flatterai pas de l'épuiser. Je me contenterai, pour finir,
de vous citer deux autres exemples.

Une qualité très-nécessaire, et qui est comme une
conséquence naturelle de l'égalité d'humeur, c'est la
politesse. Non pas cette politesse froide et étudiée, qui
blesse au lieu de plaire, mais une politesse aisée, affectueuse, qui prévient tout d'abord, et fait supposer dans
la personne polie des qualités plus hautes; une vertu
modeste, mais précieuse, car elle rend les relations
agréables; elle prouve, pour les enfants, qu'ils sont bien
élevés, et, pour les grandes personnes, qu'elles savent
vivre. Aussi la politesse fait-elle partie de toute bonne
éducation. C'est un dehors qui fait juger favorablement
du dedans; c'est un attrait qui dispose à la sympathie.
La politesse, mes enfants, la politesse envers tout le
monde vous a été bien des fois recommandée ; c'est une
petite vertu que vous pratiquez tous les jours.

Il en est une autre qu'on a appelée quelquefois une
demi-vertu; c'est la propreté, l'ordre et le soin dans ses
affaires. Celle-là est aussi d'un grand prix, et on se re-
pent souvent d'en avoir tenu peu de compte. C'est de
bonne heure qu'il faut en prendre l'habitude. Si elle
coûte un peu d'abord à notre paresse naturelle, nous

sommes bien dédommagés plus tard par la satisfaction intime qu'elle nous procure. Le soin, appliqué à nos vêtements, à nos livres, à nos effets de tout genre, devient peu à peu comme un instinct de notre esprit. L'ordre règne dans nos idées comme dans notre maison, et notre jugement, fortifié par cette *petite vertu* désirable, nous rend capables des *grandes vertus.*

J'en ai dit assez, mes chers amis ; vous allez me prendre pour une prêcheuse. Mais non ; vous aimez à entendre dire des choses utiles ; et puis, vous le savez bien, quand votre mère vous parle, c'est avant tout son cœur qui parle à votre cœur.

XVIII

L'ÉCOLE BUISSONNIÈRE

En revenant de l'école, Gustave avait l'air préoccupé.

— Qu'y a-t-il donc, mon cher enfant? dit M. Durand. Tu es tout songeur aujourd'hui.

—C'est que, répondit Gustave, le maître s'est mis bien fort en colère contre un élève qui était en retard d'une grande demi-heure. Il l'a grondé et puni, comme c'était naturel, et il a ajouté : Je vous apprendrai à faire l'*école buissonnière !*

J'ai cherché à comprendre ces mots-là, mais je n'en suis pas venu à bout. Qu'est-ce qu'il y a de commun entre une école et des buissons? Veux-tu m'expliquer cela, mon bon père ?

M. DURAND.

Parfaitement, mon ami. Je t'approuverai toujours de chercher à t'instruire.

Sais-tu que, pour expliquer un mot qui paraît si simple, il faut que je te donne d'abord une leçon d'histoire ? c'est extraordinaire, n'est-ce pas ?

GUSTAVE.

Tu nous as dit quelquefois qu'il y a une foule de manières de parler qui ne s'expliquent que par l'histoire; c'est aussi naturel pour les mots d'*école buissonnière* que pour les autres.

M. DURAND.

Te rappelles-tu quelque explications de ce genre ·

GUSTAVE.

Oui; il y en a une qui m'a bien fait rire.

M. DURAND.

Laquelle donc ?

GUSTAVE.

Celle d'une drôle de phrase qu'on répète souvent : *c'est le chien de Jean de Nivelle, qui s'enfuit quand on l'appelle.*

M. DURAND.

Eh bien ! que t'ai-je raconté à ce propos ?

GUSTAVE.

Jean de Nivelle était un seigneur français du xve siècle, du temps de Louis XI. Il prit, contre le roi, le parti du duc de Bourgogne (1). Son père, dit-on, le déshérita,

(1) Charles le Téméraire.

et le traita de *chien* dans sa colère. Ce mot fut répété dans le peuple, et donna lieu à une chanson très-méchante. Il ne faut donc pas dire, comme on le fait souvent, LE *chien de Jean de Nivelle*, car il n'est pas question d'un chien appartenant à Jean de Nivelle, mais CE *chien de Jean de Nivelle,* lorsque l'on compare les gens qui ne font pas ce qu'on leur demande à ce seigneur qui refusait de revenir auprès de son père, et que celui-ci avait qualifié de *chien* à cause de son entêtement.

M. DURAND.

Allons ! tu as retenu cette histoire à merveille. Écoute donc l'explication des mots d'*école buissonnière*, qui t'embarrassent aujourd'hui.

Au xvie siècle, il y eut en France des querelles, et bientôt des guerres religieuses. Deux réformateurs, Luther (1) et Calvin (2), se séparèrent du catholicisme et établirent la religion protestante. Un des principaux soins des réformés fut de soustraire leurs enfants à l'influence des maîtres catholiques qui dirigeaient les écoles primaires. Ils formèrent des écoles clandestines, qui se tenaient dans les bois, dans les champs, et se cachaient derrière les *buissons.* Le Parlement rendit un arrêt pour interdire ces écoles, qui se multiplièrent cependant, et qu'on appela par dérision *écoles buissonnières.*

Aujourd'hui, cette expression a changé de sens. On dit qu'un enfant fait l'*école buissonnière,* quand il ne va pas à l'école, et que, par paresse, il manque la classe, ou bien y arrive trop tard. Les *buissons* ne sont plus

____

(1) Né en Saxe, au xve siècle; devint célèbre au xvie.
(2) Né en Picardie au xvie siècle.

pour rien dans l'affaire ; ce qui reste, c'est un manquement très-grave au devoir d'un bon écolier.

GUSTAVE.

Oh bien ! j'espère qu'on ne m'accusera jamais de faire l'*école buissonnière.*

M. DURAND.

Non, certes; c'est un reproche qu'on n'a pas l'occasion d'adresser aux enfants bien élevés.

Puisque nous sommes sur ce chapitre, continua M. Durand, je vais te raconter l'histoire d'un petit vagabond qui a commencé par cette faute. Tu verras où elle l'a conduit. Je tiens le fait de ton estimable instituteur. Je ne m'étonne pas s'il se fâche contre un enfant qui fait l'*école buissonnière*, quand je pense au souvenir douloureux qui lui est resté de celui-là.

Antoine (c'était son nom) avait dix ans. Il ne manquait pas d'intelligence, mais il détestait cordialement le travail. Il n'avait plus de mère ; son père était un cultivateur honnête, mais faible, qui ne se faisait pas respecter. Aussi Antoine manquait-il souvent l'heure de l'école. Puni par le maître, excusé par son père, qui, pourtant, dans les grandes occasions, le battait, mais ne le corrigeait pas, il prenait son parti de ces petits malheurs et se consolait en goûtant les charmes de l'*école buissonnière*. Quand il faisait beau, surtout, il ne résistait pas à la tentation d'une demi-heure de retard.

Par exemple, il avait l'esprit inventif. Il expliquait toujours ses retards par des causes plus ou moins vraisemblables, mais qui toutes étaient de gros mensonges, auxquels le maître avait bien raison de ne pas ajouter foi. L'habitude de mentir s'allie si bien à la paresse ! Elle en est comme le premier fruit.

Il arrive un jour, l'oreille saignante et les mains écorchées. Il raconte qu'il a fait une chute sur une haie d'épines, et qu'en se relevant il s'est piqué et déchiré de cette façon. C'était là le conte ; voici la véritable histoire. Il s'était introduit dans un jardin pour en dérober les fruits ; il avait été surpris par le propriétaire, qui l'avait fustigé et l'avait secoué par les oreilles. La vérité fut connue le lendemain, parce que le maître du jardin porta plainte, et ce méfait d'Antoine mit le comble au mécontentement de l'instituteur, qui rendit ce mauvais garçon à son père.

Celui-ci, ferme une fois dans sa vie, ne voulut pas le garder chez lui. Il obtint qu'on le reçut dans une maison de correction, où il espérait qu'une juste sévérité aurait enfin raison de ses instincts vicieux.

Vain espoir ! le jeune drôle, insensible aux encouragements comme aux menaces, aux promesses de récompense comme aux châtiments, profita de la première occasion pour s'évader, et on ne sait ce qu'il est devenu.

Il fallait bien qu'il eût quelque argent dans sa poche ; mais d'où venait cet argent ? toutes les conjectures étaient permises. Il était déjà difficile de le calomnier, tant il avait l'habitude de mal faire.

Deux ans plus tard, dans un voyage que l'instituteur fit à Paris, il aperçut un jeune garçon de douze à treize ans, aux traits flétris, à la figure avinée, qui se tenait à l'entrée d'un pont, et tendait la main aux passants ; il reconnut le malheureux Antoine.

Dans son indignation, il voulut d'abord le signaler à la police ; mais la pitié reprit le dessus. Il passa auprès de lui sans se faire reconnaître, et l'abandonna à son sort.

On n'a jamais reçu de ses nouvelles. Son vieux père soupire quelquefois en pensant au garnement qui le déshonore, et il fait peine à voir, quand on le rencontre, l'œil terne, les bras pendants, usé par le chagrin plus que par les années.

Tu vois, mon cher Gustave, où peut conduire une première faute. Ce malheureux Antoine est descendu de degré en degré jusqu'à l'avilissement le plus complet ; paresseux d'abord, puis menteur, bientôt voleur, buveur éhonté, mendiant misérable. Et quel a été le point de départ de tous ces maux, de tous ces désordres ? l'*école buissonnière*. Quand tu entendras prononcer ces mots, mon cher enfant, tu te rappelleras qu'ils signifient l'école du vice et peut-être du crime.

Je sais que tout le monde ne qualifie pas ce genre de faute aussi sévèrement que je viens de le faire. On rencontre bon nombre de personnes fort indulgentes qui disent : Ce n'est là que la faute d'un enfant, et il est ridicule d'en pousser si loin les conséquences.

Nous répondrons à ces gens-là qu'ils en parlent bien à leur aise ; que les exemples des conséquences terribles de la paresse ne manquent pas ; que les habitudes prises dans l'enfance ne se perdent jamais complétement ; et que, soit en bien, soit en mal, nous nous ressentons toujours du pli que nous avons pris dans nos premières années ; enfin, que ceux qui traitent si légèrement ce chapitre très-sérieux, s'ils avaient un enfant esclave de la paresse, gémiraient et se plaindraient plus haut que ceux dont ils blâment la sévérité.

Mais en voilà bien assez sur un sujet qui nous ferait faire de mauvais rêves. Il n'y a ici personne, Dieu merci, qui soit capable de causer de tels chagrins à ses parents. Tu aimes le travail, mon ami ; ton frère et ta sœur t'en donnent l'exemple. Mais j'ai fait comme ces pères de famille de Lacédémone (1), qui, dit-on, faisaient voir à leurs enfants un esclave ivre, pour leur donner le dégoût de l'ivrognerie. Nous n'en parlerons plus, et je tâcherai que notre conversation prochaine présente de plus gracieux tableaux.

(1) Ville de la Grèce ancienne, célèbre pour l'austérité de ses mœurs.

QUESTIONNAIRE

De XIII à XVIII inclusivement.

XIII. — Qu'était-ce que Montesquieu ?
Quelle rencontre fit-il à Marseille ?
Que fit-il pour rendre une famille heureuse ?
Pourquoi refusa-t-il de se faire connaître ?
Quel exemple de délicatesse a donné un peintre de nos jours ?

XIV. — Pourquoi faut-il des impôts ?
Que peut-on dire de notre organisation financière, à ce point de vue ?
Que peut-on faire contre les contribuables de mauvaise volonté ?

XV. — Qu'arriva-t-il à un envieux devenu incendiaire ?
Quelle trouvaille fit le propriétaire de la maison incendiée ?
Que faut-il penser de l'envie ?

XVI. — Qu'est-ce qu'un proverbe ?
Peut-on appeler les proverbes la *sagesse des nations* ?
Citez-en quelques-uns et appréciez-les

XVII. — Qu'est-ce que saint François de Sales appelait *les petites vertus* ?
Quelles sont les grandes vertus ?
Quelle est l'utilité morale des petites vertus ?
Citez-en quelques exemples.

XVIII. — Qu'appelle-t-on *l'école buissonnière* ?
Que veulent dire ces mots : *le chien de Jean de Nivelle* ?
Quand se formèrent les écoles dites *buissonnières* ?
Dites ce qui arriva à un écolier paresseux.
Que doit-on penser de la paresse ?

XIX

LA LANTERNE MAGIQUE

M. Durand, dont la fortune était très-modeste, évitait toutes les dépenses de fantaisie. Il ne croyait pas que les enfants fussent mieux instruits parce qu'il leur achèterait des objets dispendieux, et il avait coutume de dire qu'*un livre utile n'a pas besoin d'être doré sur tranche.*

Il les accoutumait donc, pour le travail comme pour le jeu, à la simplicité, à la modestie, et l'humble *hôtel de l'Acacia* ne présentait d'autre luxe que celui des bonnes figures souriantes, rayonnantes de jeunesse et de santé.

Cependant, ces habitudes simples n'étaient pas exclusives. Il y avait trois ou quatre occasions, chaque année, de desserrer un peu plus les cordons de la bourse et de piquer l'attention par quelque chose de nouveau.

Une de ces occasions, c'était tout naturellement la fête du père ou celle de la mère. C'est en effet le plus gracieux des souvenirs de famille, celui qui va au cœur des enfants, et qui redouble pour ainsi dire en eux la force du sentiment filial.

M. Durand n'aime pas les amusements futiles, qui n'apprennent rien aux enfants, et qui même gâtent quelquefois leur goût. Cependant, l'âge des siens, même les douze ans d'Alfred, ne permettent pas des récréations trop scientifiques. Alfred n'est pas encore au collége, et, si son père lui a donné, en courant, quelques notions de physique, ces notions ne peuvent pas s'appeler de la science. Les deux autres enfants n'en ont pas même entendu parler.

M. Durand cherchait bien quelquefois les moyens de les intéresser par des expériences à leur portée. De la théorie, il n'en était pas question. Un peu de pratique était toujours possible. Ce qu'on appelle aujourd'hui des *leçons de choses* (1) préparait les jeunes intelligences à comprendre les applications usuelles qui se rencontrent à chaque instant dans le ménage. Une allumette qu'on enflammait, une lampe préparée pour éclairer le travail ou la lecture du soir, un prisme (2) remarqué sur une étagère (3), fournissaient la matière de quelques observations très-modestement scientifiques. Il en restait toujours quelque chose; c'étaient des matériaux mis en réserve et qui devaient servir plus tard.

Or, le jour de la fête du père étant arrivé, M. Durand, à qui les enfants vinrent offrir un joli bouquet de fleurs, en présentant leur front au baiser paternel, voulut leur ménager une surprise agréable. Il annonça pour le soir une représentation extraordinaire, et tout le monde attendit avec impatience que le grand secret fût révélé.

Le soir, en effet, le père de famille entra au salon, le sourire aux lèvres, et un petit paquet sous le bras.

C'était..... devinez, lecteurs ; c'était..... une lanterne magique!

On avait bien entendu parler de cet instrument mer-

(1) Leçons données à propos des objets qui frappent la vue.
(2) Instrument de verre, qui sert à décomposer la lumière.
(3) Petit meuble où l'on dépose des objets de choix.

veilleux. On savait même qu'il appartenait à une science qui porte un nom bien effrayant, à la science de l'*Optique* (1); mais voilà tout, et il n'avait jamais été question d'en faire l'épreuve en famille.

Cette apparition causa donc une joie générale, stimulée par une vive curiosité.

Un drap blanc fut étendu sur la muraille. Une table posée en face reçut la mystérieuse lanterne, et M. Durand, une baguette d'enchanteur à la main, commença ainsi :

— Mes amis, lorsque j'avais votre âge, on entendait souvent, le soir, dans les rues des grandes villes, une voix perçante, celle d'un joueur de vielle, qui criait : *lanterne magique!* On l'appelait pour divertir les enfants, quand ils avaient été sages, et, pour une petite pièce de monnaie, on se faisait montrer le *petit Chaperon rouge* ou le *Chat botté*, tous les personnages des contes de fées. Aujourd'hui, ces rôdeurs de nuit ont disparu, et ce n'est pas dommage, car ils faisaient souvent plusieurs métiers, et leur probité était assez suspecte. On a appris à mieux faire; le petit instrument a été perfectionné; il ne coûte pas bien cher, et je peux vous régaler de ses miracles sans passer pour un prodigue.

Je vais être obligé d'employer quelques termes de science, mais si peu que vous vous en apercevrez à peine. Il suffira que vous reteniez les noms de quatre morceaux de verre différents, pour comprendre la construction de notre lanterne. Je la construirai devant vous et vous m'aiderez au besoin.

____

(1) Partie de la physique qui traite de la lumière.

Ces paroles encourageantes ne manquèrent pas leur effet.

M. Durand tira le petit paquet de son enveloppe, et continua en ces termes :

— Mettons d'abord sur la table cette boîte de fer-blanc — bien ; — maintenant, nous allons y placer un miroir *concave*, c'est-à-dire qui présente une surface creuse, comme celle d'une demi-écorce d'orange. Au centre, ou, comme on le dit, au *foyer* de ce miroir, installons une lampe ordinaire, que nous allumerons tout à l'heure ; — à merveille. — Il faut à présent adapter à la lanterne ce tube fermé aux extrémités par deux *lentilles*. — Ce nom te fait sourire, Gustave ; — sache, mon enfant, qu'on appelle ainsi des verres taillés à peu près dans la forme des lentilles ordinaires. Il faut savoir gré à la science d'employer, quand elle le peut, des mots de la langue usuelle ; c'est un terme scientifique de moins à retenir.

Une de ces *lentilles*, qu'on appelle aussi *demi-boules*, est *plane*, ou, si vous l'aimez mieux, plate du côté où elle s'appuie sur la lanterne, et *convexe*, c'est-à-dire bombée, du côté opposé, à l'entrée du tube. L'autre *lentille*, toute *convexe*, est placée à l'autre bout du tube, en face de la première. Elle s'appelle l'*objectif*, parce qu'elle est tournée vers l'*objet* de l'opération, qui est le *rayonnement* (1) de la lumière.

Voilà notre construction bientôt faite. Il n'y manque plus qu'une chose, mais une chose fort importante : une mince lame de verre que nous allons glisser devant la

_____

(1) Marche progressive de la lumière, qui s'éloigne de son foyer.

demi-boule, et sur laquelle on a peint avec des couleurs transparentes les figures qu'on veut faire apparaître agrandies sur la surface blanche qu'on a préparée. Nous avons choisi un drap, comme plus commode; un écran (1), une muraille blanchie conviendraient également.

Voici le moment solennel; — la lampe, placée au foyer du miroir, est allumée. Soyez attentifs !

ALFRED.

Voyez donc! Voyez donc ces grandes figures qui paraissent sur le drap blanc! mais que représentent-elles donc? Elles ont les pieds en l'air et la tête en bas !

M. DURAND.

C'est ma faute, mon ami. Il fallait me souvenir que la lame de verre doit être *renversée*, pour que les images ne le soient pas; c'est un phénomène qu'on t'expliquera plus tard. Accepte-le aujourd'hui de confiance. — Allons, voici notre lampe mieux placée.

GUSTAVE.

Oh mais ! c'est le *petit chaperon rouge* qui arrive sur le drap blanc! et puis la *grand'mère*, et puis le *méchant loup*! Comme ces figures s'allongent! elles sont pourtant toutes petites sur le verre.

M. DURAND.

Oui; c'est que les rayons de lumière font bien du chemin dans notre lanterne. *Réfléchis* (2) par le miroir sur la première *lentille*, ils passent par la lame de verre,

____

(1) Toile blanche tendue sur un chassis.
(2) Repoussés.

et tombent ensuite sur l'*objectif* qui les renvoie en les dispersant sur la surface blanche, et là ils produisent une image qui est de vingt à vingt-cinq fois plus grosse que le modèle.

BLANCHE.

N'y a-t-il pas plusieurs lames de verre à mettre dans cette lanterne merveilleuse ?

M. DURAND.

Il y en a douze, autant que de sujets. Il pourrait y en avoir plus ou moins; on y met ce qu'on veut; mais, en général, on se borne à ce nombre.

BLANCHE.

Est-ce que tous les sujets sont pris dans les contes de fées ?

MONSIEUR DURAND.

Non; voici, par exemple, le *retour de l'enfant prodigue*. Dans ce fils repentant, dans ce père attendri qui lui tend les bras et lui accorde le pardon, tu reconnais une des plus touchantes paraboles de l'Évangile.

L'histoire fournit aussi des sujets. Voici le roi Clovis, qui s'agenouille devant saint Rémi, et qui reçoit de lui le baptême.

ALFRED.

Ce serait amusant d'apprendre l'histoire par les images.

M. DURAND.

Elles peuvent aider à l'apprendre, mais elles ne suffiraient pas. Il y a des détails que les livres seuls peuvent donner, et toutes les lanternes magiques du monde ne remplaceront pas un bon livre. Chaque chose a son prix, mes enfants. Aujourd'hui, la lanterne vous amuse beaucoup et vous instruit un peu; demain, ce sera le tour de l'étude, qui vous divertira moins, mais vous en apprendra davantage.

Maintenant, laissons reposer notre appareil, et ménageons nos plaisirs. Nous avons encore neuf sujets sur douze à faire paraître ; ce sera pour une autre soirée. Je vois que celle-ci vous a intéressés.

— Oh oui ! père, reprirent en chœur les enfants, et Alfred ajouta :

—Si nous étions un peu plus savants, notre plaisir eût été encore plus complet; mais c'est égal ; la *lanterne magique* nous rappellera un beau jour de fête et une bonne leçon.

XX

UN MAGISTRAT QUI N'A PAS PEUR

Les enfants élevés sérieusement s'intéressent volontiers à l'histoire. Ceux de M. Durand, même le plus jeune, aimaient mieux entendre la lecture de quelque beau chapitre de la vie d'un héros, d'un homme de génie, d'un grand citoyen, que celle d'une anecdote fade et frivole.

Aussi M. Durand eut-il raison de leur dire un jour : parmi les bonnes lectures que nous avons faites, je ne me souviens pas que nous ayons encore rencontré la vie de nos grands magistrats français. Nous avons admiré les exploits de nos fameux capitaines : Duguesclin,

Turenne, Condé, Villars ; la sainteté de nos prélats et de nos prêtres illustres : Bossuet, Fénelon, Vincent de Paul. Il faut aussi que nous apprenions à connaître la fermeté d'âme de ces hommes, qui ont pour mission de rendre la justice, et qui ont montré souvent un courage égal ou supérieur à celui qu'on déploie sur un champ de bataille.

Je relisais justement, il y a quelques jours, la vie d'un de ces grands hommes de bien, Mathieu Molé, écrite par un de nos meilleurs historiens, de Barante (1). Les détails m'ont paru un peu trop longs pour une lecture de famille ; j'en ai fait un extrait fidèle, et c'est toi, mon Alfred, que je charge de le lire. Ce sera d'ailleurs pour toi un exercice de lecture à haute voix. Tu sais que je tiens à ce que vous fassiez des progrès sous ce rapport ; peu d'enfants savent lire nettement et avec intelligence, et j'attache beaucoup d'importance à ce que vous soyez de ce petit nombre ; vous y êtes déjà bien préparés.

Alfred, flatté de sa charge de lecteur officiel, prit le manuscrit des mains de son père, et lut avec application ce qui suit :

— Mathieu Molé vivait au xviie siècle, sous le règne de Louis XIII et pendant la minorité (2) de Louis XIV. Il était d'une famille de magistrats ; son père était mort président au Parlement de Paris, et avait toujours montré un caractère ferme et loyal.

Le Parlement était une grande assemblée judiciaire,

(1) Auteur de l'histoire des ducs de Bourgogne.
(2) Lorsqu'il n'avait pas encore l'âge de régner par lui-même :
(14 ans).

la plus élevée de toutes celles qui rendaient la justice, et qui, de plus, avait reçu des rois eux-mêmes le droit de faire des remontrances au gouvernement dans l'intérêt public.

Reçu conseiller à vingt-deux ans, avec une dispense d'âge, « tant par le crédit de son père, dit un historien du temps, qu'en considération de ce je ne sais quoi de grand et de bon qu'il portait imprimé sur son visage, » Mathieu Molé, quatre ans plus tard, devint président d'une des Chambres des enquêtes (1), et quatre ans encore après, procureur général. Il l'était depuis dix ans, lorsque le cardinal de Richelieu arriva au pouvoir. Il ne fut jamais courtisan, mais il entretenait avec ses supérieurs des rapports graves et dignes. Il eut souvent à lutter pour maintenir les droits du Parlement, mais il conserva au milieu de ces conflits un grand respect pour la personne du roi et l'autorité royale. Son rôle habituel, celui qu'il préférait, c'était le rôle de conciliateur (2), mais il était sensible à tout ce qui touchait à l'honneur et aux attributions de sa compagnie.

En 1651, il fut nommé premier président du Parlement. Richelieu mourut l'année suivante, et fut remplacé par le cardinal de Mazarin. Quelques mois après, le roi Louis XIII mourut à son tour, et la reine devint régente (3).

Nous n'avons pas à entrer dans le détail de toutes les intrigues qui troublèrent alors la cour et la ville, et qui aboutirent à une guerre, moitié sérieuse, moitié frivole,

---

(1) Chambre où l'on jugeait les procès en appel.
(2) Cherchant à reconcilier les parties.
(3) Gouvernant pour le roi mineur.

que l'histoire appelle guerre de *la Fronde*. Les princes
du sang royal se liguèrent contre le premier ministre,
qui fut tantôt chassé, tantôt triomphant. Le peuple
murmurait contre les impôts et contre l'autorité qu'un
étranger avait prise en France. De graves désordres
agitaient la capitale. Au milieu de ces troubles, le Parlement maintenait énergiquement son influence, mais,
entraîné par le mouvement général, il manquait parfois
de mesure, et il fallut au premier président une rare
fermeté d'esprit pour se tenir, au péril même de sa vie,
à égale distance de tous les excès.

Arrêtons-nous à une occasion mémorable où Mathieu
Molé eut à déployer ce grand caractère.

Derrière les princes et les généraux qui s'étaient dé-
clarés contre le cardinal Mazarin, il y avait une foule
aveugle, prête pour l'émeute. Elle soupçonnait le premier président de trop de modération. Le mot d'ordre
était : *point de Mazarin!* Un rassemblement hostile entoura le palais, pendant que le Parlement était en séance.
Ces furieux brandissaient des poignards. Le duc de
Beaufort, qui était très-populaire, sortit pour calmer la
foule. Il revint dire qu'il n'y avait aucune sûreté pour
le premier président. En même temps, on entendait
dans la cour, dans les galeries, dans la salle même, des
voix confuses qui criaient : *Il faut jeter tous les Maza-
rins* (1) *à la rivière.*

Lorsque, à cinq heures, il fallut quitter la salle où la
Cour siégeait depuis sept heures du matin, le premier
président se leva pour sortir; on lui dit que c'était aller

(1) Tous les partisans de Mazarin.

à la mort. On lui proposa de sortir par le greffe (1), et de rentrer, sans être vu, dans son hôtel, qui était attenant au palais : « La Cour ne se cache jamais, répondit-il. Je ne commettrai pas cette lâcheté ; elle ne servirait qu'à donner de la hardiesse aux séditieux. Ils me trouveraient bien dans ma maison, s'ils croyaient que j'ai eu peur d'eux. »

Le cardinal de Retz (2), qui n'avait pris que trop d'ascendant sur la foule, mais qui, dans cette circonstance, agit avec loyauté, calma un peu les esprits par des paroles adroites, et sortit avec le premier président, qu'il embrassa devant le peuple.

Selon le cérémonial ordinaire, et par le commandement exprès du premier président, les huissiers marchaient devant lui, tenant le portefeuille, et frappant dessus pour qu'on fît place. Il y eut encore beaucoup de clameurs, d'insultes et de menaces. On entendit même des voix qui criaient : *République!* mais Molé, sans la moindre émotion, conservant son tranquille courage, rentra en son logis.

Nous ne pouvons mieux terminer ce récit qu'en citant un passage des *Mémoires du cardinal de Retz,* qui n'était pas tout à fait innocent de la sédition, mais qui cédait à la force de la vérité.

« Vous m'avez quelquefois ouï parler, dit-il, de l'intrépidité du premier président ; elle ne parut jamais plus complète que dans cette occasion. Il se voyait l'objet de l'exécration et de la fureur du peuple ; il entendait les cris de mort qui le menaçaient ; il pouvait

(1) Le lieu où sont déposées les minutes des jugements.
(2) Ennemi de Mazarin.

même voir les poignards et les armes dont cette foule était hérissée. Je l'observais et l'admirais. Je ne lui vis jamais un mouvement dans le visage, je ne dis pas qui marquât la frayeur, mais qui ne marquât une fermeté inébranlable et une présence d'esprit presque surnaturelle, qui est quelque chose de plus grand que la fermeté. »

— Voilà, mes enfants, dit M. Durand lorsqu'Alfred eut terminé sa lecture, ce qu'était Mathieu Molé, et le jugement que portaient de lui ses adversaires. Je n'ai pris de l'historien que ce qui pouvait vous aider à comprendre un trait égal à tout ce que nous lisons de plus admirable dans les histoires anciennes et modernes. Quoi de plus beau que cette sérénité d'un honnête homme, dont la vie est menacée, mais qui, soutenu par une bonne conscience, marche droit devant lui, sans bravade, sans faiblesse, et n'obéit qu'à une impulsion secrète et puissante, à celle du devoir!

— Cette histoire est si intéressante, dit Alfred, que vous devriez bien, mon bon père, nous en trouver quelques autres de semblables, à la condition de les faire lire par un plus habile que moi.

— Petit orgueilleux! dit M. Durand en lui tirant doucement l'oreille; tu veux me reprocher de ne t'avoir pas fait compliment. Sois satisfait; tu t'es bien tiré d'affaire, et je te mettrai encore à contribution.

Quant aux histoires du même genre que je pourrais vous raconter, je n'aurais que l'embarras du choix. Si nous lisions la vie du chancelier de l'Hôpital (1), celle du

(1) Sous Henri II, 1560.

président de Harlay (1), de tels et tels autres personnages, honneur de notre magistrature, vous les verriez
marqués aussi de ce cachet de pureté, de fermeté et de
grandeur. Nous pourrons les lire à l'occasion. Pour
aujourd'hui, Mathieu Molé nous suffira, et nous laissera
certainement une impression morale vive et salutaire.

XXI

LES VIEUX ÉCOLIERS

C'était hier grande fête à l'école : non pas à l'école
des enfants, mais à celle des hommes. On distribuait
des prix aux adultes, c'est-à-dire aux ouvriers qui
n'avaient pas fait d'études primaires, ou qui les avaient
abandonnées trop tôt, et qui avaient eu le courage de
s'asseoir sur les bancs pour regagner le temps perdu.

L'instituteur, dont le zèle venait d'obtenir une haute
récompense, la palme d'*Officier de l'Instruction publique*, et qui aimait beaucoup notre petit Gustave, le plus
appliqué, disait-il, de ses élèves, était venu inviter
toute la famille à la cérémonie. On connaissait le bon
esprit de M. Durand, sa sympathie pour l'instruction
populaire ; sans lui, il eût manqué quelque chose à la
fête. Les enfants étaient charmés de cette bonne occasion d'entendre la fanfare, la proclamation des récompenses, et de prendre part à l'animation générale. M. Durand, à l'imitation de plusieurs notables de la commune,

(1) Sous Henri III, 1582.

avait envoyé un beau volume, cartonné solidement, un dictionnaire de géographie, destiné à celui qui aurait obtenu un premier prix dans cette étude si nécessaire.

C'était vraiment un spectacle intéressant que celui de cette grande salle de la mairie, ornée de feuillages, dans laquelle la foule des parents, en costume propre et modeste, comme il convient à une population de bons ouvriers, se pressait sur des bancs apportés de l'école. Deux rangées de chaises, placées en avant, étaient le seul luxe qu'on se fût permis. Une estrade avait reçu le cortége, composé du conseil municipal, ayant le maire à sa tête, et de quelques bienfaiteurs de l'œuvre. Le sous-préfet avait accepté la présidence.

La fanfare salua joyeusement l'entrée de ces personnages.

Un jeune maître-adjoint, qui avait eu une grande part à l'enseignement des adultes sous la direction de l'instituteur, prit la parole sur l'invitation du président, et rendit compte du travail de l'année scolaire. Ceux qui avaient apprécié son dévouement l'applaudirent de bon cœur. Il félicita les ouvriers de leur empressement à s'instruire, de leur assiduité à ces cours du soir, qui laissent la journée libre pour le métier, et qui assurent quelques heures chaque jour à la culture de l'intelligence. Il leur fit sentir les avantages de ce bon emploi de leurs soirées, le profit moral qu'il en retiraient, la satisfaction de conscience qu'il procure. Il exprima doucement le regret que la persévérance eût manqué à quelques-uns, et ne craignit pas de prédire une exactitude encore plus grande pour l'année prochaine.

Le président, à son tour, en quelques paroles bien

senties fit ressortir l'excellence de cette institution des cours d'adultes, inconnus à nos pères, et qui ouvrent aux bons travailleurs, aux ouvriers honnêtes et paisibles, une carrière de légitimes progrès. Il leur montra combien l'acquisition de connaissances élémentaires importe à leur intérêt ; combien elle est propre à faire d'eux des citoyens vraiment utiles.

Toutes ces bonnes paroles excitèrent de justes applaudissements.

L'instituteur, d'une voix sonore, commença à proclamer les prix. Ils étaient nombreux, parce que les matières de l'enseignement avaient été variées, du moins dans le cours le plus avancé, composé d'étudiants qui possédaient déjà les premiers éléments, et qui avaient joint à l'étude de l'orthographe et du calcul celle du dessin linéaire, des notions de géographie et d'histoire, et des principes de l'hygiène (1).

Le cours le moins avancé était peut-être le plus intéressant.

Il comprenait des hommes de tout âge ; les uns sortant de l'adolescence, les autres dont les cheveux grisonnaient déjà, et qui, à cinquante ans, venaient apprendre bravement à lire, à écrire et à compter. Ceux-là, ces ouvriers aux mains calleuses, au teint bronzé, à l'attitude modeste et résolue, attiraient surtout l'attention; on les regardait, avec curiosité peut-être, mais surtout avec respect.

Ce fut alors un défilé de lauréats de toute profession. On couronna des menuisiers, des cultivateurs, des ou-

____

(1) Partie de la médecine relative à la conservation de la santé

vriers de fabrique, des teinturiers, des serruriers, des maçons, des chaudronniers, des couvreurs, des jardiniers, des vignerons, des peintres, des employés, des apprentis, une bigarrure touchante à désespérer un preneur de notes et un rédacteur de procès-verbal.

Indépendamment des livres donnés en prix, il y eut des mentions honorables et des livrets de caisse d'épargne. Rien n'avait manqué au travail; rien ne manqua aux encouragements.

M. et madame Durand avaient les larmes aux yeux. Blanche aussi était émue et regardait sa mère; Alfred se signalait par ses bravos enthousiastes, et Gustave finit par s'engourdir les mains, à force de les frapper l'une contre l'autre.

Au moment où un brave maçon de plus de cinquante ans fut appelé pour recevoir un prix de travail, un formidable *bravo*, accentué d'une voix forte, partit d'un angle de la salle. Tous les assistants se retournèrent. C'était le père Marcel, qui n'avait pu contenir sa joie. Il venait de reconnaître dans le modeste lauréat l'homme qu'il avait sauvé du déshonneur l'année précédente, le braconnier repentant et corrigé.

La cérémonie était terminée, et chacun retourna dans sa maison où bien des conversations s'engagèrent sur l'événement de la journée.

A peine M. Durand était-il rentré, que deux ouvriers se présentèrent chez lui et demandèrent à lui parler. Il les reçut dans son jardin, et les fit asseoir sous l'acacia en fleurs.

Ces braves gens paraissaient embarrassés. Le moins timide des deux prit la parole, non sans tourner plusieurs fois entre ses mains sa casquette, qui était comme le confident muet de ses pensées.

— M. Durand, dit-il, nous savons que vous êtes un homme de bon conseil, et nous voilà, Jacques et moi, qui venons vous en demander un.

—Parlez, mes amis, répondit M. Durand, vous savez que je ne demande pas mieux que d'être utile aux braves gens comme vous.

— C'est que, voyez-vous, dit Guillaume, nous étions tout à l'heure à la fête. Nous avons vu donner les prix, les livrets, et tout le tremblement, qui nous faisait envie ; mais nous n'avons pas encore eu le courage d'aller à l'école. On ne nous y a pas envoyés quand nous étions petits ; ensuite est venue la jeunesse. Ah dame ! il a fallu travailler dur, Jacques comme chaudronnier, moi comme forgeron. Où trouver le temps d'aller user son pantalon sur les bancs ? Et puis, l'âge est arrivé ; la mauvaise honte s'en est mêlée. Nous avons craint la moquerie des camarades. Nous nous disions bien en nous-même : C'est pourtant honteux de ne savoir ni A ni B; de ne pas pouvoir écrire un chiffon de lettre, et de ne pas pouvoir dire seulement : quand j'ai 2 francs dans ma pauvre bourse, et que j'en ôte 50 centimes, combien reste-il? mais tout cela, c'étaient des réflexions qui n'aboutissaient à rien, et nous restions toujours tout de même.

Ah ! bien oui ; mais, aujourd'hui, voilà que nous entrons dans la grande salle, et que nous entendons appeler nos voisins pour recevoir des prix. Tiens! avonsnous dit, il n'y a donc que nous pour être des lâches, des paresseux ! nous voulons mourir dans la crasse de notre ignorance ! Allons Jacques ! Allons Guillaume ! un peu de nerf, jarnigoi! Puisque d'autres le font, qu'est-ce qui nous empêche de le faire ?

Bah ! c'était là un moment de courage, mais cela n'a pas duré. A présent que nous n'entendons plus les bravos et que nous ne voyons plus les beaux livres, la maudite honte revient ; c'est ce que M. le curé appelle, je crois, *le respect humain*, qui veut qu'on n'ose pas faire ce qui est bien, de peur que les imbéciles ne nous tirent la langue.

En fin de compte, nous ne savons plus que faire, et nous venons vous consulter. Voilà !

M. Durand se mit à rire. J'ai bien peur, dit-il, que vous ne soyez tout décidés d'avance, ou, pour mieux dire, j'espère que vous êtes décidés à bien faire, et je n'aurai qu'à vous fortifier dans vos bonnes résolutions.

— Voyons ! vous, Guillaume, envoyez-vous votre petit garçon à l'école?

GUILLAUME.

Certainement.

M. DURAND.

Et vous, Jacques, vos deux marmots ?

JACQUES.

Bien sûr.

M. DURAND.

Eh bien, mes amis, n'êtes-vous pas gênés, quand vous voyez vos enfants apprendre ce que vous n'apprenez pas, savoir ce que vous ne savez pas !

GUILLAUME.

Si, vraiment; nous serions bien fâchés de les voir aussi

ignorants que nous ; mais c'est un peu humiliant de ne pas pouvoir causer avec eux de bien des choses.

M. DURAND.

Et vous, Jacques, vous passez pour un homme résolu. Pourquoi ne prendriez-vous pas votre parti ? Il n'est jamais trop tard.

JACQUES.

Dame ! monsieur Durand, nous sommes un peu orgueilleux. Si nous apprenions, nous voudrions savoir tout de suite. Notre instituteur m'a quelquefois encouragé ; il m'a promis d'être bien patient ; mais, moi, je ne le suis pas, et, quand je vois le temps qu'il me faudrait pour être instruit, je perds courage.

M. DURAND.

Tenez, mes amis ; partageons le différend. Ne songez pas maintenant à devenir bien habiles ; cela pourra venir plus tard. Mais la lecture, l'écriture, le calcul le plus simple ; oh ! voilà ce qui vous est nécessaire, à vous comme à tous les bons ouvriers.

Sans la lecture, vous ne pouvez pas seulement prendre connaissance d'une lettre de famille; sans l'écriture, vous n'êtes pas capables de répondre à un parent, à un ami qui vous demande un service. Sans le calcul, vous êtes hors d'état de régler le plus petit compte, et vous négligez forcément vos intérêts. Ne pensez pas à autre chose maintenant ; mais, ces trois petites sciences-là, il faut les acquérir, et le plus vite possible. En vous appliquant, c'est l'affaire de quelques mois, et vous vous trouverez tout autres ; vous deviendrez gais comme des pinsons, quand vous aurez attrapé le joint.

Mais le *respect humain !* oh! quelle honte d'en être l'esclave ! essayez de le braver. Il n'y a que le premier moment qui coûte; et vous serez bien dédommagés, quand vous en saurez plus que ceux qui sont assez bêtes pour se moquer de vous. Vous pourrez leur faire la nique à votre tour. Ou plutôt, non, car vous êtes charitables ; vous ne vous moquerez de personne, et tout le monde vous honorera. On dira : Voilà Jacques et Guillaume qui ont commencé un peu tard, mais qui n'en ont que plus de mérite. Le plus raisonnable, c'est de faire comme eux.

Donc, mes amis, sachez bien, puisque vous me demandez conseil, que je vous engage à aller de ce pas trouver notre instituteur, et à vous faire inscrire très-carrément pour suivre le cours d'adultes de la prochaine année.

— Merci, monsieur Durand, dirent-ils en même temps, et Jacques ajouta : Vous nous ôtez un poids de dessus la conscience; n'est-ce pas, Guillaume ?

— Oui, dit celui-ci, et, si tu veux, camarade, nous ne rentrerons pas sans avoir donné à la classe d'adultes deux vieux écoliers de plus.

XXII

UN HÉROS DE LA CHARITÉ

Dans une chaude et splendide soirée du 19 juillet, le père de famille prit la parole :

— Il ne faut pas, dit-il, que nous perdions l'habitude des biographies ; c'est un des plus agréables moyens de connaitre les hommes qui ont honoré leur pays et l'humanité. La biographie n'exige pas les mêmes détails que l'histoire. Elle instruit sans fatigue ; elle est ou peut être assez courte pour que la mémoire en conserve facilement tous les traits.

Tenez, mes enfants, c'est aujourd'hui la fête d'un homme de bien, qui fut adoré et admiré de son siècle, et que l'Église a canonisé. C'est la fête de saint Vincent de Paul. Parlons un peu de lui ; nous ne regretterons pas la demi-heure que nous lui aurons consacrée. Une telle vie vaut le meilleur sermon.

Si j'essayais de rappeler tout ce qu'a fait ou voulu faire Vincent de Paul, je remplirais un volume. Mais, chers enfants, vous savez que ce n'est pas ma méthode d'allonger la conversation. Il y a toujours, dans le sujet qu'on traite, des points plus importants que les autres, et qui suffisent pour bien comprendre l'ensemble. C'est à ceux-là que je vais m'attacher.

Vincent de Paul naquit à la fin du XVI° siècle, d'une famille pauvre, et, dans son enfance, il garda les troupeaux de son père. Cette humble origine et la modestie naturelle du jeune Vincent ne semblaient par promettre une vie bien dramatique ; la sienne commença pourtant par une aventure qui tient du roman.

Ordonné prêtre à vingt-quatre ans, une affaire d'intérêt exigea qu'il se rendît par mer de Marseille à Narbonne. A cette époque, les puissances qu'on appelait Barbaresques, c'est-à-dire les pirates d'Alger et de Tunis, guettaient au passage les navires européens où ils espéraient trouver quelque riche cargaison (1), s'en emparaient par force et réduisaient les passagers en esclavage. C'est ce qui arriva pour le bâtiment où se trouvait Vincent de Paul. Les forbans le pillèrent et maltraitèrent les passagers ; Vincent fut vendu comme esclave.

« Leur procédure à notre vente, a-t-il raconté lui-même dans une de ses lettres, fut qu'après qu'ils nous eurent dépouillés, ils nous donnèrent à chacun une paire de caleçons, un hoqueton (2) de lin, avec un bonnet, et nous promenèrent par la ville de Tunis, où ils étaient venus expressément pour nous vendre. Nous ayant fait faire cinq ou six tours par la ville, la chaîne au col, ils nous ramenèrent au bateau, afin que les marchands vinssent voir qui pouvait bien manger, et qui non, et pour montrer que nos plaies n'étaient point mortelles. Cela fait, ils nous ramenèrent à la place, où les marchands nous vinrent visiter, tout de même que l'on fait à l'achat d'un cheval ou d'un bœuf, nous faisant ouvrir la bouche pour voir nos dents, palpant nos côtes, sondant nos plaies, et nous faisant cheminer le pas, trotter et courir, puis lever des fardeaux, et puis lutter, pour voir la force d'un chacun, et mille autres sortes de brutalités. »

On le vendit à un pêcheur, qui le revendit à un médecin. Il devint enfin esclave d'un renégat, c'est-à-dire d'un ancien chrétien qui s'était fait musulman. Vincent de Paul, qui avait le don des paroles persuasives, convertit cet homme, et se sauva avec lui, sur une petite barque, après deux ans de captivité.

Alors, commença pour lui une carrière qu'il remplit

(1) Ensemble de marchandises.
(2) Espèce de casaque

d'œuvres de bienfaisance. Toutes les souffrances, toutes les misères de l'humanité lui causaient une émotion profonde, et il n'avait de repos que lorsqu'il avait pu les soulager.

Ses premiers soins furent consacrés au service des malades.

Devenu aumônier de la reine Marguerite de France (1), il fut ensuite nommé à la cure de Clichy, où il déploya toutes les qualités d'un administrateur religieux.

Deux ans plus tard, il commença l'éducation des fils du comte de Joigny, général des galères (2). Mais son goût le portait surtout vers les missions. Il en fit un grand nombre, avec des succès toujours croissants, dus à la modération de son caractère et à la douceur conciliante de son langage.

Son attention se fixa particulièrement sur les criminels condamnés aux galères ; il se souvenait d'avoir été prisonnier. Aussi visita-t-il avec un tendre intérêt les prisons où étaient renfermés ces malheureux, avant leur départ pour Marseille. Son cœur fut sincèrement ému de l'aspect de ces hommes « entièrement négligés, disait-il, pour le corps et pour l'âme. » Le monde s'étonna du bien que produisit en peu de temps l'intervention du saint homme.

Louis XIII nomma Vincent de Paul aumônier général des galères de France. C'était une juste et éclatante récompense d'un tel dévouement ; mais l'humilité de Vincent ne fit que s'en accroître. Il partit *incognito* (3) pour

(1) Fille de Henri II, reine de Navarre.
(2) Bâtiment où l'on faisait ramer des condamnés.
(3) Sans se faire connaître.

Marseille, « afin, dit un de ses biographes, de mieux s'assurer par lui-même de l'état des forçats dans les galères, et de se dérober en même temps aux honneurs qu'on ne pouvait manquer de rendre à sa dignité et à son mérite personnel. »

On raconte, mais ce n'est pas un fait authentique, que, touché de la douleur d'un forçat (1), inconsolable de la misère où son absence réduisait sa famille, Vincent de Paul demanda et obtint la permission de le remplacer. Si cet acte sublime de dévouement n'est pas prouvé, il est honorable pour la mémoire de Vincent qu'on l'en ait cru capable.

Laissant de côté un grand nombre de fondations pieuses, entreprises sans ressources personnelles, et réussissant par le seul ascendant de la vertu, j'arrive aux trois plus grands titres de Vincent de Paul à la reconnaissance et à l'admiration des hommes.

En 1625, il fonda la congrégation des *prêtres de la mission*, spécialement affectée à *instruire les peuples de la campagne, et à former au saint ministère ceux à qui le salut de ces mêmes peuples devait être confié.* Cet énoncé suffit pour faire comprendre l'importance et la haute moralité d'une telle institution.

Le second établissement qui a immortalisé le nom de Vincent de Paul est celui des *Sœurs de la Charité*, pour le service des *pauvres malades*. Un autre jour, mes enfants, je vous entretiendrai plus longuement de ce chef-d'œuvre de la charité chrétienne. Nous sommes, tous les jours, témoins des merveilles qu'il opère, et assuré-

____

(1) Un criminel, condamné aux galères.

ment peu d'institutions sont assises sur de plus solides fondements.

Enfin, la troisième œuvre, non moins admirable, est celle des *enfants trouvés*. Vincent de Paul y mit toutes les ressources de son esprit et toute la sensibilité de son cœur. On a retenu les touchantes paroles qu'il prononça dans une assemblée générale des dames qui concouraient à toutes ses bonnes œuvres :

« Mesdames, leur dit-il, la compassion et la charité vous ont fait adopter ces petites créatures pour vos enfants; vous avez été leurs mères selon la grâce, depuis que leur mères selon la nature les ont abandonnées. Voyez maintenant si vous voulez aussi les abandonner. Cessez d'être leurs mères, pour devenir à présent leurs juges; leur vie et leur mort sont entre vos mains. Je m'en vais prendre les voix et les suffrages. Il est temps de prononcer leur arrêt, et de savoir si vous ne voulez plus avoir de miséricorde pour eux. Ils vivront, si vous continuez d'en prendre un charitable soin, et, au contraire, ils mourront et périront infailliblement, si vous les abandonnez. »

La cause était gagnée; l'assemblée vota unanimement selon le désir du saint prêtre, et l'institution a continué à vivre et à fleurir.

Vincent de Paul, malgré les fatigues d'une vie si occupée, vécut jusqu'à l'âge de quatre-vingt-cinq ans. « Les grands et le peuple, dit encore le biographe que j'ai cité, la cour et la ville, les magistrats et les religieux versèrent des larmes à la nouvelle de sa mort. Jamais on n'avait entendu un concert si unanime de louanges. »

Au siècle suivant, en 1737, le pape Clément XII canonisa (1) ce héros de la charité, et saint Vincent de Paul en reste le patron vénéré, comme le plus parfait modèle.

Avez-vous, mes amis, quelques éclaircissements à me demander? Vous savez que je provoque volontiers vos questions, parce que je sais bien qu'elles seront discrètes, et n'auront que votre instruction pour objet.

Gustave seul leva la main. Il aurait bien voulu savoir si les vilains pirates de Tunis avaient été punis du mal qu'ils avaient fait à un si excellent homme, et si, maintenant, quand on voyage par mer, on est encore exposé à de pareilles aventures.

— Mon enfant, dit M. Durand, je ne puis guère répondre à ta première question, car l'histoire n'en a rien dit de particulier. On sait seulement que les pirates ont été châtiés plusieurs fois par ordre de Louis XIV et du gouvernement anglais. Mais, c'est surtout depuis que la France, en 1830, a conquis Alger, et fondé une grande colonie africaine, que les pillards de ce pays ont été réduits à l'impuissance.

Tu vois que j'ai répondu par là même à ta seconde question. Non; aujourd'hui, les pirates des côtes de l'Afrique n'ont plus l'audace de piller les voyageurs et de les faire esclaves. Si donc il te prend envie de faire ce trajet plus tard, je crois pouvoir te promettre que tu n'auras pas à les craindre.

Gustave fut charmé de cette déclaration, et les autres ne purent s'empêcher de sourire.

(1) Mit au rang des saints.

XXIII

ALFRED EN COLÈRE

Nous connaissons assez maintenant les bonnes qualités de nos trois enfants, Alfred, Blanche et Gustave, pour ne pas craindre de convenir qu'ils avaient quelques défauts. Ils les reconnaissaient eux-mêmes de bonne foi, et se prêtaient avec docilité, autant que le comportait leur âge, à la discipline ferme et douce de la famille. Ils étaient heureux quand, au bout de la semaine, la mère dressait, en souriant, leur comptabilité morale, et arrivait à une addition avantageuse. Un financier n'est pas plus fier de ses écus qu'ils ne l'étaient de leurs bons points. Les douces récompenses ne manquaient pas : c'étaient un éloge, une caresse, un petit cadeau utile. Puis, la semaine suivante, on faisait de nouveaux efforts. Blanche tâchait d'être un peu plus active et de mettre un peu plus d'ordre dans ses chiffons ; Gustave s'appliquait à régler ses mouvements, quelquefois brusques, et son ambition était de ne rien casser pendant huit jours.

Mais le plus difficile, c'était de corriger la disposition d'Alfred à s'emporter, à se fâcher contre les deux autres. Il les aimait de tout son cœur, mais il leur faisait ce qu'on appelle *des scènes*, et sa vivacité naturelle, plus forte que sa volonté, troublait parfois la paix du ménage. Grâce au calme de M. Durand, qui ne cédait jamais à ses lubies (1), et qui l'en faisait promptement rougir, la querelle ne dépassait pas certaines bornes; mais c'était encore de trop, et tous les efforts du père de famille tendaient à comprimer ce défaut, tout en laissant à un caractère vif et généreux son libre développement

Un jour, tandis que les enfants jouaient au jardin, M. Durand, qui écrivait une lettre, entendit des éclats de voix qui attirèrent son attention. — Je te dis que si, criait Gustave d'un ton larmoyant. — Je te dis que non, répliquait Alfred d'une voix impérieuse. — Mais si! — Mais non! — Méchant! — Imbécile! — Laisse-moi tranquille! — Tu vas me le payer! — et après ces mots, bien accentués, un bruit sec se fit entendre. La main d'Alfred s'était abattue sur la joue de Gustave, qui, tout éploré, se précipita hors du jardin.

M. Durand parut alors sur le seuil de la porte. Il prit Gustave par la main, et le calma par quelques bonnes paroles. Il jeta un regard sévère à Alfred, qui avait la figure empourprée, autant de honte que de colère, s'assit gravement et indiqua du doigt au coupable un escabeau, en lui ordonnant de s'y placer.

— Il me paraît, dit-il d'une voix douce, que j'aurai un procès à juger ce matin. Répondez-moi l'un et l'autre.

De quoi s'agissait-il, Gustave?

Celui-ci, tout suffoqué encore, expliqua à son père qu'Alfred et lui s'étaient disputé la possession d'un crayon, que ce crayon était bien à lui, Gustave, et que son frère le lui avait arraché violemment.

(1) Caprices.

— Il était à moi, dit Alfred d'une voix sourde.

— Qui vous a permis de prendre la parole? reprit sévèrement M. Durand.

Quand le père cessait de tutoyer les enfants, c'était un signe d'orage. Alfred baissa la tête.

M. DURAND.

Vous avez tort, Alfred : ce crayon n'est pas à vous, car je le reconnais; je l'ai donné hier à Gustave. Mais, quand il serait à vous, seriez-vous en droit de le reprendre avec violence? Ne pouviez-vous me soumettre la chose et attendre ma décision? Quoi! parce que vous croyez votre cause bonne, vous la défendez par des injures et par un soufflet! et contre qui? contre un enfant! contre votre frère! Vous êtes inexcusable. Réparez votre faute sans retard. Faites la paix avec Gustave, qui est bon, qui vous aime et qui vous pardonne. Pour moi, je vous condamne à dîner seul aujourd'hui ; un furieux ne mérite pas de s'asseoir à la table de famille. Demain, quand vous vous serez repenti, quand vous aurez demandé pardon de votre faute, vous reprendrez votre rang.

Alfred restait muet. Plein de soumission envers son père, il sentait bien qu'il n'avait rien à répondre, mais les derniers bouillons de sa colère ne baissaient que par degrés.

Gustave ne lui laissa pas le temps d'exécuter l'ordre de M. Durand. Il courut se jeter dans les bras de son frère, et l'embrassa de toutes ses forces en pleurant; puis, il joignit les mains en signe de prière et implora de M. Durand la grâce du coupable. Il ne pensait plus guère au crayon ; l'amitié fraternelle dominait tout.

M. Durand les rapprocha de lui avec tendresse, mais il ne céda pas à la demande de Gustave.—Non, mon enfant, répondit-il, je ne puis lever la pénitence que j'ai imposée; il faut qu'on garde un souvenir de ce vilain moment. Ton frère a le sentiment de ce qui est juste; je suis sûr que lui-même ne voudrait pas être pardonné trop tôt. Demain, grâce à Dieu, il ne sera plus question de cette sotte affaire. En attendant, écoutez bien ce que je vais vous raconter.

La colère, mes enfants, est un défaut bien dangereux. Vous savez que l'Église l'a rangée parmi les sept péchés capitaux. Un ancien auteur, qu'Alfred lira peut-être plus tard, a dit que c'est *une courte folie* (1). En effet, dans un accès de colère, on ne se possède plus, on divague, on raisonne et on agit à tort et à travers. On défigure l'ouvrage du bon Dieu, qui nous a donné la raison pour maîtriser nos passions.

Ce grand Fénelon, dont nous racontions de si beaux traits, il y a quelques semaines, faisait l'éducation du duc de Bourgogne, le petit-fils de Louis XIV. C'était un jeune prince qui avait de brillantes qualités, mais qui les gâtait par sa disposition à la colère. Son précepteur ne l'épargnait pas, quoiqu'il fût petit-fils de roi, et il le punissait justement, quand il se livrait à ses emportements ordinaires. Cependant, le duc de Bourgogne, qui était intelligent, et qui avait des inclinations généreuses, était tendrement attaché à son maître. Il le remerciait de sa sévérité; il faisait mieux: il mettait tous ses efforts à se corriger. Il y parvint, et cet enfant si violent, si

____

(1) Sénèque.

redoutable à tout ce qui l'entourait, à cause de ce malheureux défaut, devint un modèle de douceur et de patience.

Bel exemple à suivre, mes chers amis!

Je vous disais qu'on a défini la colère une *courte folie.* Il me revient, à ce propos, le souvenir d'une anecdote qui le prouve, et que je vous recommande aussi de vous rappeler.

Il y a quelques années, nous avions pour voisin un digne homme, resté veuf, et qui avait un fils de dix à douze ans. Ce jeune garçon, qui avait de la vivacité, du jugement et un grand désir de s'instruire, était, par malheur, très-impatient, et sujet, comme le duc de Bourgogne, à des emportements furieux. Il n'avait point de mère pour adoucir ce naturel violent, et le père laissait peut-être le champ un peu trop libre à son caractère.

Un jour qu'il travaillait sérieusement à quelque devoir, le père entend un vacarme épouvantable dans le petit cabinet d'étude. Il accourt, et il trouve son fils hors de lui, courant çà et là, se heurtant contre les meubles, contre les murailles, et poussant des cris inarticulés. Effrayé à cette vue, il saisit l'enfant dans ses bras, le flatte, l'encourage. L'enfant reconnaissait à peine son père. Il était rouge comme une pivoine, en sueur comme s'il avait fait une course désespérée.

Que lui était-il donc arrivé?

Eh bien! mes amis, vous allez sourire peut-être, mais la chose est assez triste pour qu'il y ait plutôt lieu d'en pleurer.

Une mouche, entendez-vous? — une mouche bourdonnait depuis un quart d'heure aux oreilles de l'enfant.

Il avait essayé de la chasser par les moyens ordinaires ; mais elle avait persisté, comme celle de la fable que vous avez lue dans La Fontaine, *le Lion et le Moucheron.* Elle avait esquivé toutes les poursuites du jeune écolier, qui bientôt avait perdu patience. Il est probable que ses mouvements désordonnés surexcitaient l'insecte, qui n'en devenait que plus importun. Avec un peu d'attention, je crois bien que l'enfant serait venu à bout de son faible ennemi ; mais la colère raisonne-t-elle ?

Quand le père eut réussi à se faire reconnaître, la malheureuse victime d'une mouche s'écria avec véhémence : — Mon père ! pour l'amour de Dieu, prenez votre fusil, et délivrez-moi du monstre qui me persécute.

Le père eût levé les épaules de pitié, s'il avait eu affaire à un enfant sans intelligence. Devant un jeune insensé, il ne prit pas même cette peine, et, tirant son mouchoir, il abattit du premier coup le redoutable ennemi.

Voyez si la colère laisse une ombre de bon sens dans l'esprit malade qui s'y abandonne.

Ces petits récits, leçons indirectes, mais faciles à comprendre, ramenèrent le calme. On promit de se souvenir, et, sauf la pénitence d'Alfred, qui fut strictement accomplie, tout reprit sa physionomie accoutumée.

XXIV

LA VISITE DU CURÉ

A une époque encore récente, Alfred et Blanche avaient fait, ensemble et le même jour, leur première communion. Le curé de leur modeste paroisse les avait trouvés bien préparés et avait félicité les parents de la sagesse de leur direction. Il avait gardé aux enfants un souvenir affectueux, et, de temps en temps, il continuait, dans une visite, sous une forme plus familière, les enseignements qu'ils avaient reçus.

C'était un saint homme, d'un esprit cultivé et d'un caractère aimable. Il tempérait la gravité de son ministère par son enjouement naturel, et conduisait les âmes au ciel par une voie riante et fleurie.

Aussi, quand on annonçait la visite de M. le curé, les enfants ne composaient pas leur visage. Ils recevaient le bon visiteur le sourire aux lèvres, et lui, avec son regard clair, sa figure franche et ouverte, il encourageait la confiance et provoquait les épanchements.

— Mes bons amis, leur dit-il un jour, vous savez qu'un curé tend toujours la main à ses paroissiens, et qu'il ne la ferme que lorsqu'on y a mis une pieuse offrande. Je viens aujourd'hui, en frère quêteur, non pas auprès de vos chers parents, dont j'ai bien d'autres occasions de solliciter la charité, mais auprès de vous-mêmes. Vos petites bourses ne sont pas bien riches ; elles ne doivent pas l'être ; aussi, je n'ai pas l'intention d'y toucher ; mais, *sans bourse délier*, comme on dit, vous pouvez me satisfaire, et madame votre mère, la surintendante des finances de sa maison, m'a permis de vous mettre de moitié dans une bonne œuvre, que je vais vous expliquer.

Dans toute maison, grande ou petite, il y a ce qu'on appelle des paperasses, des papiers perdus, ou qui, gardés quelque temps, cessent d'être utiles. Ce sont des enveloppes de lettres, des brouillons, des rognures, des couvertures provisoires de livres, de vieux cahiers qui encombrent un bureau, des prospectus (1) de marchands qui promettent de vendre à perte, et qui offrent même de *rendre l'argent* aux acheteurs. Je gage que, si je cherchais bien, dans le *cartable* (2) de Gustave, j'y trouverais plus d'une feuille de papier où il a dessiné, pour s'amuser, d'affreux bonshommes qu'il ne regarde plus.

Eh bien, mes enfants, toutes ces pauvretés-là, je les demande pour en faire la richesse de mes pauvres. Je vous inscris dès aujourd'hui sur ma liste des jeunes bienfaiteurs de la paroisse. J'espère que vous ne refuserez pas.

Les enfants regardèrent leurs parents, car ils savaient qu'ils ne possédaient rien en propriété, et que les rognures même de leurs papiers ne pouvaient recevoir leur emploi que de la volonté des chefs de la famille.

Le curé surprit ce mouvement involontaire, et il ajouta en riant : — Avez-vous oublié, messieurs les distraits, ce que je vous ai dit tout d'abord? Je suis muni de toutes les permissions nécessaires. Vous voyez bien que vos bons parents ont fait un signe de tête qui veut dire *oui* dans toutes les langues.

— Mais, monsieur le curé, dit Alfred, nous ne doutons pas de votre parole ; ce n'est pas là ce qui nous embarrasse. Seulement, pardonnez-moi ce que je vais dire, nous ne savons pas si vous avez parlé sérieusement ou si vous avez voulu plaisanter.

(1) Annonces de marchandises à vendre.
(2) Petit portefeuille d'écolier.

— Voilà qui est fort ! dit le bon prêtre en riant de tout son cœur. Et d'où vient, s'il vous plaît, ce scrupule téméraire?

— C'est que...reprit Alfred...c'est que nous ne comprenons pas comment de vieux débris de papier, qui n'ont aucune valeur, pourraient servir à une bonne œuvre. Car, enfin, ce qui est au rebut n'est bon qu'à jeter, et on ne peut pas faire de l'argent avec de pareils chiffons.

— Eh bien ! monsieur l'orateur, dit le curé, c'est là ce qui vous trompe. La charité chrétienne ne néglige aucun moyen, et les vieux papiers que me donneraient vingt ou trente familles comme la vôtre se changeraient bien vite en écus, au moyen desquels je pourrais fonder de petites bibliothèques au profit des ouvriers, des militaires, de tous ceux qui ont besoin de lire de bons livres et qui n'ont pas d'argent pour s'en procurer.

ALFRED.

Mais qui donc peut acheter de semblables choses?

LE CURÉ.

Qui? mon cher Alfred : les fabricants de papiers et de cartons, qui, grâce aux progrès de l'industrie, trouvent le moyen de faire du neuf avec du vieux. C'est avec eux que je négocie. La quantité des objets que je leur livre finit par en faire monter le prix. Tenez, si vous visitez jamais une fabrique de cette espèce, vous serez bien étonné de voir comment les chiffons, triés, coupés, lessivés, mis en pâte, se transforment enfin en papier blanc, en carton solide. Pour le moment, vous pouvez m'en croire sur parole. Donnez toujours ce que je vous demande, et soyez sûrs que vous aurez fait une œuvre qui vous attirera des bénédictions.

Ce fut chose convenue, et les trois enfants, autorisés par leurs parents, s'engagèrent à mettre de côté tout papier hors d'usage, pour en faire hommage au bon curé.

— Maintenant, dit celui-ci, changeons de conversation.

Je sais, continua-t-il en s'adressant à M. Durand, que vous faites souvent de bonnes lectures en famille ; je ne dis pas seulement des lectures pieuses, car je ne suis pas exclusif, et, quand un livre, même dans un sujet profane, respecte et fait respecter la morale, je crois que la lecture en est agréable au bon Dieu.

— Oui, monsieur le curé, dit M. Durand, nous faisons des lectures utiles, religieuses souvent, morales toujours. Nous goûtons surtout celles qui réunissent ces deux mérites. Mais j'aime encore mieux raconter que lire, parce qu'en racontant ce qu'on a lu d'avance, on sème plus facilement, chemin faisant, de bonnes réflexions, appropriées à l'âge et à la condition de ceux qui écoutent. Ces jours derniers, par exemple, j'ai raconté à mes enfants la vie de saint Vincent de Paul, et nous y avons trouvé bien du plaisir.

LE CURÉ.

Je le crois. Ces modestes héros de la charité chrétienne doivent nous intéresser au moins autant que les grands administrateurs et les grands guerriers. Cependant, vous faites bien de ne pas oublier ceux-ci, car, qui sait ? Alfred sera peut-être un capitaine illustre, et je ne sais pas pourquoi Gustave ne dirigerait pas plus tard quelque brillante administration.

Ici, encore, les enfants firent une mine qui voulait dire : *M. le curé s'amuse*, mais le respect arrêta le sourire sur leurs lèvres, et ils eurent assez d'empire sur eux-mêmes pour ne pas mériter un avertissement.

Le curé se leva pour prendre congé de la famille ; mais, avant de partir, il tira de son portefeuille quelques jolies images qu'il offrit aux trois enfants. C'étaient, pour Blanche, une figure de la Sainte-Vierge portant dans ses bras l'Enfant Jésus ; pour Alfred, un Christ au milieu des docteurs ; pour Gustave un Saint-Louis de Gonzague. Ces trois images, purement dessinées, richement coloriées, prirent place dans leurs livres d'église, et ils promirent d'en avoir grand soin.

Au moment de quitter M. Durand, le curé lui dit : — Ce que nous disions tout à l'heure de saint Vincent de Paul me fait songer à une autre réputation bien pure et bien édifiante, à une personne que Dieu vient de rappeler à lui, et dont la vie mérite bien d'être racontée.

M. DURAND.

De quelle personne parlez-vous, monsieur le curé?

LE CURÉ.

D'une sainte femme, qui a passé sa vie à faire le bien, fuyant le bruit et l'éclat, comme d'autres les recherchent ; respectée, honorée des grands de la terre, et, dans sa modestie, s'étonnant des hommages qui la venaient chercher. Madame Durand a peut-être entendu parler de la sœur Rosalie?

MADAME DURAND.

Oui, monsieur le curé, mais d'une manière générale.

Je serais désireuse de connaître plus à fond une vie de
si bon exemple.

LE CURÉ.

Eh bien, si vous le permettez, je vous la raconterai
moi-même. On a écrit sa biographie, je l'ai lue ; mais je
la compléterai par mes souvenirs. J'ai connu la sœur
Rosalie, et je peux parler en témoin. Si donc vous m'ad-
mettez dans votre petit cénacle, je vous communiquerai
ce que je sais de cette belle vie. Ce sera pour notre premier jour de loisir.

Cette offre obligeante fut acceptée avec empressement. On convint d'un jour, et le bon prêtre retourna
aux soins de son ministère.

QUESTIONNAIRE

Des chapitres XIX à XXIV inclusivement.

XIX. — Comment le père excitait-il l'émulation chez ses enfants?

Qu'est-ce que la lanterne magique?

Expliquez-en brièvement le mécanisme.

Quels sujets peut-on y représenter?

XX. — Qu'était-ce que Mathieu Molé?

Qu'entendait-on par le Parlement?

A quelle époque Molé fut-il nommé premier président?

Qu'était-ce que la Fronde?

Dans quelle occasion Molé déploya-t-il un grand caractère?

Quel témoignage lui a rendu le cardinal de Retz?

XXI. — Qu'est-ce qu'une distribution de prix pour les adultes?

Donnez une idée de la fête.

Quelle visite M. Durand reçoit-il après la cérémonie?

Quelle résolution prennent deux ouvriers illettrés?

XXII. — Qu'était-ce que saint Vincent de Paul?

Que lui arriva-t-il dans un voyage sur mer?

Que fit-il à son retour en France?

Quels sont ses trois titres principaux à l'admiration?

XXIII. — Quel était le défaut du caractère d'Alfred?

Racontez une petite scène entre lui et son frère

Ce qu'il faut penser de la colère.

Racontez l'histoire de la mouche.

XXIV. — Quelle demande le curé adresse-t-il aux enfants?

Que peut-on faire avec des papiers de rebut?

Quelle promesse le curé fait-il à la famille?

XXV

UNE BORNE DÉPLACÉE

Tout n'était pas *rose* (1) dans l'exercice des fonctions de *grand juge de paix* que M. Durand avait acceptées par obligeance, quoiqu'il n'eût, certes, aucun titre officiel. Il recevait bon nombre de visites assez ennuyeuses, dans lesquelles on venait le consulter sur des misères, sur des questions qui n'en méritaient pas le nom. Mais c'était surtout lorsque les individus qui n'étaient pas d'accord avaient, comme on dit, *la tête un peu près du bonnet*, que le rôle de M. Durand était assez difficile. Il avait heureusement du sang-froid, et il ne se laissait pas couper la parole. Mais encore fallait-il, puisqu'il consentait à juger, qu'il écoutât les explications des plaideurs, et ces explications ne restaient pas toujours dans les bornes du bon goût et des convenances. On respectait le juge, mais on était plein des idées plus ou moins justes qu'on avait apportées à son tribunal. On était décidé d'avance à se soumettre quand il aurait parlé, mais on restait persuadé qu'on avait cent fois raison. Le procès était évité ; c'était là le grand résultat et le très-bon effet de cet usage patriarcal ; mais celui qui avait le dessous eût volontiers recommencé la plaidoirie, si M. Durand l'avait permis.

(1) **Agréable.**

Un jour, deux paysans, fort échauffés par la discussion qu'ils venaient d'avoir chemin faisant, arrivèrent et demandèrent audience. M. Durand les reçut avec sa politesse habituelle et avec cet air simple et affectueux qui faisait dire à ses visiteurs : *C'est tout de même un monsieur qui n'est pas fier*. Cet éloge-là signifiait un million de choses.

Selon l'habitude, les deux adversaires parlaient à la fois, et il fallut que M. Durand mît tout d'abord un peu d'ordre dans leurs récriminations mutuelles.

— Voyons, Mathurin, dit-il au plus âgé, de quoi s'agit-il? qu'est-ce qui vous chiffonne aujourd'hui? Il me semble que je vous ai toujours vus d'accord, comme deux braves gens que vous êtes.

— Je ne demande pas mieux que de rester en paix, monsieur Durand, répondit Mathurin ; mais Jérôme n'est pas Breton pour rien. Il est têtu comme une mulé, et, sauf le respect que je ne lui dois pas, il me chicane depuis quinze jours sans rime ni raison.

M. DURAND.

Ah! mon ami, ce n'est pas là ce que je vous demande. Il n'est pas question du caractère de Jérôme. Je voudrais savoir de quoi vous vous plaignez.

— Je vais vous le dire, moi, cria Jérôme. Il voudrait me forcer à reculer une borne qui sépare mon pré du sien, et qui n'a jamais changé de place.

— Mais je t'ai prouvé, reprit Mathurin, que, d'après les titres de propriété que je t'ai fait voir, la limite doit être reportée quatre mètres plus loin. Si on a eu jusqu'à présent une mauvaise tolérance, ce n'est pas une raison

pour qu'on laisse écorner (1) son bien, quand on a tiré
la chose au clair, n'est-ce pas, monsieur Durand?

M. DURAND.

Procédons par ordre, mes amis.

Avez-vous là votre titre, père Mathurin?

MATHURIN.

Oui-dà ; le voici.

M. DURAND.

Bien ; et vous, Jérôme?

JÉRÔME.

Oh! j'ai bien le mien aussi ; mais, voyez-vous, ce pa-
pier-là dit seulement que mon pré commence où finit
celui de Mathurin. C'est mon père qui a fait mettre la
borne où elle est, et sans réclamation, entendez-vous?

MATHURIN.

Oui ; mais moi, j'ai relu dernièrement mon titre, et j'ai
vu que ton père s'était trompé. Il était de bonne foi, le
cher homme, et, comme nos caractères se convenaient,
je n'ai jamais recherché une occasion de lui faire de la
peine. Toi, tu n'es pas mauvais garçon, mais tu es taquin
et chercheur de noise (2). Dame! alors, je me suis dit :
Pourquoi ne pas user de mon droit, puisqu'il veut me
faire des misères. C'est là mon idée, plutôt que l'envie
d'avoir les quatre mètres de terrain, dont je me soucie
comme des neiges de l'an passé.

— Allons! examinons la chose, dit M. Durand. Je viens

(1) Diminuer.
(2) Querelle.

de lire votre titre, père Mathurin. Il établit bien la largeur de votre pré ; mais êtes-vous bien sûr que les quatre mètres en question y sont compris? avez-vous vérifié?

MATHURIN.

C'est bien facile à voir. Il y en a toujours plus de trois qui m'appartiennent ; c'est clair comme le jour.

M. DURAND.

Voilà déjà une petite différence. Et vous, Jérôme, que dites-vous de cela?

JÉRÔME.

Moi, je n'ai qu'une raison à donner, mais je crois qu'elle est bonne. Mon père n'a pas pu se tromper, et le père Mathurin y met du mauvais vouloir.

M. DURAND.

Franchement, mes amis, vos raisons ne sont pas sans réplique, ni les unes ni les autres.

Est-ce qu'il n'y aurait pas mieux à faire que de se chamailler pour si peu? auriez-vous l'intention de faire un procès pour une difficulté si mince?

— Mais non, monsieur Durand, dit Mathurin, puisque nous venons vous trouver. C'est bien une preuve que votre justice nous suffit ; nous n'en réclamons pas d'autre.

— Oh! pour cela, ajouta Jérôme, nous sommes d'accord.

M. DURAND.

C'est bien, mes amis. Je suis persuadé que vous reculeriez devant l'idée d'un procès qui vous brouillerait sans rémission, qui vous coûterait bien plus que cette bande de terrain ne peut rapporter et qui vous empêcherait de dormir tranquilles.

Tenez! vous savez que je ne prononce pas d'arrêt, moi; je ne suis pas un magistrat, et je n'ai de droits que ceux que je tiens de votre confiance. A votre place, je me dirais : Voilà un brave homme que j'estime, un bon voisin avec qui j'aimerais à vivre sans querelles. Nous différons d'avis sur une toute petite question d'intérêt. Nos titres, à l'un et à l'autre, ne sont pas bien décisifs. Si nous faisions chacun un pas, si nous coupions le différend par la moitié? Moi, Mathurin, je me contenterais d'avancer de deux mètres; moi, Jérôme, je reculerais de deux mètres sans faire la grimace. Nous conviendrions de la chose en buvant ensemble un verre de cidre, et ce serait comme si la loi y avait passé. Eh! qu'en dites-vous, mes amis?

Mathurin et Jérôme se regardèrent. On voyait bien que l'un rechignait toujours à perdre, et que l'autre eût mieux aimé gagner le tout qu'une partie de l'objet en litige (1). Cependant, les deux plaideurs étaient devenus beaucoup plus calmes, et le respect qu'ils avaient pour M. Durand ne leur permettait pas d'hésiter. Ils se donnèrent la main en signe de consentement réciproque.

Mais voici que, au moment où l'on allait se quitter, le père Mathurin donna tout à coup une tape amicale sur l'épaule de Jérôme et lui dit : — Bah! mon vieux, il y a mieux à faire. Envoyons promener toute la discussion; laisse ta borne où elle est. Je retire ma plainte, à une

_____

(1) Discussion.

condition cependant : c'est que tu redeviendras commode et bon vivant, comme l'était ton père, et que tu resteras toujours en de bons termes avec le vieux Mathurin, qui était l'ami de ton père. T'en souviens-tu ?

— Ma foi, dit Jérôme, vous m'avez gagné le cœur par ces bonnes paroles. J'ai peut-être été maussade, mais je ne suis pas ingrat. Tapez là ! vous pouvez compter sur Jérôme, à la vie et à la mort.

— Qu'est-ce que j'entends ? dit M. Durand avec un malin sourire. On méprise mon jugement ! on fait plus que je ne demande ! On devient amis, quand je conseillais seulement de ne pas être ennemis ! voilà de quoi ruiner mon autorité !

— Oh ! non, mon bon monsieur, dit le père Mathurin ; c'est bien au contraire. Dame ! voyez-vous, nous n'avions pas grande envie de nous quereller devant vous ; nous sentions bien qu'il y avait un peu d'orgueil et de mauvaise humeur dans notre affaire. Maintenant, par tous les saints du paradis, nous sommes délivrés, grâce à vous, de toute mauvaise pensée, et nous dormirons ce soir sur les deux oreilles ; pas vrai, Jérôme ?

JÉRÔME.

Oui, mon vieux ! je n'ai qu'à dire *amen*.

— À la bonne heure ! reprit M. Durand. N'oubliez jamais cette satisfaction que donnent un esprit conciliant et une résolution venant du cœur. Je suis sûr, à présent, que vous donneriez à d'autres, dans des occasions semblables, les meilleurs conseils. Est-ce que des compatriotes, des voisins, de bons chrétiens ne doivent pas vivre entre eux comme des frères ?

XXVI

SŒUR ROSALIE

Le bon curé n'avait pas oublié sa promesse. Il arriva ponctuellement pour la remplir.

Après les politesses d'usage : — Mes amis, dit-il, écoutez la touchante histoire que je me suis chargé de vous raconter.

Il ne s'agit pas d'un de ces grands personnages qui ont brillé dans le monde et que l'histoire a célébrés. Mon héroïne (car il s'agit d'une femme) était la modestie et la simplicité même. Elle fuyait l'éclat et le bruit; mais, comme elle faisait constamment du bien, tous ceux qui lui devaient de la reconnaissance ont fini par élever la voix si haut que les mérites de cette sainte femme ont été publiés par la renommée.

Elle s'appellait *sœur Rosalie;* on ne la connaissait pas sous un autre nom; et cependant, son nom de famille eût suffi pour la signaler au respect de tous.

Elle était proche parente de M. Ambroise Rendu, qui a laissé dans l'Université une pure et juste réputation. Lorsque l'empereur Napoléon I⁰ʳ, au commencement du siècle, entreprit de réorganiser l'instruction, qui avait bien souffert de nos troubles civils, il appela M. de Fontanes, qui était un littérateur distingué, à diriger l'institution nouvelle avec le titre de grand-maître. M. de Fontanes s'entoura d'utiles auxiliaires, et Ambroise Rendu tint parmi eux un des premiers rangs. Inspecteur général, et bientôt membre du conseil supérieur de l'Université, il se consacra tout entier aux intérêts de l'instruction primaire (1), qui lui a dû ses premiers progrès sérieux. Doué de l'esprit d'organisation, animé de sentiments religieux, ferme et conciliant tout ensemble, il fit beaucoup de bien et prépara le bien que d'autres devaient réaliser plus tard.

Jeanne-Marie Rendu eût porté dignement ce nom, si une vocation irrésistible ne l'eût appelée à la vie religieuse, où disparaît toute désignation purement humaine. Au sortir du couvent où elle avait été élevée, elle entra dans la communauté de Saint-Vincent-de-Paul, et, pendant cinquante ans, sous le nom de sœur Rosalie, elle inventa, pour ainsi dire, et pratiqua avec persévérance, toutes les manières possibles de faire le bien.

Un des plus pauvres quartiers de Paris, le faubourg Saint-Marcel, fut comme adopté par elle. Elle en soulagea les misères, elle en purifia les mœurs par toutes les généreuses inspirations de la charité. Elle fonda une crèche, puis un asile; elle ouvrit, dans une maison modeste, une sorte de refuge où elle logea gratuitement quelques vieux ménages; elle créa une association pour le patronage des jeunes ouvrières. Elle avait beau dissimuler modestement ses bonnes œuvres, sa réputation s'étendait et devenait une vraie popularité.

La charité de la sœur Rosalie ne se renfermait pas

---

(1) M. Eugène Rendu, son fils, inspecteur général de l'instruction primaire, continue avec honneur l'œuvre paternelle.

dans ces limites. On peut dire qu'elle bravait le grand jour, quand elle ne pouvait s'exercer dans l'ombre.

Ainsi, elle se jetait sans crainte au milieu des émeutes populaires, pour secourir, sans distinction de partis, ceux dont elle pouvait soulager les souffrances. Elle faillit être une fois victime de ce dévouement hardi qui ne s'inquiétait pas de la cocarde, et qui, lorsqu'il s'agissait de sauver une vie humaine, ne s'informait pas si l'homme blessé, si le mourant était un insurgé ou un défenseur de la société en péril.

Dans les troubles de 1832, on l'accusa auprès du préfet de police d'avoir soustrait des rebelles à l'action de la justice. L'ordre de l'arrêter fut donné, mais on recula avec raison devant les conséquences, et on comprit qu'il était sage de fermer les yeux sur les excès même de cette grande vertu : la charité.

La guerre étrangère ouvrait une carrière plus libre au dévouement de la sœur Rosalie. On la voyait au premier rang parmi les saintes femmes qui affrontent la mort sur les champs de bataille, qui prodiguent leurs soins dans les *ambulances* (1), et qui aident les victimes de la guerre à souffrir et à mourir.

Mais ce n'était pas encore là les seuls théâtres où éclatât ce dévouement infatigable. Lorsque ce terrible *choléra* que nous avait envoyé l'Asie (2) décima nos populations, effrayant, décourageant quelquefois le zèle du médecin et jusqu'aux sentiments de la famille, cette femme intrépide bravait le fléau, dont elle voulait

(1) Sorte d'hôpital militaire mobile.
(2) L'Inde d'abord, puis la Mecque, visitée par les pèlerins musulmans.

oublier la nature contagieuse, rassurait les imaginations, consolait par de douces et religieuses paroles ceux qu'elle ne pouvait arracher à la mort.

Tant d'abnégation et d'héroïsme émut tous les cœurs. La religion fut glorifiée par des œuvres qu'elle seule pouvait inspirer. L'autorité civile prouva son admiration par un hommage digne d'elle. La sœur Rosalie reçut la croix de la Légion d'honneur, et la France entière applaudit à une distinction si bien placée, mais dont sa modestie ne lui permit pas de se parer.

Vers la fin de sa vie, cette sainte femme devint aveugle. C'était une dernière épreuve pour sa charité. Elle triompha de son infirmité même, et la perte de la vue ne ralentit pas son dévouement. Elle trouva le moyen de rester fidèle aux habitudes de toute sa vie, et lorsqu'elle mourut, en 1856, on peut dire qu'elle avait épuisé toutes les combinaisons de la vertu.

Sur la demande de l'autorité municipale de son arrondissement, le gouvernement décida que son buste serait placé dans la grande salle de la mairie.

Voilà, mes enfants, continua le curé, quelle était la sœur Rosalie. Mon récit vous a ému, je ne m'en étonne pas, car je ne puis me défendre moi-même d'une vive émotion quand je songe à une vie si édifiante et si bien remplie. J'ai connu la sœur Rosalie, je vous l'ai dit ; je l'ai vue à l'œuvre, et je me rappelle encore cette figure douce et calme, qui cachait tant de force d'âme et de sainte résolution.

— Je savais bien, conclut Alfred, que les femmes ont souvent montré autant de courage que les hommes, mais je crois que la sœur Rosalie doit être plus admirée que toutes les autres, et qu'on n'en trouverait pas une qui pût lui être comparée.

— Ne soyons pas si absolus dans nos jugements, mon cher Alfred, reprit le curé; personne n'admire plus que moi la sœur Rosalie ; elle a cherché, elle s'est créé toutes les occasions de faire le bien ; elle l'a fait avec un désintéressement sublime, et la seule récompense qu'on lui ait offerte a bien étonné son humilité. Mais, s'il nous était donné de connaître tous les secrets des dévouements qui se cachent, nous rencontrerions peut-être bien des émules de cette femme digne de respect.

Tenez, mes enfants, puisque nous avons mentionné cette communauté des sœurs de Saint-Vincent-de-Paul, à laquelle appartenait la sœur Rosalie, arrêtons-nous un peu à cette belle et touchante institution.

Combien de ces pauvres sœurs de charité qui ne connaissent de bonheur que celui de servir Dieu en s'occupant des pauvres ! Combien qui bravent toutes les répugnances, qui ne sont pas même découragées par l'ingratitude, et qui, toujours humbles, mais toujours actives, infatigables, ressemblent vraiment à des anges que Dieu prête à la terre, pour y répandre des consolations ! peut-on entrer dans les écoles qu'elles dirigent, dans les hôpitaux où elles donnent des soins si intelligents, sans éprouver un vif sentiment de sympathie ? Est-il possible qu'il y ait des gens assez aveugles pour leur refuser un témoignage de justice ? Ne devine-t-on pas tout ce qu'il y a de résignation et de sacrifice derrière tous ces soins, vulgaires en apparence, nobles et généreux en réalité ?

Oui, mes amis, les sœurs de charité, ces respectables filles de Saint-Vincent-de-Paul, sont un des présents les plus précieux que la Providence ait faits à la société moderne. Vous avez vu dans votre histoire sainte que les *justes* sont appelés *le sel de la terre*, parce que, semblables au sel qui conserve les aliments, ils conservent ici-bas le germe de toutes les vertus. Eh bien! les sœurs de Saint-Vincent-de-Paul sont de cette famille, et la sœur Rosalie n'est que la plus illustre d'entre elles. Admirons celle-là, honorons-les toutes. L'esprit qui les anime est le même; seulement il lui a été donné; à elle, de le manifester avec plus d'éclat. Elle a forcé les hommages du monde, qu'assurément elle ne recherchait pas. Pour les autres, plus obscurément, mais non moins profondément dévouées, tout s'est passé entre elles et Dieu.

XXVII

LA SOCIÉTÉ PROTECTRICE DES ANIMAUX

On dînait tranquillement en famille, lorsqu'un grand bruit se fit entendre dans la rue, sur laquelle donnait la fenêtre de la salle à manger. C'étaient, d'un côté des cris de fureur, de l'autre, des paroles de pitié. Tout le monde se leva et courut à la fenêtre ouverte.

On vit alors un cheval maigre, efflanqué, tirant une lourde charrette chargée de moellons. Le conducteur accablait de coups la pauvre bête, qui, cependant, faisait de vigoureux efforts. Il ne se contentait pas de l'exciter avec le fouet; il la frappait du manche, et, comme l'animal surchargé n'avançait pas encore à son gré, il lui lançait des coups de pied dans le ventre, avec la fureur aveugle d'un insensé ou d'un méchant.

Les gens du voisinage se rassemblaient, apostrophaient le charretier, lui faisaient honte de sa brutalité. Il n'en frappait que de plus belle. Enfin, un agent de la sûreté publique fit cesser le scandale. La charrette fut mise en fourrière, et l'homme emmené au violon.

Chacun reprit sa place à table, et, naturellement, cet incident fit les frais de l'entretien.

On s'accorda pour qualifier de brutal l'irascible charretier.

Cependant Alfred fit remarquer que la police aurait fort à faire si elle voulait punir tous ceux qui maltraitent leurs chevaux, puisque c'est un usage à peu près général.

— Non, pas autant que tu le penses, mon ami, dit M. Durand. C'était vrai, trop vrai autrefois. Non-seulement les chevaux, mais les ânes, les chiens, tous les animaux domestiques étaient de vrais souffre-douleurs, quand leurs maîtres entraient en colère. Mais, il y a un peu plus de vingt ans, un homme de bien, qui était général et député, M. de Grammont, proposa et fit passer une loi pour la protection des animaux. Cette loi porte encore son nom. Elle interdit toute violence à l'égard des animaux inoffensifs, toute cruauté inutile envers ceux qui sont abattus pour l'alimentation publique. Elle défend de pourchasser ceux qui se rendent utiles à l'agriculture, comme les oiseaux qui détruisent les insectes nuisibles. Elle établit des pénalités justement sévères contre ceux qui manqueraient à ces prescriptions.

— Mais cette loi est-elle bien observée? insista Alfred. Je crains qu'on ne la viole bien souvent.

M. DURAND.

Toutes les lois qui gênent nos passions, mon cher Alfred, risquent d'être souvent méconnues. Celle-ci, d'ailleurs, il faut en convenir, a eu, a même encore des adversaires plus ou moins sérieux.

Il faut bien, disent les uns, qu'un voiturier, attendu à heure fixe, use de moyens énergiques pour faire avancer ses bêtes et les corriger de leur paresse.

Un chien, disent les autres, ne caresse jamais plus son maître que lorsqu'il l'a bien battu. Ce n'est pas avec du sentiment qu'on rend les animaux dociles.

Singulière sensibilité, hasarde un troisième, qui épargne aux bœufs, aux veaux, aux moutons, quelques mauvais coups, mais qui ne se fait pas scrupule de les manger à toutes les sauces!

Voilà donc nos enfants, reprend un quatrième, qui deviennent de grands coupables, pour avoir enlevé un nid et mis quelques oiseaux en cage! C'est pousser un peu loin les égards pour ces petits êtres qui ne sont créés que pour nos menus plaisirs.

Il y aurait bien des réponses à faire à ces beaux arguments, et je suis persuadé qu'à vous trois, chers enfants, vous trouveriez bien des répliques. Mais il y a mieux; un excellent moyen de réfutation a été trouvé.

Il s'est formé, quelque temps après la promulgation de la loi Grammont, une société très-digne de sympathie, qui a pris et qui porte le nom de *Société protectrice des animaux*. Elle existe depuis vingt-deux ans, et tous les ans, dans une séance générale qu'elle tient à Paris, elle rend compte des résultats qu'elle a obtenus.

Elle a été reconnue d'*utilité publique*, c'est-à-dire que le gouvernement, qui apprécie ses efforts, lui a donné le droit d'acquérir des propriétés, de recevoir des legs et des donations, et d'agir avec ce qu'on appelle le caractère de *personne civile*. Elle a été présidée par d'éminents personnages, et aujourd'hui c'est un savant jurisconsulte (1) qui en est le président.

Cette société, sagement constituée, fait un appel à toutes les autorités et à tous les particuliers qui auraient à cœur de faire triompher ses principes. Le président actuel a rendu admirablement sa pensée, il y aura bientôt deux ans, dans une séance à laquelle j'ai assisté. Je n'ai pas retenu toutes ses paroles, mais en voici le sens :

« L'exercice d'une puissance abusive sur les animaux est nuisible aux intérêts même purement matériels de l'homme. Détruire les oiseaux utiles, c'est compromettre nos récoltes. Si nous avons le droit de faire servir les animaux à nos besoins, nous devons le faire avec prudence et modération. Enfin, le moyen de tirer les meilleurs services de nos animaux domestiques, de ceux qui habitent avec nous, et qui partagent nos travaux et nos plaisirs, c'est de les ménager, de les traiter avec douceur, de les entourer de bons soins. »

Et l'éminent jurisconsulte ajoutait en sage moraliste : « La cruauté envers les animaux révèle les instincts secrets d'une perversité morale qui a ses dangers même pour les hommes. »

Ces principes d'humanité se sont naturalisés partout. Il y a aujourd'hui des *sociétés protectrices* en Angleterre,

______

(1) M. Valette, ancien député.

en Italie, en Belgique, dans tous les pays. Celle de la France est une des plus florissantes.

On a toute raison d'espérer qu'en étendant de jour en jour leur action, ces sociétés détruiront l'usage barbare des combats d'animaux qui, dans certaines contrées, gâtent l'esprit du peuple et l'accoutument à voir couler le sang. Les combats de coqs ont à peu près cessé en Angleterre; les combats de taureaux, trop chers encore à l'Espagne, n'ont pu s'acclimater en France. Nos paysans ont renoncé à cet atroce tir à l'oie, populaire autrefois dans nos campagnes, où des étourdis se faisaient un jeu du supplice d'un innocent animal.

Notre *société protectrice* a deux moyens d'action. Il lui appartient de requérir l'application de la loi contre ceux qui la violent sciemment, et qui compteraient peut-être sur l'indifférence égoïste de la masse. Surtout, elle offre des distinctions, des récompenses à ceux qui donnent ce bon et moral exemple de douceur envers des êtres qui n'ont pas une âme comme nous, mais qui ont, comme nous, le sentiment et la vie. Elle va chercher dans toutes es classes, même les plus humbles, ces lauréats de l'humanité, et elle les encourage par ses prix, ses mentions et ses éloges.

— Tu as vu distribuer ces récompenses, dit Blanche avec émotion?

M. DURAND.

Oui, ma chère fille, et j'en ai été tellement touché que j'ai encore très-présents les détails de la cérémonie.

— Tant mieux! tant mieux! dirent les enfants, qui redoublèrent d'attention.

M. DURAND.

Les récompenses décernées ont été si nombreuses que je ne pourrais les énumérer ici. Il y a eu des prix, des médailles, des mentions pour des concours ouverts par la société, pour des œuvres littéraires, scientifiques et artistiques utiles à la propagation de ses principes ; pour les inventions, appareils et applications propres à diminuer les souffrances des animaux et à faciliter leur travail ; pour l'enseignement consacré à la *protection* par les instituteurs ; enfin, pour les *mérites divers*, divisés en faits exceptionnels et continus de protection, et faits de répression. Ces seuls titres vous indiquent avec quelle libéralité la société répand ses encouragements.

Dans la dernière catégorie, celle des *mérites divers*, j'ai remarqué que les récompenses montaient et descendaient tous les degrés de l'échelle sociale, qu'elles s'adressaient à des personnes de toutes les classes, à un député, à un journaliste, à un professeur d'équitation, à un maréchal ferrant, à un gardien de la paix, à un boucher, à un charretier, à un concierge, à un commissionnaire. Variété significative ! c'est une égalité légitime dans la pratique des bonnes œuvres. Des enfants mêmes étaient récompensés pour les instincts de compassion et de douceur qu'on avait remarqués en eux, et pour le bien modeste qu'ils avaient essayé de faire. Si, parfois, on était tenté de sourire, à propos de quelques détails naïfs et familiers, c'était d'un sourire de pure bienveillance.

Je vous assure, mes amis, que cette fête modeste dont je vous parle m'a laissé de vifs souvenirs. Je désire que

11

vous en gardiez aussi la mémoire. Si vous entendiez prononcer le nom de la *Société protectrice des animaux* avec une intention de moquerie, comme en excitent quelquefois les conceptions les plus utiles, vous pouvez répondre hardiment, sur la foi des paroles de votre père, que cette société mérite la haute estime des honnêtes gens.

XXVIII

LA MÉNAGERIE AMBULANTE

Un sentiment de curiosité naturelle fait accueillir avec faveur, dans les villes et villages de province, ces ménageries ambulantes qui renferment un certain nombre d'animaux, dont les uns intéressent parce qu'on ne les rencontre guère ailleurs, comme des chameaux ou des ours ; les autres parce qu'on les a stylés, et qu'on en a fait des animaux savants, comme des chiens ou des singes.

L'autorité municipale de notre petite ville bretonne avait été sollicitée de permettre qu'une ménagerie de ce genre s'établît dans le voisinage de la maison de M. Durand, où se trouvait en effet l'emplacement le plus convenable. Mais comme il s'agissait d'une collection trop complète, comprenant des bêtes féroces, lions, tigres, panthères, jaguars, le prudent père de famille, appelé à déposer dans l'enquête (1), avait énergiquement réclamé et tout le quartier avait voté comme lui.

(1) Information qui précède la décision.

Une demande plus modeste, venue d'un autre industriel, fut mieux accueillie. Aucune bête féroce n'entrait
dans le personnel de la ménagerie proposée, si l'on
excepte un ours, tellement maté par l'habitude qu'il avait
cessé de faire peur.

Un chameau, quelques renards, des singes, des chiens,
deux ou trois oiseaux de proie, composaient cette troupe
bigarrée, assez inoffensive d'ailleurs, et surveillée avec soin.

On permit donc, pour quelques semaines, cette exhibition, instructive pour les uns, pour ceux qui aimaient à
réfléchir, amusante pour le grand nombre, qui recherche
surtout le nouveau, l'extraordinaire, et qui en retire,
après tout, quelques notions utiles, presque malgré lui.

M. Durand visita la ménagerie avec ses fils, et il n'est
pas besoin de dire dans quelle catégorie de spectateurs
nous devons le ranger. C'était pour lui un moyen d'éducation sérieux, une occasion d'observer et de rendre les
enfants observateurs. Si l'amusement était de la partie,
tant mieux ; l'instruction n'en était que plus solidement
acquise, car le plaisir de voir aiguisait l'esprit pour la
réflexion.

— Une collection d'animaux, leur dit le père avant d'entrer dans la baraque mystérieuse, est propre à inspirer
le goût de cette branche de l'histoire naturelle, comme
les fleurs réunies dans notre jardin vous ont donné l'envie de savoir un peu de botanique. Vous y apprendrez
quelque chose sur les habitudes de certains animaux, sur
l'éducation dont ils sont susceptibles, et, lorsque vous
lirez Buffon (1) ou quelque autre naturaliste, le peu que

____

(1) Illustre écrivain du XVIIIᵉ siècle.

vous aurez vu vous aidera à comprendre le livre et les planches qui l'accompagnent. L'animal que vous représente une simple image, vous vous souviendrez de l'avoir vu marchant, agissant sous vos yeux. A Paris, la réunion des animaux vivants, au Jardin des Plantes, au Jardin d'acclimatation, est si complète qu'on y trouve tous les éléments d'une étude bien intéressante. On n'est pas si heureux en province, dans les petits endroits; on n'y attrape guère qu'au passage des notions très-imparfaites, mais il ne faut pas les dédaigner.

Cela dit, nos trois amis entrent dans la baraque, où l'entrepreneur, après avoir salué profondément la société, s'arrête d'abord devant le plus puissant personnage du lieu, devant le chameau, qui portait ses bosses avec une sorte de majesté comique. On l'avait baptisé de je ne sais quel nom africain. Il inclinait son long cou à droite et à gauche, attendant un signal pour montrer ce dont il était capable.

Son maître lui ordonna de se mettre à genoux, ce qu'il fit docilement. L'homme escalada cette échelle vivante, se logea entre les deux bosses, et l'animal se releva prestement. Il fit ensuite le tour de l'assemblée, comme s'il quêtait des témoignages d'admiration.

Alfred, à la vue de ce colosse difforme, était bien tenté de s'écrier : *oh ! qu'il est laid !* mais il se souvint que son père lui avait parlé d'animaux susceptibles et vindicatifs (1), qui semblaient comprendre les compliments et les injures, et il garda un silence prudent.

Gustave, lui, était tout au plaisir du spectacle, et il

_____

(1) L'Éléphant par exemple.

pardonnait volontiers au chameau sa laideur, en faveur de l'amusement qu'il lui procurait.

L'ours parut à son tour, et prit quelques postures grotesques, mais n'eut qu'un médiocre succès.

L'attention fut réveillée par un chien de forte taille, qui portait un singe habillé en postillon, et accélérant sa course au moyen d'un fouet, dont le chien recevait les coups d'assez bonne grâce. Le singe remplissait son rôle en conscience, avec un entrain, une ardeur et des grimaces tellement significatives, qu'on l'eût prit vraiment pour un domestique intelligent.

On passa, dans un intermède (1), devant la cage des renards, qui n'avaient guère de remarquable que leur air futé et inquiet, devant la cage des aigles, des vautours, immobiles sur le bâton où ils étaient perchés, paraissant engourdis, mais laissant deviner leur impatience de s'envoler et de s'abattre sur une proie.

La dernière scène de la représentation fut la plus réjouissante. C'était une troupe de chiens savants, habillés de vêtements multicolores (2), qui se mirent à exécuter la figure d'une contredanse, en se tenant debout sur leurs pattes de derrière, sauf à se laisser retomber par fatigue, mais pour se relever aussitôt.

Après le bal, un des chiens, élève du célèbre *Munito*, qu'un Hollandais présenta à Paris en 1818, et qui fit les délices de la capitale, proposa aux spectateurs (bien entendu par l'intermédiaire de son maître) une partie de dominos.

Gustave, qui connaissait ce jeu, aurait eu bien envie

(1) Intervalle de temps où la représentation est suspendue.
(2) De plusieurs couleurs.

de faire la partie du joueur à quatre pattes ; mais son père ne le permit pas, et lui dit à voix basse : mon enfant, dans les occasions de ce genre, soyons spectateurs attentifs, c'est très-bien, mais ne soyons pas acteurs. Il ne faut jamais se mettre trop en vue ; gardons une tenue réservée et la liberté de notre jugement.

Un plus hardi accepta le défi. La partie s'engagea au grand plaisir des curieux ; le chien, quoique paraissant très-appliqué, la perdit de quelques points, mais il gagna d'emblée (1) la revanche, et fut récompensé par de vifs applaudissements.

— Quoi ! dit Alfred à M. Durand, au sortir de la ménagerie, est-il possible que cet animal comprenne le jeu de dominos ? Je sais bien que les animaux ont un instinct plus ou moins heureux, que l'on peut aider par l'éducation, et je ne suis pas encore trop surpris des mouvements calculés du chameau, de ceux des chiens qu'on a dressés à la danse ; mais, enfin, cet instinct n'a rien de commun avec la raison, et il faut raisonner pour comprendre un jeu de combinaisons comme le domino.

— Mon ami, dit le père, écoute l'explication de ce fait extraordinaire, donnée par un homme très-habile et très-sincère, qui connaissait le fin du métier.

« Les chiens savants, a dit Robert Houdin (2), ne sont que des chiens dressés à exécuter aveuglément certains mouvements d'après tel ou tel signe donné par le maître, à l'insu du public.

Quel était le signe invisible envoyé à Munito par son maître ? le voici : lorsqu'il s'agissait de choisir parmi les

(1) Sans difficulté.

(2) Célèbre *prestidigitateur*, ou faiseur de tours d'adresse.

dominos rangés devant lui, l'animal les passait tout doucement en revue, en commençant par le premier, et, à
l'instant où il se trouvait en face de l'objet voulu, son
maître, qui se tenait près de lui, faisait entendre un lé-
ger craquement, produit par le froissement des deux on-
gles du pouce et du médium de l'une des deux mains :
c'était le signal pour s'arrêter. »

Ainsi, mon cher Alfred, reconnaissons les qualités que
les animaux tiennent de la nature, ou, pour mieux dire,
de la Providence, et ne leur attribuons pas celles qui ne
conviennent qu'à la dignité de l'espèce humaine.

Les animaux ont de l'intelligence, car ils comprennent
les signes de leur maître.

Ils ont de la mémoire, car ils se souviennent de ses
leçons.

Ils ont de la persévérance, car ils finissent, après de
grands efforts, par acquérir les habitudes qu'on veut leur
donner.

Ils sont susceptibles d'obéissance, d'émulation, de
reconnaissance, pas tous au même degré, sans doute,
mais à un degré quelconque.

C'en est assez pour que nous admirions en eux la volonté puissante qui les a créés.

Mais l'homme, mes enfants, possède un flambeau qui
leur manque, la raison; il a la faculté de discerner le
bien et le mal et de choisir entre eux; il a reçu de Dieu
la promesse d'une destinée immortelle; c'est là son
glorieux partage, et nulle autre créature ne peut le lui
disputer.

XXIX

LA REINE BLANCHE

— Ma chère Blanche, dit le père, il y a longtemps, ce me semble, que tu ne nous as donné un échantillon de ton travail. Est-ce que ton zèle s'est ralenti? ou nous réserves-tu une surprise?

— C'est à moi de répondre, dit madame Durand. Ni l'institutrice, ni l'élève n'ont ralenti leur zèle, et nous allons vous en donner la preuve.

En étudiant l'histoire de France, Blanche a rencontré un nom qui a excité naturellement sa sympathie, celui d'une grande reine, mère d'un grand roi, Blanche de Castille, mère de saint Louis. Nous avons bien étudié sa vie. Ma fille l'a résumée avec soin, et, si cela vous est agréable, elle va vous donner lecture de son modeste travail.

Approuvé *à l'unanimité*, dit M. Durand, car je me porte fort pour les deux garçons, qui ne voudraient pas avoir seuls la parole, et, pour moi, je n'ai pas besoin de dire à ma chère Blanche que je suis tout oreilles pour l'écouter.

La jeune fille alla chercher son cahier, qu'elle tenait depuis quelques jours en réserve, et commença ainsi :

Le roi de France, Louis VIII, fils de Philippe Auguste, épousa, jeune encore, la fille du roi d'Espagne Alphonse IX. Blanche de Castille, c'était son nom, fut amenée en France à l'âge de quatorze ans. Elle était d'une beauté remarquable, d'un caractère ferme et sérieux. Son beau-père, doué lui-même de qualités précieuses, reconnut facilement le bon jugement de la princesse. Il la consultait, et cédait souvent à ses avis. Louis VIII mettait en elle toute sa confiance, et on peut dire qu'il l'associait au gouvernement, car elle assistait au Conseil, et suivait même le roi dans ses expéditions militaires.

On était au commencement du xiiie siècle, en pleine féodalité. Les grands vassaux, c'est-à-dire les seigneurs, qui devaient fidélité au roi, mais qui ne lui rendaient pas toujours l'obéissance, venaient briller à la cour, mais se montraient volontiers indépendants dans le gouvernement de leurs provinces. Blanche, tout en les ménageant avec adresse, ne laissa pas entamer l'autorité qu'elle partageait avec le roi.

Elle formait avec soin, avec amour, le jeune prince qui, sous le nom de Louis IX, devait un jour joindre la sainteté à l'héroïsme. En 1226, Louis VIII étant mort, Blanche se hâta de faire sacrer son fils, sans attendre le consentement des grands, dont elle connaissait les vues ambitieuses. Le sacre (1), à cette époque, était la consécration définitive de la majesté royale. Le roi, quand il était sacré, n'était plus seulement un monarque; c'était l'élu de Dieu, l'*oint* (2) du Seigneur.

Quoique Louis IX n'eût encore que treize ans, Blanche eut assez d'autorité pour le faire parler et agir comme s'il avait gouverné lui-même. Il commanda les armées ;

(1) Cérémonie religieuse pour consacrer l'autorité d'un roi.
(2) Consacré par l'huile sainte.

il harangua en public, comme un souverain qui aurait déjà vieilli sur le trône.

Cependant, les grands vassaux ne se résignaient pas à cette forme de gouvernement. Ils se sentaient humiliés d'obéir à une femme. Il se forma un parti qui préten-dait lui arracher la régence, et comme, dans ce siècle encore barbare, on ne reculait pas devant les actes les plus criminels, quand on voulait satisfaire son ambition, les conspirateurs prirent les armes et essayèrent d'enlever le roi. Ils espéraient, une fois maîtres de sa personne, le faire parler et agir à leur gré.

L'énergie de la régente fit échouer leurs projets. Blanche assembla une armée, et, joignant l'adresse à la puissance, elle rompit la ligue des seigneurs. Elle en rallia plusieurs à sa cause. En même temps, elle pressait en personne le siége de Bellesme (1), au milieu d'un hiver très-rigoureux, et s'en rendait maîtresse, malgré la résistance du duc de Bretagne, soutenu par les Anglais. Elle fit déclarer le duc coupable de lèse-majesté et de félonie (2) ; mais, aussitôt après sa condamnation, elle lui accorda sa grâce, montrant qu'elle savait vaincre et n'abusait pas de la victoire.

Elle eut encore d'autres luttes à soutenir pour abaisser la maison de Champagne, qui se rendait depuis long-temps redoutable à la couronne ; pour terminer la guerre religieuse des Albigeois (3), qu'avait commencée Phi-lippe-Auguste ; mais enfin, les dernières années de sa régence furent tranquilles. Tous ceux qui en avaient

(1) Place forte de l'ancien Perche (Orne).
(2) Trahison.
(3) Hérétiques du midi de la France.

troublé les commencements étaient découragés ou soumis.

Lorsque Louis IX, en 1224, fit vœu, à la suite d'une grave maladie, de prendre la croix et de marcher à la conquête de la Terre-Sainte, Blanche, soutenue par de vénérables ecclésiastiques, employa les larmes et les prières pour détourner son fils d'une entreprise où elle prévoyait des déceptions et des revers. Trouvant le roi inébranlable, et respectant d'ailleurs le sentiment de piété qui l'entraînait, elle l'accompagna jusqu'à Marseille, et s'évanouit en recevant ses adieux.

Pour la seconde fois, elle prit en main la régence, qu'elle n'avait pas désirée, mais qui devait lui fournir une occasion nouvelle de montrer la supériorité de son esprit.

Son premier soin fut d'établir l'ordre dans les finances. Les ressources d'argent ne manquèrent jamais au roi dans son expédition hasardeuse, mais cet avantage ne put le préserver des désastres que la sagesse de la reine avait prévus.

Il fallait bien s'attendre à quelques nouvelles tentatives des grands vassaux pour saisir le pouvoir. Ils furent encore une fois vaincus et réduits à se soumettre.

Quelques puissances étrangères avaient cru le moment favorable pour changer ce qui leur déplaisait dans les traités conclus avec elles. Blanche, par sa ferme attitude, les força au respect de ces traités.

Les paysans, excités sans doute par les seigneurs, se révoltèrent en apprenant la captivité du roi, et, sous le nom resté tristement célèbre de *pastoureaux* (1), se li-

____

(1) Troupe de bergers vagabonds.

vrèrent aux excès les plus coupables. La reine déploya
pour calmer ce soulèvement une activité infatigable. Elle
en effaça jusqu'à la dernière trace par le double moyen
qu'elle avait déjà employé avec succès, par la rigueur,
tant qu'il y avait résistance, par la bonté, dès qu'il se
manifestait une disposition sincère à la soumission.

Cette énergique et habile princesse était, en même
temps, la plus tendre des mères. Elle était fière des
hautes qualités de son fils, qu'elle avait formé à l'exercice du pouvoir et à la pratique des vertus. « J'aimerais
mieux vous voir mort, lui disait-elle, que souillé d'un
péché mortel. » Louis IX rendait à sa mère, en confiance et en respect filial, tout ce qu'elle lui donnait de
dévouement maternel et de tendresse intelligente.

On lui a reproché d'avoir été trop jalouse de son
crédit sur le roi, et de ne pas l'avoir laissé libre de té-
moigner toute sa confiance à la reine Marguerite, son
épouse, fille du comte de Provence. Peut-être a-t-on
exagéré ce reproche, mais il a dû avoir quelque fondement. La haute capacité de Blanche, la conscience
qu'elle avait d'employer les plus sûrs moyens pour
assurer la prospérité de son fils et celle de la France,
ont bien pu lui faire craindre de partager avec une
autre cette influence qu'elle sentait puissante et féconde. Il ne paraît pas d'ailleurs qu'une mésintelligence
sérieuse ait résulté de ce désaccord.

Lorsque la reine Blanche vit l'absence du roi se pro-
longer, et qu'elle entendit affirmer qu'il comptait se fixer
dans la Palestine, elle fut prise d'une tristesse profonde.
Elle avait plus de soixante ans, et, à la fin de cette vie
laborieuse, elle avait rêvé la jouissance des plaisirs inti-

mes de la famille. Elle se retira à Melun, où elle mourut, et fut enterrée dans l'abbaye de Maubuisson, qu'elle avait fondée.

On peut dire que Blanche de Castille est une des grandes figures du moyen âge. Une femme, une reine, qui, au milieu des circonstances les plus difficiles, entourée d'ennemis puissants, sans autre secours que celui de son énergie naturelle, dissipe des ligues, affermit l'autorité royale attaquée par l'ambition des seigneurs, fait taire les oppositions, et assure à son pays des années de calme et de bonheur, n'est pas une femme, une reine vulgaire.

Ceux même qui ont trouvé à redire aux vertus de saint Louis, qui ont jugé excessive sa déférence pour sa mère, et minutieuse sa dévotion sincère, n'ont pu nier tout ce qu'il a dû de qualités fortes et pures à la direction maternelle. Ce sentiment de l'équité, qui ne l'a jamais abandonné, qui l'a guidé dans ses réformes, et qui a fait la gloire de son règne ; cette pureté de conduite qui n'a jamais été soupçonnée ; ce courage personnel, qu'il portait jusqu'à l'excès, parce qu'il se sentait toujours obligé de donner l'exemple ; toutes ces belles et grandes inspirations du cœur, il les devait, pour une grande part, à sa mère, qui en avait développé les germes heureux.

— Voilà, ma chère Blanche, dit M. Durand, une étude complète. Je crois que le nom t'a inspiré autant que le sujet. Ta mère a bien choisi, et tu as bien exécuté.

Je t'encourage, mon enfant, à exploiter encore notre histoire nationale, qui est une mine inépuisable, à y trouver quelque nouveau filon ; nous finirons par être riches en bonnes analyses, en utiles lectures, ce qui est et doit être un de nos moyens favoris d'éducation.

XXX

LA TOUR D'AUVERGNE

Le père Marcel venait d'entrer, et, comme d'habitude, les trois enfants faisaient fête au vieux soldat. Gustave s'asseyait sans façon sur ses genoux ; Alfred échangeait avec lui une bonne poignée de main, et Blanche, en petite demoiselle bien apprise, lui faisait une gentille révérence.

— Est-ce aujourd'hui, dit Alfred, que vous nous apportez une de ces belles histoires militaires dont vous nous avez dit que votre bissac était bien fourni? Vous voyez que je n'ai pas oublié vos paroles.

— D'abord, belle jeunesse, dit Marcel, j'ai un peu forcé la note, en disant que j'avais beaucoup d'histoires à vous raconter. Il y en a les trois quarts à retrancher, parce qu'elles n'intéresseraient personne ici. Ce sont des anecdotes de bivouac (1) ou de caserne. Vous ne connaîtriez pas les personnages, et vous trouveriez les événements un peu minces. Pour ce qui resterait, je ne recule pas. J'ai toujours joué assez volontiers de la langue, mais il faut me pardonner la forme. Mes souvenirs d'école sont un peu loin.

— Qu'à cela ne tienne, mon brave, dit M. Durand; nous ne ferons attention qu'au fond. D'ailleurs, vous n'êtes

(1) Station où se repose une troupe en campagne,

pas si rouillé que vous prétendez l'être; et puis, s'il s'agit d'une histoire que je connaisse un peu, je viendrai à la rescousse (1), et je serai votre second.

MARCEL.

Le premier! restez le premier, mon capitaine! ce sera bien plus commode pour moi.

M. DURAND.

Allons! ne vous faites pas prier, père Marcel. De qui nous parlerez-vous aujourd'hui?

MARCEL.

Eh bien, si vous le voulez, d'un Breton de la vieille roche (2), d'un de ces hommes qui ont fait honneur à l'armée française et à l'humanité, du fameux de La Tour d'Auvergne, *le premier grenadier de France*. Mon père l'a connu, car ils ont servi dans le même régiment, et j'ai entendu raconter si souvent son histoire que je la sais au moins aussi bien que mon *Pater*.

M. DURAND.

C'est à merveille. Les enfants font signe qu'ils ne la connaissent pas, et moi je l'entendrais dix fois sans me plaindre, tant elle m'a causé d'émotion la première fois que je l'ai lue.

MARCEL.

La Tour d'Auvergne, né en 1743, à Carhaix, dans le Finistère, était d'une famille noble, mais pauvre, celle

(1) *Cri dont un chevalier se servait pour invoquer le secours d'un de ses compagnons.*
(2) De la meilleure espèce.

de Bouillon, d'où était sorti Turenne, première circonstance de bon augure. Il fit ses études au collége de
Quimper, mais ce qu'il y avait appris ne lui suffisait pas.
Il se mit à étudier de plus en plus, apprit je ne sais
combien de langues, et, à vingt-trois ans, c'était un savant fini.

Cependant, il fallait choisir une carrière. La Tour
d'Auvergne n'avait pas le moyen de vivre sans rien faire,
et l'usage de presque tous ses compatriotes était d'entrer dans l'armée de terre ou dans la marine. En 1767,
il fut enrôlé dans les mousquetaires noirs (1).

C'était une drôle de carrière militaire que la sienne.
La vie de garnison l'ennuyait fort ; il ne songeait qu'à
la science ; son occupation était de faire des recherches
sur les origines de la nation française, et de lire les historiens anciens pour juger les faits d'armes racontés
par eux.

Il changea de régiment avec le grade de sous-lieutenant, et, en 1779, nous le trouvons capitaine. Il n'avait
eu encore aucune occasion de faire une action d'éclat.

La guerre de l'indépendance des États-Unis (2) lui
fournit cette occasion. Il obtint d'aller combattre les Anglais comme simple volontaire de l'armée espagnole, et,
au siége de Mahon, il fit éclater du premier coup sa valeur. Il incendia un navire anglais sous le feu même de la
place ; il alla, sous une grêle de balles, chercher un de
ses camarades qui était tombé blessé sur un glacis, le
chargea sur ses épaules et le rapporta aux avant-postes ;

____

(1) Nom pris de la couleur de leurs chevaux.
(2) En 1773, les colonies anglaises d'Amérique se révoltèrent
contre les Anglais.

et tout cela avec un sang-froid, une simplicité, qui faisaient plaisir à voir.

Le commandement des volontaires lui est offert; il le refuse. Le roi d'Espagne lui propose une pension de 3000 francs; il la refuse. La paix se fait en 1783. La Tour-d'Auvergne avait quarante ans. Il va reprendre tranquillement son service, ou plutôt il va se remettre à ses études savantes sur les langues et sur les antiquités gauloises, comme s'il n'était jamais sorti de son cabinet de travail.

Quand la Révolution eut éclaté, il reprit son épée pour la défense de la patrie menacée par les puissances étrangères. Il fit la campagne de 1792 à l'armée des Alpes, et entra le premier dans Chambéry à la tête de sa compagnie. L'année suivante, il fut envoyé à l'armée des Pyrénées Orientales, et il fut, comme on l'a dit avec raison, l'âme de cette armée.

Toujours simple capitaine, refusant d'accepter un grade supérieur, les généraux, pleins de respect pour son caractère et ses lumières, l'appelaient à leurs conseils. On imagina une ruse pour triompher de sa modestie. Toutes les compagnies de grenadiers, un effectif d'à peu près huit mille hommes, furent réunies sous son commandement. De fait, il se trouvait général, mais il ne voulut jamais en accepter le titre, les émoluments, ni les honneurs.

A la tête de ses grenadiers, notre héros (il n'a pas volé ce nom-là) s'empare des bords de la Bidassoa, enlève un poste, fameux sous le titre de la *Maison Crénelée* (1), prend le fort d'Irun, délivre le port de Sébaste, emporte

______
(1) Fortifiée.

vingt-sept redoutes. Les ennemis terrifiés donnaient à la troupe commandée par La Tour d'Auvergne le nom de *Colonne infernale*, comme si le diable lui-même mettait leurs bataillons en déroute.

Et à quoi pensez-vous que ce guerrier si terrible s'occupât dans ses rares moments de loisir, quand le canon ne grondait pas? Il allait s'asseoir avec les bergers de la Biscaye, étudier leur langue, interroger les vieillards et les enfants, demander l'hospitalité aux chefs des hameaux. On se disait : « Comment! cet homme si doux et si simple, c'est celui qui combat pour nos droits et qui fait trembler l'ennemi! »

Il y a, dans sa vie d'homme de guerre, des traits d'une audace incroyable, et qui réussissaient toujours. Son chapeau, ses vêtements étaient criblés de balles, et il ne recevait pas de blessure. On n'était pas loin de le croire un peu sorcier.

Noble de naissance, il fut atteint par un décret qui excluait la noblesse de l'armée. Cependant, l'admiration qu'il inspirait le fit excepter de cette mesure révolutionnaire.

Après la paix de Bâle, La Tour d'Auvergne rentre dans son repos. Il se retire à Bayonne, où il travaille à son livre des Origines gauloises; mais bientôt il aspire à revoir sa chère Bretagne. Il s'embarque sur un navire marchand, qui est capturé par un corsaire anglais. Confiné dans le comté de Cornouailles, il emploie son temps à étudier les mœurs et la langue du pays, et, n'étant pas alors dans des dispositions amicales pour les Anglais, il s'attache à prouver qu'ils ont usurpé le nom de Bretons et qu'ils appartiennent purement à la race saxonne.

Après l'échange des prisonniers, La Tour d'Auvergne revint en France. Il prit sa retraite, et refusa, avec sa générosité habituelle, les arrérages (1) de sa solde, et un domaine de 10,000 francs de rentes, que lui offrit, par reconnaissance, le duc de Bouillon, son parent, dont il avait sauvé la fortune.

Et le voilà qui retourne encore à ses études, à ses travaux. Mais une nouvelle occasion de dévouement se présenta, et se dévouer était vraiment sa nature. Un ami, un savant qui l'avait aidé dans ses recherches, et qui avait déjà plusieurs fils sous les drapeaux, est menacé de perdre le dernier, appelé par la loi de réquisition (2). La Tour d'Auvergne réclame la faveur de remplacer le jeune homme, l'obtient, et va rejoindre en Suisse l'armée de Masséna. Il est replacé à la tête des grenadiers, mais toujours avec le grade de capitaine. Il combat glorieusement à Zurich, mais il est fait prisonnier par les Russes, et rentre à Paris après quelques mois de captivité.

Désigné par le Sénat pour un siége au Corps législatif, il répondit avec sa simplicité ordinaire : « Où servirais-je la République plus utilement qu'à l'armée ! » Et il se hâta de rejoindre ses grenadiers à l'armée du Rhin.

Le premier Consul (3), le meilleur juge du mérite militaire et des vertus privées du héros breton, lui conféra le titre exceptionnel de *premier grenadier des armées de la République*, et lui décerna un sabre d'honneur. La Tour d'Auvergne accepta le sabre d'honneur, mais ne

(1) Ce qui lui était dû pour l'arriéré.
(2) Levée en masse.
(3) Bonaparte.

voulut jamais le porter que dans la bataille, Quant au titre de *premier grenadier des armées de la République*, il le refusa, disant que, dans son corps, on ne connaissait jamais ni premier ni dernier.

Il a eu beau faire. Ce titre, dont il n'a pas voulu, l'histoire le lui conserve.

Il ne songeait plus au repos. « L'armée, disait-il, est ma famille, et c'est au sein de ma famille que je dois mourir. »

Ses pressentiments ne l'avaient pas trompé. Prévoyant sa fin prochaine, il solda une pension qu'il s'était imposée en faveur d'une personne tombée dans l'indigence, et mit en ordre ses manuscrits, dont un ami reçut le dépôt.

A peine arrivé au poste de bataille qu'on lui avait assigné, il s'élance avec son ardeur accoutumée, mais, frappé au cœur d'un coup de lance, il tombe pour ne plus se relever. Ses grenadiers, découragés un instant, sont bientôt transportés du désir de venger leur chef. Ils culbutent au pas de charge l'ennemi qui croyait voir encore à leur tête leur héroïque commandant.

Depuis ce jour, jusqu'en 1814, lorsqu'on faisait l'appel dans la compagnie des grenadiers, l'officier criait : *La Tour d'Auvergne !* et le porte-drapeau répondait : *Mort au Champ d'honneur !*

Le bon Marcel n'avait pu rester les yeux secs jusqu'à la fin de son récit. Des larmes coulaient sur ses moustaches grises, et Alfred, très-ému aussi, vint l'embrasser avec effusion.

— Mon vieil ami, dit M. Durand, tout compliment à part, vous nous avez bien intéressés. J'ai cru voir et entendre votre illustre La Tour d'Auvergne. Quel homme ! quelle réunion de toutes les qualités militaires et civiles ! comme sa simplicité et son désintéressement donnent encore plus de relief à sa brillante valeur ! Chacun de nous peut prendre sa part des grands exemples que nous donne cette belle vie ; vous surtout, monsieur le futur officier ! ajouta-t-il en secouant affectueusement la main d'Alfred.

Cette apostrophe fit une petite diversion à l'émotion générale, qui dura néanmoins pendant toute la veillée.

Le père Marcel fut chaudement remercié par toute la famille, et il était heureux, le digne homme, de s'être tiré d'affaire avec honneur.

QUESTIONNAIRE

Des chapitres XXV à XXX inclusivement.

XXV. — Pourquoi deux paysans viennent-ils rendre visite à M. Durand?

Quels sont les arguments dont ils se servent?

Comment expliquent-ils le droit de propriété?

Quels conseils leur donne M. Durand, et quel en est l'effet?

XXVI. — Qu'était-ce que la sœur Rosalie?

Où exerçait-elle surtout sa charité?

Quelle était son attitude dans les troubles civils et à la guerre?

Quel fut son dévouement à l'époque du choléra?

Quelle distinction lui adressa le gouvernement?

Quels furent ses derniers actes de charité?

Que doit-on dire des sœurs de charité, en général?

XXVII. — Qu'appelle-t-on la loi Grammont?

Que disent les adversaires de cette loi?

Qu'est-ce que la société protectrice des animaux?

Comment exerce-t-elle son patronage?

Ne distribue-t-elle pas des récompenses?

Donnez une idée de ces récompenses?

XXVIII. — Qu'est-ce qu'une ménagerie ambulante?

Dans quelle intention M. Durand visite-t-il la ménagerie avec ses fils?

De quoi se composa la représentation?

Que peut-on dire de la partie de dominos?

Citez l'explication donnée par Robert Houdin, et les dernières réflexions de M. Durand?

XXIX. — Qu'était-ce que la reine Blanche ?

Comment assura-t-elle l'autorité de son fils mineur ?

Quels obstacles eut-elle à vaincre ?

Ne détourna-t-elle pas Louis IX (saint Louis) son fils d'aller à la croisade ?

Quelles qualités déploya-t-elle comme régente ?

Donnez une idée de sa tendresse maternelle.

Comment mourut-elle ?

XXX. — Qu'était-ce que la Tour d'Auvergne ?

Quelle carrière choisit-il ?

Quelle disposition porta-t-il dans sa carrière militaire ?

Où se distingua-t-il d'abord ?

Donnez une idée de son désintéressement.

Que faisait-il dans l'intervalle de ses campagnes ?

Qu'appelait-on la *colonne infernale ?*

Quel était son travail préféré ?

Comment remplaça-t-il le fils d'un de ses amis ?

Quel titre et quelle distinction reçut-il du premier consul ?

Comment mourut-il ?

Qu'arrivait-il, quand on faisait l'appel dans la compagnie des grenadiers ?

XXXI

LES CARTES A JOUER

M. DURAND.

Vous m'avez demandé, mes chers enfants, de vous expliquer ces figures bizarres gravées sur de petits morceaux de carton, et qui constituent ce qu'on appelle des *cartes à jouer*, en usage dans toutes les maisons, chez le bourgeois comme chez le grand seigneur, chez le paysan comme chez l'ouvrier.

Vous voudriez savoir d'où viennent ces personnages, rois, reines, valets, David, Alexandre, César, Charles, Judith, Rachel, Pallas et Argine, Hector, Lahire, Hogier et Lancelot; pourquoi ces quatre couleurs désignées sous les noms de pique, trèfle, cœur et carreau ; pourquoi des jeux de cinquante-deux cartes et d'autres de trente-deux seulement?

Votre curiosité est naturelle. Une connaissance nouvelle est toujours bonne à acquérir, et l'usage des cartes est tellement répandu qu'il est utile de savoir un peu leur histoire.

Hier, j'aurais peut-être été embarrassé de répondre à vos questions. Je vous aurais dit seulement que les cartes à jouer paraissent avoir été inventées à la fin du XIVe siècle pour amuser le roi Charles VI qui avait perdu la raison ; et qu'on avait imaginé de donner aux différentes pièces de ce jeu, sans beaucoup d'ordre ni de choix, des noms historiques, comme ceux des quatre rois, des deux reines, Judith et Rachel, et des quatre valets ; un nom mythologique, Pallas (1) ; un autre nom, Argine, qui n'est que le mot latin *regina*, signifiant reine. Quant aux cartes sans figures, depuis l'as jusqu'au dix de chaque couleur, on ne sait au juste ce qu'elles représentent. Le plus probable, c'est que l'inventeur ou les inventeurs voulurent donner l'idée d'un jeu militaire, dans lequel le *cœur* exprimait le courage, le *pique* les armes offensives, le *carreau*, dont la forme rappelle celle d'un bouclier, les armes défensives, le *trèfle* les approvisionnements de guerre, notamment les fourrages, fort nécessaires à une époque où les armées étaient presque uniquement composées de gendarmerie à cheval.

Mais voici qu'un de mes amis, homme savant et modeste qui s'est mis à étudier cette question, vient de m'envoyer un beau livre qu'il a intitulé : *Origine des cartes à jouer*, et ce livre m'a donné tout d'un coup l'érudition qui me manquait.

Sachez, mes enfants, que c'est un volume fort cher, et que je n'aurais certainement pas acheté, car je n'ai pas toujours cinquante francs de trop dans ma bourse. La générosité de mon ami a tranché la difficulté.

Voici ce livre, qui n'a que cent quarante pages de texte, mais qui se termine par un *Album* (2) de soixante-treize planches, bien gravées et très-curieuses à étudier.

(1) Déesse qui présidait à la guerre.
(2) Recueil de dessins gravés ou lithographiés.

Vous vous en servirez pour votre instruction, et vous vous amuserez aussi à les regarder comme des images.

Cependant, je me hâte de vous dire que nous n'étudierons pas tous les détails. Il y en a beaucoup qui ne regardent que les érudits (1), et nous n'avons pas l'ambition de mériter ce titre. Il suffit de pouvoir répondre aux questions principales que le sujet fait naître, et de se mettre en mesure d'en causer sans prétention.

Voici ce que j'ai appris dans cette lecture.

Il paraît prouvé que la connaissance des cartes à jouer date du dernier quart du xıv° siècle ; mais ce n'est pas en France qu'elles ont été connues d'abord. C'est en Italie, à Venise. On les nommait des *Naïbis*, des *Tarots*. L'Espagne, la France et l'Allemagne adoptèrent bientôt cette invention de l'Italie, et c'est alors qu'il en fut fait usage pour distraire le malheureux Charles VI.

Les différents types (2) des cartes à jouer subirent de fréquentes modifications, selon les temps et selon les pays ; à l'origine, aucun nom n'était inscrit sur les cartes. Nos figures actuelles ne datent guère que du xvı° siècle, époque où elles furent définitivement adoptées à la Cour. La province conserva encore longtemps des types pris des romans de chevalerie, ou dont la fantaisie seule avait dicté le choix.

Napoléon Ier essaya de réformer le dessin des cartes à jouer. Il chargea le grand peintre David d'en composer de nouveaux modèles. Mais il n'est pas facile, même à un souverain tout-puissant, de changer des habitudes

(1) Savants très-instruits dans ce qui a été écrit sur les temps anciens.

(2) Modèles.

séculaires. Les cartes de 1811, qui avaient conservé les noms des quatre rois, mais qui avaient remplacé les noms des reines et ceux des valets par des noms fort peu populaires, Abigaïl, Statira, Calpurnie, Hildegarde, Azaël, Parménion et Curion (Hogier seul avait été maintenu sur la liste) cessèrent promptement d'être en usage. Les vieilles cartes reparurent triomphantes en 1813, et, aujourd'hui, trois presses à vapeur, constamment en activité à l'imprimerie nationale, fonctionnent pour la satisfaction des amateurs.

Je n'ai rien trouvé dans mon précieux volume qui me permette de vous donner des renseignements positifs sur la signification des quatre couleurs. On n'a, sur ce point, que des conjectures à former.

Quant au nombre des cartes, qui est de cinquante-deux pour les jeux les plus complets et de trente-deux pour les autres, il tient uniquement à la complication plus ou moins grande des jeux. Plus il y a de cartes, plus il y a de place pour les combinaisons et les calculs, et moins il en reste pour le hasard.

Si nous parcourions maintenant le curieux *Album* dont je vous ai parlé, nous y verrions des fantaisies de tout genre, des figures sérieuses, comiques, grotesques même, sans cesse renouvelées par le caprice du fabricant; succession un peu confuse, qui se simplifie pourtant, à mesure que l'industrie se perfectionne, et qui aboutit à la forme seule adoptée aujourd'hui.

Mais, chers enfants, il ne suffit pas que vous sachiez à peu près l'histoire des cartes à jouer. C'est une occasion que je saisis pour faire avec vous quelques réflexions sur un amusement si général, qui a pénétré partout, avec nos soldats, avec nos marchands, qui a passé de l'Europe dans toutes les autres parties du monde, amusement dont on ne réussirait pas à défendre l'usage, mais dont il est bien nécessaire de prévenir l'abus.

Les cartes à jouer, quand on en fait un usage raisonnable, procurent une distraction innocente. Les bons pères de famille, les ouvriers modestes, les ecclésiastiques même, ne se font pas scrupule d'engager quelquefois ce qu'on appelle *une partie;* mais, ce qui fait le danger des cartes, c'est qu'on y joue souvent de l'argent. Je ne parle pas des quelques sous qu'on se permet de risquer pour intéresser le jeu. Ce n'est pas alors le gain qu'on a en vue, c'est l'amusement. Mais combien de personnes, au contraire, ne voient dans les cartes qu'un moyen de satisfaire plus vite et plus commodément la passion du jeu ! Que de gens qui se ruinent, dans les grands salons, en jetant sur le tapis des sommes fabuleuses ! Que d'ouvriers même, il faut le dire, qui, attablés dans un cabaret, mettent au hasard d'une carte le salaire de leur semaine et le pain de leurs enfants !

Et plus le hasard a de part à ce jeu funeste, plus il tente la cupidité et l'imprudence des joueurs. Il y a des jeux qui exigent des combinaisons, de la réflexion, qui ont une marche assez lente, comme le piquet par exemple. Le hasard y peut quelque chose, mais n'y a que la plus faible part ; il en est de même d'un jeu importé d'Angleterre, le whist, trop lent pour les joueurs déterminés, et qui tient sa place dans les bonnes compagnies. D'autres, comme l'écarté, sont si rapides dans leur marche qu'on peut perdre ou gagner en un tour de main, ou bien, comme le lansquenet, sont purement et simplement des jeux de hasard. Ceux-là sont les jeux favoris des joueurs pressés de se ruiner ou de ruiner les autres. Jeux de hasard, jeux dont la marche précipitée exclut la réflexion, voilà ceux qu'il faut détester et condamner sans rémission, car ce ne sont plus des amusements; ce sont des vices.

Je sais, mes chers enfants, que ces détails n'intéressent pas directement votre âge, et, Dieu merci, votre éducation vous préservera de ces tentations malsaines. Mais il m'arrive quelquefois de regarder un peu au delà du moment où je vous parle, et j'ai confiance qu'il vous restera quelque impression de mes conseils dans l'avenir.

Il en est des cartes à jouer, voyez-vous, comme de beaucoup d'autres choses. Elles plaisent au premier abord, comme des moyens simples et faciles de se divertir. Elles multiplient même le plaisir par la facilité qu'elles offrent de le partager avec d'autres personnes. On conçoit qu'elles soient devenues si populaires; mais on en a promptement abusé; on en abuse encore tous les jours.

La superstition même s'en est emparée. Vous avez entendu parler des *tireuses de cartes*, espèce de sorcières ridicules qui prétendent vous faire connaître l'avenir, moyennant une rétribution qu'elles vous soutirent, usant du *petit jeu* pour les bourses médiocrement garnies, du *grand jeu,* ou *jeu complet*, pour ceux qui peuvent se montrer plus généreux. Quelle sottise ! quelle pitié !

Voilà qui est convenu, enfants ! vous vous rappelerez qu'interdire absolument les jeux de cartes serait une rigueur excessive et impraticable, mais que les jeux de cartes où le hasard domine méritent d'être rayés de nos papiers.

XXXII

UN MAITRE D'ÉCOLE AU IXᵉ SIÈCLE

M. DURAND.

Te souviens-tu, Alfred, que nous avons parlé longuement du grand empereur Charlemagne, il y a quelques mois ?

ALFRED.

Oui, à propos d'un déjeuner de collége auquel avait pris part, comme premier de sa classe, mon cousin Léon, élève du Lycée de Nantes, et qu'il nous a si gaiement raconté.

M. DURAND.

Et que pouvions-nous dire de ce grand homme, à propos d'un déjeuner ?

ALFRED.

D'abord, que la Saint-Charlemagne est une belle institution, et qu'elle prouve l'intérêt que son fondateur portait au progrès des études.

M. DURAND.

Pas trop mal raisonné, quoiqu'il ne soit pas prouvé que Charlemagne ait été un ami si prévoyant de la jeunesse ; mais je souhaiterais fort qu'il te fût resté de lui quelque autre souvenir.

ALFRED.

Oh! je sais bien que c'était un grand guerrier, un conquérant; qu'il a fait pendant trente ans une guerre à mort aux Saxons, païens fanatiques et barbares, dont le chef, Witikind, a fini par se soumettre et se convertir ; qu'il a réuni sous sa domination la plus grande partie de l'Europe, et qu'enfin, en 800, il a été sacré et couronné empereur à Rome, dans la basilique de Saint-Pierre, par le pape Léon III.

M. DURAND.

Voilà déjà quelques bons souvenirs historiques ; mais Charlemagne n'était-il qu'un souverain puissant et un vaillant guerrier?

ALFRED.

Il s'est illustré aussi comme législateur. Il a laissé un recueil de lois, qu'on appelle les *Capitulaires* (1), où se trouvent un grand nombre de sages règlements. Il n'était pas facile de les appliquer à des races si diverses, réunies sous son empire, mais il y réussissait en envoyant dans toutes les provinces des espèces d'inspecteurs généraux qui recevaient les plaintes des peuples, réformaient les abus, présidaient les assemblées provinciales. Tous les pouvoirs locaux émanaient de l'empereur ou lui étaient subordonnés. Aussi, l'ordre et l'obéissance régnaient-ils dans ce vaste empire si difficile à gouverner.

M. DURAND.

A merveille. Est-ce là tout ce qu'on peut dire à la

____

(1) Ce mot vient du latin *capitulum*, chapitre.

louange de Charlemagne? Il me semble que nous oublions un peu le fondateur du fameux déjeuner.

ALFRED.

Je me rappelle bien que nous avons reconnu dans Charlemagne un protecteur des sciences et des lettres; mais ces détails-là, je l'avoue, ne m'ont pas frappé autant que les guerres et les lois de ce grand prince, et je craindrais de m'y perdre.

M. DURAND.

Je le conçois. Ces détails sont moins dramatiques que la défaite de Witikind, le couronnement de l'empereur, et même les voyages de ses inspecteurs généraux ; mais ils sont bien intéressants pour la civilisation. Ils permettent d'apprécier ce qu'a fait Charlemagne pour relever les études dans un siècle barbare, et cette fête même qu'on célèbre encore dans nos colléges est un hommage rendu à sa mémoire. S'il ne l'a pas fondée, il a mérité qu'elle fût établie en son honneur.

Je vais t'aider un peu. A nous deux, nous allons compléter l'histoire.

Te rappelles-tu un certain Albin ou Alcuin qui prêta son concours à Charlemagne pour la réorganisation des études, faibles et confuses, malgré les efforts des évêques et les recommandations des conciles (1)?

ALFRED.

Oui. Charlemagne, qui cultivait avec soin sa propre ·intelligence et celle de ses enfants, voulut rendre géné-

---

Assemblées d'évêques et de théologiens.

ral ce bienfait de l'éducation. Il s'entoura de savants, parmi lesquels se distinguait surtout Alcuin, un moine anglais, déjà célèbre dans son pays, et d'une activité infatigable. Alcuin, qui avait à cœur de répondre à la confiance de Charlemagne, se mit à l'œuvre, et ne négligea rien pour réussir.

M. DURAND.

Ceci est un peu vague, mon enfant. Tâche de te souvenir de ce que fit Alcuin pour seconder les vues *généreuses du prince*.

ALFRED.

Alcuin aida Charlemagne à fonder, dans son propre palais, à Aix-la-Chapelle, une école, où les maîtres les plus capables du temps, sous la direction d'Alcuin luimême, formaient l'élite de la jeunesse; et, de plus, une académie, où l'empereur, son ministre, et ses familiers, traitaient divers sujets d'étude.

M. DURAND.

C'était, tout à la fois, un modèle d'école primaire et un germe de société littéraire. Charlemagne et Alcuin prétendirent substituer l'émulation des écoles publiques à l'enseignement très-incomplet des instituteurs particuliers : ils espéraient aussi généraliser le goût des bonnes études en prêchant d'exemple, dans une réunion où l'on étudiait, où l'on travaillait toujours.

Alcuin ne rendit-il pas encore d'autres services à l'instruction?

ALFRED.

Lorsqu'il sentit que le repos lui était devenu nécessaire, il pria Charlemagne de lui permettre de quitter la Cour. L'empereur y consentit, quoique à regret, et donna à son fidèle ministre, comme une juste et magnifique récompense, l'abbaye de Saint-Martin-de-Tours. Mais le repos d'Alcuin fut très-occupé et de la manière la plus utile. Il fonda de nombreuses écoles, et, dans son abbaye même, il en institua une où il joua le premier rôle. Il nous apprend lui-même, je crois, qu'il y enseignait à de jeunes maîtres les Saintes Écritures, l'étude des classiques, la grammaire, l'astronomie. C'était l'école normale (1) du temps.

M. DURAND.

Mais cet exemple isolé n'aurait pas suffi. Le dévouement d'Alcuin eut-il des imitateurs?

ALFRED.

Oui ; les évêques s'empressèrent de l'imiter. Ils fondèrent, dans les églises, dans les monastères, de grandes et de petites écoles, payantes ou gratuites. L'éducation gagna beaucoup à ce mouvement général, qui, malheureusement, après Alcuin, après Charlemagne, devait s'arrêter pour longtemps.

M. DURAND.

Bien, mon cher Alfred. Tu n'as rien oublié d'important, et tu vois que je n'ai pas eu grand'peine à te montrer la route.

C'est une leçon un peu sérieuse peut-être pour ta sœur et ton jeune frère, qui nous ont cependant écoutés

______

(1) École où l'on forme des instituteurs.

avec attention ; mais il faut bien, quelquefois, sortir des petits sujets et se permettre une excursion dans le domaine sérieux de l'histoire. Je ne serais même pas surpris si Blanche et Gustave avaient quelques questions à m'adresser.

BLANCHE.

Alfred nous a bien parlé de toutes les écoles de garçons établies par Charlemagne et par son ministre ; mais, y avait-il des écoles de filles dans ce temps-là ?

M. DURAND.

Ta question est naturelle, mon enfant. Je dois convenir qu'il n'est guère question d'écoles de filles au ixe siècle. Cependant, Charlemagne, dans sa famille, ne négligeait pas plus l'instruction de ses filles que celle de ses fils. Seulement le degré de cette instruction n'était pas le même. Il leur faisait bien étudier, à elles, comme aux jeunes garçons, la lecture, les éléments de la grammaire ; mais, tandis que ceux-là s'exerçaient, selon l'usage des Francs, à l'équitation, aux armes et à la chasse, les filles de l'empereur apprenaient à filer de la laine, afin, dit le secrétaire de Charlemagne, Eginhard (1), que la quenouille et le fuseau les garantissent des dangers de l'oisiveté.

La vie des femmes était alors très-retirée ; on les croyait suffisamment instruites quand elles savaient *coudre et prier*. Il faut dire à l'honneur de la société moderne que l'éducation des jeunes filles a aujourd'hui toute son importance et toute sa dignité.

____

(1) Il a laissé des mémoires sur la vie de Charlemagne.

GUSTAVE.

J'ai un tableau historique dans lequel Charlemagne est appelé *Charles* tout simplement. D'où vient donc cette différence ?

M. DURAND.

C'est, mon petit ami, que Charlemagne veut dire : *Charles-le-Grand ;* son vrai nom était *Charles.* On y a ajouté un mot qui vient du latin, et qui signifie *grand.* A cause de la gloire qu'il s'est acquise, le nom de Charlemagne lui est resté !

MADAME DURAND.

Allons, mes enfants, remerciez votre père, et félicitez notre cher Alfred, qui profite si bien de ses études historiques. Il est temps de songer au repos.

Pensez quelquefois à ce grand empereur, qui n'a pas dédaigné de se faire écolier lui-même pour donner l'exemple aux autres ; à ce bon et savant Alcuin, qui a consacré toute sa vie à l'éducation des enfants du peuple. Ce sont deux noms qu'on se rappelle toujours ensemble, et que la reconnaissance nationale ne sépare pas.

XXXIII

LES ENFANTS PRÉCOCES

Un ménage de bons et simples voisins visitait quelquefois la famille Durand. On les redoutait un peu, parce qu'ils avaient la manie d'adresser aux enfants des compliments exagérés, ce qui obligeait nos amis à corriger ensuite l'effet de la visite, et à rabattre prudemment les fumées d'orgueil qui auraient pu monter aux jeunes cerveaux.

Un jour, ces excellentes personnes se montrèrent encore plus louangeuses qu'à l'ordinaire. Le mari vanta, devant Alfred, la *science* d'Alfred ; devant Gustave, la *vive intelligence* de Gustave ; la dame, en présence de Blanche, s'écria que Blanche avait *des doigts de fée*, et que ses petits ouvrages étaient *des chefs-d'œuvre*. Tous deux s'accordèrent pour féliciter madame Durand d'avoir des enfants si *précoces*.

Madame Durand était sur les épines. La politesse la retenait, mais elle se sentait gagnée par l'impatience. Heureusement, la visite dura peu. Dès que la famille fut seule, M. Durand se hâta de prendre la parole :

— Mes enfants, dit-il, je vous crois trop de bon sens pour avoir pris à la lettre des éloges si exagérés.

Ces paroles de nos voisins prouvent seulement leur indulgence et l'amitié qu'ils veulent bien vous porter ; vous devez leur en être reconnaissants, mais vous laisserez à votre mère et à moi le soin d'apprécier exactement ce que vous valez.

Vous avez les dispositions heureuses que comporte votre âge, et nous espérons bien que vous les développerez avec le temps ; nous reconnaissons avec plaisir en vous des qualités sérieuses, auxquelles, vous le savez mieux que personne, se mêlent bien quelques défauts. A Dieu ne plaise que nous ayons la faiblesse de vous attribuer une perfection imaginaire, à laquelle, heureusement, vous ne croyez pas !

Je ne sais si vous avez compris une expression échappée à nos excellents voisins. Ils vous ont appelé des enfants *précoces* ; autant- traiter ce sujet-là qu'un autre dans notre petite conversation de ce soir, pour laquelle il me semble que nous n'avions pas de projet arrêté d'avance. Je crois très-utile de vous faire comprendre le vrai sens de ce grand mot.

Qu'est-ce qu'un fruit *précoce*? c'est un fruit qui mûrit avant le temps, qui ne vient pas dans sa saison naturelle et qui, pour cela même, n'a pas toute la saveur qu'il aurait eue par son développement régulier.

Un fruit *précoce* n'est donc pas une excellente chose. Il peut avoir de l'apparence, ressembler par l'extérieur à un fruit venu dans sa complète maturité. Goûtez-le, vous lui trouverez une saveur fade, peu d'arome (1), peu de consistance. La chaleur artificielle de la serre n'aura pu le douer des mêmes qualités que l'action bienfaisante de l'air libre et du soleil.

Eh bien ! mes amis, il en est des qualités de l'esprit comme des fruits de la terre. Elles passent par bien des essais avant de prendre du corps et de s'épanouir en pleine maturité. La chaleur vivifiante, l'influence féconde qui les font éclore à point, qui les nourrissent, les développent, les consolident, ce sont les bons conseils des parents, les leçons de l'expérience. La formation du jugement leur donne, si nous pouvons parler ainsi, l'arome qui leur convient. La nature ne procède pas brusquement, et, en ce sens, l'éducation gagne toujours à se rapprocher de la nature.

(1) Odeur agréable.

Ainsi, mes chers enfants, ne prenons pas ce mot de *précoce* pour un éloge. Il exprime une exception aux lois ordinaires de l'intelligence, et une exception dont les conséquences sont loin d'être toujours favorables.

Nous pourrions, en consultant les biographies des enfants célèbres, en trouver plusieurs qui ont marqué par des qualités merveilleuses et par des succès exceptionnels; mais, presque toujours, ces qualités et ces succès ont été chèrement achetés; achetés d'abord par des infirmités et une mort prématurées, achetés aussi par un trouble de l'intelligence, qui n'a pas résisté au développement excessif des facultés.

Ainsi, notre grand Pascal, un de nos premiers écrivains français, était un enfant *précoce*. A douze ans, ne sachant pas un mot de mathématiques, il les créait avec des barres et des ronds; à seize, il faisait un savant traité, qui dépassait la science contemporaine; à dix-neuf, il inventait une machine pour rendre sensibles les calculs les plus abstraits; à vingt-trois, il démontrait la pesanteur de l'air, et détruisait une erreur de l'ancienne physique; il fixait la langue française dans des ouvrages immortels, et jetait sur le papier des pensées religieuses qui, a dit Chateaubriand, *tiennent autant de Dieu que de l'homme.* Voilà, certes, une *précocité* admirable. Mais il faut ajouter que Pascal vécut toujours infirme et souffrant; que, dans ses dernières années, sa belle intelligence s'égara au point de lui faire croire qu'il avait toujours un précipice ouvert à ses côtés, et qu'il mourut à la fleur de l'âge.

Si nous remontons à une époque plus éloignée, nous rencontrerons le plus extraordinaire peut-être des enfants *précoces* dont on a gardé la mémoire. C'était un jeune seigneur italien ; il se nommait Pic de la Mirandole.

Dès son enfance, il se livra avec ardeur aux études les plus difficiles. Théologie, philosophie, langues, poésie, mathématiques, jurisprudence, il pénétrait tout, il retenait tout. Son érudition était immense ; mais déjà, la préférence qu'il donnait à des sciences mystérieuses et téméraires, comme l'alchimie, qui prétendait enseigner à faire de l'or, et la magie, qui se flattait de mettre l'homme en communication avec le monde surnaturel, indiquait que son intelligence faisait fausse route. A dix ans, on le considérait comme le premier orateur et le premier poëte de son temps. Il parcourut les plus célèbres universités de France et d'Italie pour augmenter encore la somme de ses connaissances. Il parvint à savoir vingt-deux langues. A vingt-quatre ans, il vint à Rome, et là, dans un mouvement d'orgueil dont l'audace tenait de la folie, il défia tous les savants de la terre, en publiant une suite de neuf cents propositions sur tous les objets des sciences, qu'il s'engageait à soutenir dans des discussions publiques. Cette *thèse* (1), comme il l'appelait, n'était pas moins étrange par le titre que par le sujet. Il l'intitula : *Sur tout ce qu'on peut savoir*.

Au lieu d'exciter l'intérêt, cet orgueilleux défi effraya les savants, inquiéta l'Église, qui condamna comme hérétiques plusieurs des neuf cents propositions, et le jeune Pic de la Mirandole, qui, heureusement, était riche, se retira découragé dans un de ses châteaux. Il ne survécut pas longtemps à la perte de ses illusions. *Ses travaux immenses et sa vaste intelligence*, a dit avec raison un

(1) Sujet proposé à la discussion.

de ses biographes, *avaient de bonne heure tari en lui la source de la vie.* Il mourut à Florence, à peine âgé de trente ans.

Cette destinée extraordinaire est-elle désirable? les pères et les mères de famille peuvent-ils. la souhaiter pour leurs enfants ?

J'ai connu, dans ma jeunesse, plusieurs enfants des montagnes, qui s'étaient fait une réputation de calculateurs sans pareils. J'ai assisté à quelques-uns de leurs tours de force. Un d'eux, surtout, Henri Mondeux, fils d'un paysan de la Touraine, exécutait de tête des opérations compliquées d'arithmétique, et créait d'ingénieuses méthodes pour simplifier les calculs. Il avait quatorze ans, lorsqu'un professeur de Tours, qui l'avait pris en amitié le présenta à une séance de l'Académie des sciences. Les savants le virent avec stupéfaction se jouer des questions les plus difficiles, trouver en un instant les solutions vraies. Un des plus compétents parmi eux, le mathématicien Cauchy, fit valoir dans un rapport l'aptitude singulière du jeune calculateur. Ce fut son moment de gloire.

Il quitta Paris, et fit une tournée dans la province. Il y recueillit des applaudissements et de l'argent. Mais, bientôt, on s'aperçut que cette merveilleuse machine à calcul n'avait pas d'autre portée ; que ce jeune garçon, pour tout le reste, même dans les sciences, était d'une intelligence médiocre. L'attention se détourna de lui, et, lorsqu'il mourut, âgé d'un peu plus de trente ans, il avait disparu depuis longtemps dans une complète obscurité.

Vous voyez, mes petits amis, qu'il y a, chez ces êtres

prétendus privilégiés qu'on appelle des enfants *précoces*, des différences de mérite, mais une grande analogie de destinée. Le génie de Pascal est d'une tout autre nature que la science vaniteuse de Pic de la Mirandole, et l'admirable, mais étroite spécialité de Mondeux ; mais ce qu'ils ont de commun, je vous l'ai dit, c'est que leur intelligence, surmenée, surexcitée, s'épuise et s'altère avant le temps, et que leur corps aussi, énervé par le travail exclusif de l'esprit, s'affaisse et s'use dans une vieillesse anticipée.

Rapportons-nous en à la Providence. Remercions-la, quand elle nous a donné une intelligence qui suffit à notre travail, et qui nous permet de devenir modestement des hommes utiles. Il est toujours bon d'être dans la règle ; on n'est pas condamné pour cela à la médiocrité. Les exceptions sont contre nature, et les fruits qu'elles portent sont rarement de bons fruits. C'est là une vérité d'observation et de bon sens sur laquelle, mes bien-aimés, je vous laisserai aujourd'hui.

XXXIV

LE PROFESSEUR MODÈLE

— Père, dit Alfred à M. Durand, qui venait de refermer un volume et qui le replaçait dans sa bibliothèque, tu lisais donc un ouvrage bien intéressant, car je t'ai adressé deux fois la parole, et tu ne m'as pas entendu?

M. DURAND.

C'est pour toi que je travaillais, mon ami. Je lisais, pour te raconter ce que j'aurais lu. Tu sais que c'est un de nos procédés, car il faut varier un peu les manières d'apprendre. Nous passons de la conversation à la lecture, pour revenir de la lecture à la conversation, et quelquefois je vous donne à relire ce que je vous ai déjà raconté, quand la chose en vaut la peine, pour vous laisser un double souvenir.

Aujourd'hui, précisément, j'ai l'intention de vous faire connaître, à toi d'abord, qui es déjà un homme grave, mais aussi aux autres, qui savent écouter et qui comprennent vite, la vie d'un homme de bien, d'un simple et vertueux ami de l'enfance. Voilà, monsieur, pourquoi un père a manqué de respect à son fils, en se laissant interroger deux fois sans répondre.

Voici Blanche et Gustave qui viennent nous rejoindre avec leur mère. L'auditoire est au complet.

Je disais à votre frère, mes enfants, que nous allons faire connaissance, ce soir, avec un maître bon et vertueux, dont la vie, quoique bien simple, vous intéressera certainement. Ce n'est pas toujours en faisant du fracas dans le monde qu'on mérite le plus de devenir célèbre. La persévérance tranquille dans l'accomplissement du devoir est une vertu si bonne à imiter qu'on ne saurait trop honorer ceux qui en ont donné l'exemple.

L'homme modeste dont je veux vous parler, Rollin, était un professeur. Né dans la seconde moitié du xviie siècle, il mourut dans la première moitié du xviie. Digne de servir de modèle à ceux qui instruisent la jeunesse, il a laissé des préceptes que peuvent appliquer journellement les maîtres et les écoliers. Jamais homme n'eut une vocation plus décidée pour l'enseignement. Il était vraiment né professeur, et son nom est toujours vénéré dans les écoles.

Fils d'un coutelier de Paris, Rollin fut destiné à continuer le métier de son père. Sa mère, devenue veuve, n'aurait pu subvenir aux frais de son éducation. Un bon religieux, dont il servait la messe, remarqua son intelligence et lui fit obtenir une bourse dans un collége. Une fois sur les bancs, l'enfant travailla avec ardeur et dépassa bientôt tous ses camarades. Il se lia d'une vive amitié avec le fils d'un magistrat, M. Lepelletier, qui devait être, quelques années plus tard, contrôleur des finances. Les jours de congé, M. Lepelletier envoyait son carrosse chercher ses fils au collége, puis Rollin chez sa mère. Celle-ci remarqua, un jour, que le jeune Rollin prenait sans façon la première place dans la voiture ; elle l'en réprimanda ; mais le grand seigneur avait décidé qu'on suivrait, pour l'installation dans le carrosse, les places de la classe, et, dans la voiture, comme dans la classe, le fils du coutelier occupait le premier rang.

Une amitié plus utile encore, parce qu'elle décida de la carrière de Rollin, fut celle de son professeur, le savant et vénérable Hersan, qui appelait le jeune élève *un enfant divin*, et qui, en quittant sa chaire, le demanda instamment pour successeur. A vingt-deux ans, Rollin monta dans la chaire de seconde, quelques années après dans la chaire de rhétorique, et passa neuf ans dans ces classes supérieures. Il s'y fit aimer de ses élèves et leur inspira une confiance absolue.

A partir de ce moment, il remplit successivement des fonctions élevées, sur lesquelles je ne vous arrêterai pas longtemps.

L'organisation de l'instruction à cette époque n'était pas la même qu'aujourd'hui, et il faudrait vous l'expliquer avec trop de détails, sans beaucoup de profit pour vous. Il vous suffira de savoir que Rollin fut appelé au collége de France, en qualité de professeur d'éloquence, poste qu'il occupa très-longtemps ; qu'il fut élu, réélu, continué recteur de l'Université (1) pendant plus de vingt années ; chargé de la direction du collége de Beauvais, qu'il entreprit de relever de sa décadence.

Une seule disgrâce le frappa dans sa longue carrière. Son amitié pour les solitaires de Port-Royal (2) l'engagea dans des controverses religieuses qui troublèrent sa conscience et compromirent son repos. La direction du collége de Beauvais lui fut retirée. Sa simplicité de cœur n'avait pas prévu cet orage ; il le supporta avec fermeté, et consacra les loisirs qui lui étaient faits à de sérieuses et solides études. Il avait été nommé membre de l'Académie des inscriptions et belles-lettres, et il voulut reconnaître par quel-

____

(1) Chef de l'Université, élu pour un temps limité.
(2) Réunion religieuse de savants, partisans des erreurs du jansénisme, condamnées par l'Église.

ques publications importantes l'honneur que lui avait fait cette compagnie.

Sur les instances de ses collègues de l'Université, il entreprit un ouvrage qui devint classique à sa naissance : le *Traité des Études*. Plus tard, mon cher Alfred, plus tard encore, mon cher Gustave, vous lirez ce livre avec le plus grand fruit. Ceux qui veulent apprendre ou enseigner y trouvent une direction sans pédanterie, pleine de charme et de simplicité.

Mais, si ce fut là le plus éminent de ses travaux, ce n'en était que le commencement et la moindre partie. Il composa ensuite, dans l'espace de huit ans, une histoire ancienne en treize volumes, que nous trouvons aujourd'hui un peu longue, un peu incolore, parce que nous sommes habitués à une manière d'écrire plus vive et plus originale, mais qui se distingue par le bon goût, par les réflexions sages, par un style élégant et pur.

Cinq volumes de l'histoire romaine succédèrent à l'histoire ancienne, mais Rollin n'eut pas le temps de terminer cet ouvrage.

Un grand écrivain français, Montesquieu, n'a pas craint de dire : « Un honnête homme a, par ses ouvrages d'histoire, enchanté le public. C'est le cœur qui parle au cœur. On sent une secrète satisfaction d'entendre parler la vertu ; c'est l'abeille de la France. » « Rollin est le Fénelon de l'histoire » a dit Chateaubriand.

Cet écrivain, si aimé du public, et à qui des voix éloquentes ont rendu de tels hommages, était aussi le meilleur des hommes ; arrivé à une très-modeste aisance, il refusa de l'accroître en acceptant des offres qui auraient pu engager son indépendance. Tous les mois, il faisait distribuer cent francs aux pauvres, et cette somme représenterait une somme beaucoup plus forte aujourd'hui. Il chargeait de cette distribution son domestique, qu'il traitait en ami, et à qui il laissa en mourant ses meubles et une pension viagère. En 1740, année désastreuse, où la misère publique fut grande, il fit plus que doubler ses libéralités habituelles.

Quoique ses ouvrages eussent la vogue, il ne chercha pas même à en tirer profit.

Jamais il ne rougit de son humble origine. On raconte qu'il envoya pour étrennes à un de ses amis un couteau, avec quatre vers, dans lesquels il disait qu'il avait habité l'antre des Cyclopes (1) avant d'être admis dans la retraite des Muses, ce qui signifiait en bon français qu'il avait passé ses premières années dans une fabrique de coutellerie, avant de composer des ouvrages de littérature.

Rollin eut et mérita d'avoir beaucoup d'amis : le chancelier d'Aguesseau, le célèbre avocat Cochin, deux grands poètes, Racine et Jean-Baptiste Rousseau. Il promit à Racine mourant de se charger de l'éducation de son plus jeune fils, qui fut depuis l'auteur du poëme de *la Religion*. Il adoucit l'humeur âpre et rancuniere de Jean-Baptiste Rousseau. Il semblait porter partout avec lui l'apaisement et l'harmonie.

N'oublions pas de compter parmi ses amis les plus dévoués ses propres élèves. Quand il perdit la charge de principal du collége de Beauvais, les élèves désolés écrivirent une déclaration par laquelle ils attestaient la

____

(1) Forgerons, ouvriers du dieu Vulcain.

bonté de leur principal, qui les avait aidés de ses conseils et de sa bourse, fournissant aux plus pauvres du pain, des habits, des chaussures. Il ne voulut pas faire usage de cette pièce, et il se contenta de la garder dans ses papiers.

Quoique Rollin n'ait pas appartenu à l'Académie française, elle a voulu lui payer un tribut d'hommages, en mettant son éloge au concours. Sa statue a été placée, par ordre du roi Louis XVI, parmi celles des hommes qui ont honoré le siècle de Louis XIV.

Telle fut, mes amis, la vie de cet homme de bien, qui ne songea qu'à remplir ses devoirs, et qui n'aspirait pas à la renommée. On raconte qu'un jour où il assistait à une plaidoierie du célèbre Cochin, celui-ci fit l'éloge indirect de Rollin en peignant un bienfaiteur de la jeunesse, et que Rollin, troublé et confus, ne savait où se cacher. Ce dernier trait doit compléter son éloge.

XXXV

UN SAUVETEUR

Il y a quelque temps que nous avons perdu de vue notre ami le père Marcel. Il vient cependant, il vient souvent assister aux lectures et aux conversations de la famille. Il est très-friand des beaux récits de M. et de madame Durand, et s'intéresse aussi aux remarques naïves des enfants, car rien de ce qui regarde ses petits amis ne lui est indifférent. C'est un cœur tendre sous une rude écorce, et l'affection qu'il porte à ses hôtes, ils la lui rendent sans marchander.

Marcel avait donc assisté à quelques-uns des derniers entretiens, et, comme son favori, Gustave, l'avait pressé de raconter à son tour quelque chose, il avait promis de payer à courte échéance, et de rendre compte d'une découverte qu'il avait faite tout récemment.

Le voici aujourd'hui prêt à tenir sa parole. On s'assied en cercle autour de lui, sauf Gustave, qui, en vertu d'un ancien privilége, monte à cheval sur un de ses genoux, et il commence sans préambule.

MARCEL.

Savez-vous, enfants, ce que c'est qu'un *sauveteur?*

— Je n'ai pas encore entendu prononcer ce mot-là, dit Alfred. Les autres enfants firent aussi un signe négatif.

MARCEL.

Vous savez au moins qu'il y a eu et qu'il y a encore des gens courageux qui, voyant un de leurs semblables près de se noyer ou de périr dans un incendie, volent bravement à son secours.

ALFRED.

Oh! oui, j'en ai vu plusieurs risquer leur vie pour sauver la vie des autres. Dans l'incendie qui a eu lieu l'année dernière à l'autre bout de la ville et qui a brûlé deux maisons, j'ai vu un ouvrier qui, à travers le feu et la fumée, a tiré de peine une femme et ses deux enfants. Ses cheveux et sa barbe étaient brûlés, mais il paraissait bien content de sa bonne chance, et je me rappelle que j'ai joliment battu des mains pour l'applaudir.

GUSTAVE.

Et moi, j'ai vu un bourgeois se jeter dans la rivière et en retirer un homme qui allait couler au fond. Il a bien manqué d'y passer lui-même, parce que le pauvre homme se cramponnait après lui ; mais il a été le plus fort, et on lui a fait des compliments qu'il méritait bien.

MARCEL.

Eh bien ! mes amis, ce que ces deux hommes de cœur ont fait généreusement quand une occasion s'est présentée, il y a des hommes qui le font par habitude, qui risquent dix fois, vingt fois, trente fois leur vie pour sauver celle des autres. C'est une profession qu'ils exercent, sans compter leur métier ordinaire : ces hommes qui se dévouent sans cesse, qui ne calculent jamais le danger, et qui sont là comme des sentinelles toujours prêtes à crier *qui vive*, c'est ce qu'on appelle des *sauve-teurs*.

ALFRED.

Vous en connaissez, père Marcel ?

MARCEL.

J'en connais un qui en remontrerait à tous les autres, et c'est de lui que je veux vous parler.

Un *chut* général suivit ces paroles, et la curiosité fit flamboyer les yeux des trois enfants.

J'étais allé, reprit le sergent, faire un tour de promenade à Saint-Malo. Il y a toujours là, comme ailleurs, des baigneurs qui font des imprudences. Un petit diable d'écolier, qu'on ne surveillait guère, s'avance trop loin en mer, perd pied, crie en barbottant et va disparaître.

Les autres baigneurs étaient à distance ; comme je nage assez bien, je suis tenté de me jeter tout habillé dans le tourbillon, pour tirer ce marmot d'affaire ; mais un individu, plus leste que moi, se déshabille au galop, saute dans l'eau, y file comme un trait en faisant des coupes d'artiste, et ramène le mioche presque suffoqué. Puis, il prend un petit flacon dans la poche de sa veste, restée sur la plage, et fait avaler au petit noyé quelques gouttes de je ne sais quelle liqueur. Quand il est remis, notre homme le fait rhabiller et le renvoie avec une bonne mercuriale, et, comme l'enfant le remerciait, « tâche seulement, lui répond-il assez brusquement, d'être moins maladroit à l'avenir. »

J'étais le seul témoin de cette petite scène. Le son de voix de cet homme m'avait frappé. Je m'approchai de lui, et je reconnus un de mes vieux camarades d'école. Il y avait trente ans que nous ne nous étions vus. Pendant qu'il se rajuste, je regarde sa veste, et j'aperçois une dixaine de médailles accrochées aux boutonnières, une vraie brochette, quoi ! Je l'interpelle, il me répond ; et nous renouvelons connaissance.

— Est-ce que tu es devenu ambassadeur ou ministre, dis-je, en montrant sa poitrine richement décorée ?

— Non, vraiment, me répondit-il en riant, mais j'ai l'honneur d'être, depuis huit ans, membre titulaire de la Société des sauveteurs de Nantes, batelier de mon état, et au service de l'humanité par goût et par habitude.

— Et toutes ces médailles.....

— Sont, ajouta-t-il, des récompenses que m'a accordées le gouvernement, sur la proposition des autorités locales, pour un certain nombre de faits de sauvetage, accomplis par ton serviteur.

— C'est superbe, repris-je, et, si je n'avais pas honte de te faire causer après le bain forcé que tu viens de prendre, je te demanderais quelques détails sur tes exploits.

— J'ai loué par ici, pour deux ou trois jours, une petite cabane, répondit mon camarade. Veux-tu t'y reposer un instant?

— Accepté ! lui dis-je, et nous nous mîmes en marche.

— Je te dirai d'abord, continua-t-il, que je suis venu ici pour une affaire de famille sans grande importance. Je ne fais que passer, car mon bateau m'attend là-bas.

Quant à la question que tu m'as faite, la réponse ne sera pas longue. Si je me vantais trop fort, j'aurais l'air d'un paon qui fait la roue. Je t'assure, d'honneur, que je n'agis pas par vanité. Les récompenses me flattent, mais j'aurais fait de même pour l'amour de Dieu et du prochain. Je trouve qu'il est si bon, si naturel de faire le bien, de sauver la vie à son semblable, que je n'ai pas besoin d'autre motif. Il me semble que je suis né sauveteur.

— J'admire ton désintéressement, mais, si tu es modeste, je suis curieux, et je voudrais bien savoir, en gros, comment tu as gagné tes dix médailles.

Nous arrivions à la maisonnette. Nous nous assîmes, et mon camarade reprit ainsi :

— Allons, puisque tu le veux... et il se mit à toucher successivement chacune de ses médailles.

— J'ai eu celle-ci, dit-il, pour avoir sauvé d'un incendie un vieillard paralytique que les flammes allaient atteindre ;

La seconde, pour un autre fait d'incendie, car il ne faut pas s'imaginer, comme quelques personnes le croient, qu'un *sauveteur* ne travaille que dans l'eau ;

La troisième, pour avoir arrêté, à la force des poignets, un cheval qui avait pris le mors aux dents, et qui allait briser la voiture et la tête de deux voyageurs fort embarrassés de leur personne ;

Les quatre suivantes pour avoir retiré de l'eau sains et saufs des individus, dont trois imprudents, comme le petit bonhomme de ce matin, et le quatrième qui voulait absolument se noyer, mais à qui je n'ai pas permis de se passer cette fantaisie.

Tu me dispenseras de te raconter l'origine des trois autres, car les mêmes accidents se répètent toujours, et le récit de tous ces sauvetages finirait par être monotone.

— Mais vraiment, dis-je avec admiration, il me semble que la croix d'honneur ne serait pas de trop dans ta collection !

— On l'a demandée pour moi, dit négligemment mon vaillant camarade, et il est possible qu'elle arrive. Oh ! elle serait la bienvenue, je ne m'en cache pas ; c'est une récompense toute française et à laquelle on ne peut guère être indifférent. Mais, je te le répète, mon vieux compagnon, la grande, la haute récompense, supérieure même à cette croix si enviée, c'est la conscience d'avoir fait son devoir et d'avoir bien servi l'humanité.

— C'est singulier, me disais-je, comme les grandes pensées inspirent tout de suite, même aux plus simples, des paroles qui ne sont plus de leur langage habituel. Voilà un batelier, qui n'a pas fait, non plus que moi, de fortes études, mais qui est accoutumé à se dévouer, qui a des principes d'honneur solides ; et, quand il est sur ce chapitre-là, il parle aussi bien qu'un sous-préfet.

Je me levai, je lui donnai une cordiale poignée de main ; je lui dis ce que je faisais, où je demeurais, et nous nous promîmes de nous donner réciproquement de nos nouvelles.

— Ma foi, mon ami, dit M. Durand, vous avez réparé un oubli que je n'aurais pas dû commettre. J'ai là, depuis une quinzaine de jours, un règlement qui m'a fait connaître la Société des sauveteurs de la Seine, fondée il y a trente ans, et dont je voulais dire quelque chose aux enfants. Votre récit m'en dispense. Je leur apprendra seulement que ces Sociétés se sont multipliées dans les provinces, qu'elles sont organisées en Sociétés de secours mutuels (1), avec des titulaires, des honoraires, des bienfaiteurs, et que chaque membre, outre le mérite de ses actions personnelles, concourt à la prospérité d'un des établissements les plus utiles qu'aient inventés l'amour du bien et le pur esprit de charité.

XXXVI

LE ROI RENÉ

M. DURAND.

Il a été convenu, mes enfants, que nous ferions aujourd'hui une petite excursion historique dans la vieille

______

(1) Sociétés qui viennent en aide à ceux de leurs membres qui sont dans la gêne.

France. Ce sont des temps quelquefois obscurs, mais animés, dramatiques, et dans lesquels les types originaux, les figures bien caractérisées, ne manquent pas.

Parmi tant de physionomies guerrières et de réputations bruyantes, nous allons y rencontrer une renommée douce et pacifique, une bonne nature ornée de qualités morales, sensible au charme des lettres et des beaux-arts, un souverain qui fut aussi un artiste, un cœur noble, qui se consola du malheur et de l'ingratitude en répandant des bienfaits. Ce personnage, justement populaire, et que nous serons heureux de connaître, c'est celui que l'histoire nomme *le bon roi René*.

ALFRED.

Ce surnom-là prévient déjà en sa faveur.

M. DURAND.

Je vous ferai d'abord remarquer que René, duc d'Anjou, roi de Naples et de Sicile, comte de Provence, gendre du roi de France, Charles VII, et beau-père de Henri VI, roi d'Angleterre, fut toute sa vie occupé de guerres, tantôt vainqueur, tantôt vaincu, jamais tranquille. Qu'avais-je donc à vous annoncer un personnage pacifique? J'ai l'air d'oublier ma promesse.

Cependant, je vous ai dit la vérité.

C'est que, si les prétentions injustes et la mauvaise foi qui lui disputèrent ses domaines pendant de longues années, l'obligèrent à prendre souvent les armes, s'il eut à faire preuve de valeur sur les champs de bataille, et d'une résignation courageuse dans la captivité, ce n'était pas là le fond de sa nature. La culture des lettres et des arts, la générosité, l'exercice bienfaisant de la puissance, c'était le propre de son caractère. S'il avait pu choisir, il n'aurait pas fait d'autre choix.

Aussi, ne vous raconterai-je pas en détail sa vie guerrière. J'en esquisserai seulement les principaux traits.

René reçut en naissant le simple titre de comte de Guise ; mais, à vingt-deux ans, il était propriétaire de vastes domaines. Un comte de Vaudemont lui disputa la Lorraine. René obtint d'abord quelques succès, mais bientôt il fut obligé de rendre son épée et de se constituer prisonnier. Il resta six ans captif, et, pendant ce temps, il héritait du royaume de Sicile, et sa femme, la reine Isabelle, nommée par lui sa *lieutenante générale*, combattait en Italie pour conserver ce brillant héritage.

De retour dans son comté de Provence, où il fut accueilli avec grande faveur, René équipa une flotte, et fit voile vers Naples qui lui ouvrit ses portes. Il regagna peu à peu ses provinces envahies ; mais son rival, Alphonse, roi d'Aragon, corrompit ses meilleurs officiers, et entra dans Naples par trahison. René s'ouvrit un passage, l'épée à la main, et rentra dans sa fidèle Provence. C'est alors qu'il donna en mariage sa fille, Marguerite d'Anjou, au roi d'Angleterre. La mauvaise foi de son gendre l'obligea à lui faire la guerre, avec le secours de son beau-père Charles VII, qu'il aida à chasser les Anglais de Rouen, de Caen et de toutes les places qu'ils occupaient encore. René contribua ainsi à consommer l'œuvre de Jeanne d'Arc.

Il aspirait au repos, mais de rudes épreuves l'attendaient encore. Attiré en Italie par le duc de Milan et les Florentins, qui le flattaient de l'espoir de reconquérir le royaume de Naples, il ne trouva que des dissensions dans le camp de ses alliés, renonça à cette entreprise mal conçue, et revint en France. Là, il perdit presque en même temps son fils, le duc de Calabre, Charles d'Anjou son frère, Nicolas d'Anjou son petit-fils, et une de ses filles, tandis que son autre fille, l'héroïque Marguerite succombait, en Angleterre, dans la lutte qu'elle avait soutenue pour conserver le trône à son époux. En même temps, Louis XI, sous de frivoles prétextes, le dépouilla de l'Anjou, qu'il réunit à sa couronne.

Tant de douleurs et de déceptions faillirent épuiser le courage du roi Réné; mais nous allons le voir supérieur à sa mauvaise fortune.

Retiré et fixé définitivement dans sa chère Provence, il voua tout son loisir au culte des lettres et des arts. Aimé de ses sujets pour sa bonté, admiré d'eux pour la variété de ses talents, il trouva dans la sympathie générale un adoucissement à de si cruelles blessures. On avait connu en lui le guerrier sans peur, le lutteur intrépide, qui avait soutenu ses droits avec vigueur et loyauté, sans avoir jamais recours à de basses intrigues; on connut alors le prince bienfaisant, le peintre, le poète; son nom devint et resta populaire entre ceux de cette époque. *Le bon roi René, le savant roi René*, disait-on, et chacun ne parlait de lui que le sourire aux lèvres et l'émotion au cœur.

Dans sa jeunesse, il avait cultivé la poésie, et ses vers ont mérité d'être mis en balance avec ceux de Charles d'Orléans (1), un des plus aimables poètes de ce temps. C'est un goût qu'il conserva toujours, et on était frappé

______

1) Comte d'Angoulême, père de Louis XII.

de le voir réunir à l'illustration du guerrier l'inspiration de ces poëtes du midi de la France qu'on appelait *troubadours*.

On a publié les œuvres complètes du roi René, mais plusieurs pièces lui ont peut-être été attribuées à tort. N'entrons pas dans cette discussion trop savante pour nous. Les poésies qu'on ne lui conteste pas prouvent qu'il ne manquait ni de verve, ni de grâce.

Quant à ses peintures, dont plusieurs donnent lieu aux mêmes doutes, d'autres aussi sont authentiques, et remarquables par la hardiesse et la pureté du dessin. Ce sont des *livres d'heures*, ornés de nombreuses miniatures, des manuscrits splendidement *illustrés*, comme nous disons aujourd'hui, quelques grands tableaux peints à l'huile, et représentant des sujets religieux, comme la *prédication de la Madeleine*, et l'*adoration des Mages*.

Il est hors de doute que le roi René se faisait aider dans ses travaux de peinture par des artistes italiens, ce qui ajoute à la difficulté de juger son œuvre. Il préférait au mérite d'un succès tout personnel le sérieux intérêt de l'art.

Ce souverain, peintre et poëte, ne négligeait pas ce qui pouvait ajouter aux richesses naturelles du petit domaine que lui avait laissé la fortune. Il naturalisait des plantes jusqu'alors inconnues en France, la rose de Provins (1), l'œillet de Provence (2), le raisin muscat, et les animaux rares, comme des paons de diverses couleurs. Il tentait une expérience pour acclimater la canne à sucre. La culture des mûriers, le tissage des draps, la filature

(1) Rose rouge.
(2) Belles fleurs mélangées de roug   de blanc.

de la laine, l'art de la verrerie, occupaient utilement cette active imagination.

A 72 ans, il mourut à Aix, regretté, pleuré sincèrement par le peuple qu'il avait aimé. Une fort belle statue en marbre lui a été dressée, en 1823, sur la grande place du chef-lieu de la Provence ; mais c'est dans leurs cœurs que les populations reconnaissantes lui ont élevé son plus durable monument.

— Père, dit Alfred, qui avait écouté attentivement cette histoire, me permets-tu une question ?

M. DURAND.

C'est convenu depuis longtemps, mon ami. Tu ne peux pas me faire plus de plaisir.

ALFRED.

Ce beau titre d'*héroïque* que tu as donné à Marguerite d'Anjou, me fait désirer de connaître un peu son histoire.

M. DURAND.

Je t'en parlerai volontiers, mais brièvement. Il faut réserver les développements pour l'étude spéciale de l'histoire, qui viendra en son temps.

Marguerite, fille de René, avait épousé, je l'ai déjà dit, Henri VI, roi d'Angleterre. C'était un prince d'un esprit très-faible, qui laissa le pouvoir réel aux mains de Marguerite ; mais elle se trouvait bien embarrassée, car son père aidait Charles VII à expulser les Anglais de France, et, comme reine d'Angleterre, son devoir était de défendre les intérêts de sa patrie adoptive. Cette position fausse la rendit suspecte. Le duc d'York (1), qui aspirait

____

(1) D'une branche de la maison royale des Plantagenets.

au trône, se révolta ouvertement. Alors commença une lutte célèbre dans l'histoire d'Angleterre sous le nom de la *guerre des deux roses*, parce que le duc d'York et ses partisans portaient une rose blanche, tandis que Marguerite et tous ceux qui soutenaient la maison de Lancastre (1) avaient adopté une rose rouge. La lutte dura dix-huit ans, avec des alternatives de succès et de revers dans lesquelles Marguerite fit preuve du plus grand courage. Sa beauté, son énergie excitaient l'enthousiasme de ses partisans. Elle paraissait à la tête des armées, réparait les échecs, tirait parti des moindres succès. Tant d'efforts furent inutiles. Vaincue dans une bataille décisive, elle fut jetée en prison à Londres, tandis que le prince de Galles, son fils, était mis à mort. Cinq ans plus tard, Louis XI, non par générosité, mais par politique, obtint que la liberté lui fût rendue, et ce fut dans un château de l'Anjou, auprès de son vieux père, que Marguerite termina obscurément une vie si agitée.

— Je vois, mon enfant, que tu as une seconde question à m'adresser ?

ALFRED.

Oui, je voudrais bien savoir exactement ce que c'était qu'un *troubadour*. Comment ce nom bizarre peut-il désigner un poëte ?

M. DURAND.

Ce nom, mon ami, signifie un homme qui *trouve*, qui invente. Dans le Nord, on disait *trouvère*, ce qui avait le même sens. Nous disons simplement *poëte* aujourd'hui ; au moyen-âge, les *troubadours* et les *trouvères*

---

(1) Descendant d'Édouard III.

étaient des *poëtes*, surtout gracieux dans le Midi de la
France, souvent satiriques dans le Nord. Mais je ne veux
pas m'engager ici dans des explications mal placées. Il
suffit que tu connaisses le sens du mot qui t'embar-
rassait; c'est la seule chose qui t'importe quant à présent.

QUESTIONNAIRE

Des chapitres XXXI à XXXVI inclusivement.

XXXI. — Qu'est-ce que les cartes à jouer?

D'où viennent les personnages dont les figures y sont gravées?

Quand et par qui furent-elles inventées?

Ne servirent-elles pas pour amuser un roi de France?

Napoléon Ier ne voulut-il pas en réformer le dessin?

Que peut-on dire de l'usage des cartes à jouer?

Faites une réflexion sur les *jeux du hasard.*

XXXII. — Qu'était-ce que Charlemagne?

Que peut-on dire de lui, comme guerrier et comme législateur?

Qu'était-ce qu'Alcuin?

Que firent Charlemagne et Alcuin pour les sciences et les lettres?

Que firent-ils surtout pour l'instruction primaire?

XXXIII. — Qu'est-ce que des enfants *précoces?*

En quoi Pascal était-il un enfant précoce?

Qu'était-ce que Pic de la Mirandole?

Qu'était-ce qu'un jeune berger nommé Mondeux?

Quel est l'effet ordinaire des dispositions *précoces?*

XXXIV. — Qu'était-ce que Rollin?

Pourquoi l'a-t-on nommé *le Saint de l'Enseignement?*

Par quelles qualités se distingua-t-il?

Quels sont ses principaux ouvrages?

XXXV. — Qu'est-ce qu'un sauveteur?

Qu'avait fait celui que rencontra le père Marcel?

Que doit-on penser des Sociétés de sauvetage?

XXXVI. — Qu'était-ce que le roi René?

Ne fut-il pas obligé de faire souvent la guerre?

Fut-il toujours vainqueur?

Quel séjour préférait-il?

Que pensait-on de lui en Provence?

Quels talents possédait-il?

Comment gouvernait-il ses domaines?

Comment mourut-il?

Qu'était-ce que Marguerite d'Anjou?

Sa vie ne fut-elle pas bien agitée?

Qu'étaient-ce que les Troubadours et les Trouvères?

XXXVII

UN CHARLATAN

Il n'était bruit dans toute la ville, que de l'arrivée d'un charlatan bien connu, aimé du public, et qui, de temps en temps, faisait une tournée en Bretagne. C'était l'illustre Mengin, qui débitait ses crayons, en lançant au public enchanté un flux de paroles, et qui excitait l'attention par son costume étrange. Coiffé d'un casque, portant, soit une cuirasse de cuivre qui reluisait au soleil, soit un petit manteau de velours vert, orné d'un beau galon d'or, il se tenait debout dans une espèce de calèche (1), à laquelle étaient attelés deux chevaux fringants. Six musiciens en livrée, perchés derrière lui sur le haut de la voiture, attendaient que le maître leur donnât le signal, et, dès qu'ils l'avaient reçu, annonçaient avec fracas l'ouverture du spectacle en plein vent offert à la foule. Les badauds (2) accouraient au bruit, dressaient l'oreille aux discours de Mengin, écarquillaient (3) les yeux à la vue de son faste royal, et achetaient ses crayons incomparables. Les gens sérieux s'arrêtaient par curiosité, écoutaient en souriant, et achetaient comme les autres. Mengin trouvait son compte à cette grotesque popularité.

(1) Voiture découverte, à ressorts.
(2) Ceux qui regardent et écoutent niaisement.
(3) Ouvraient démesurément.

Le modeste hôtel de l'Acacia renfermait au moins un homme sérieux, M. Durand, et un curieux, notre ami Alfred. Le nom de badaud n'eût convenu ni à l'un ni à l'autre. Mme Durand et Blanche n'allaient pas entendre les bavardages un peu trop familiers du charlatan ; Gustave aurait préféré des tours de gobelet à ses tirades ambitieuses et à ses épigrammes plus ou moins malignes. Pour Alfred, il était déjà assez observateur pour tirer quelque profit de la parade, et M. Durand lui proposa de faire un tour sur la place pour donner à cette éloquence originale un quart d'heure d'attention.

Quand ils arrivèrent, Mengin, d'une voix grave, expliquait à ses auditeurs les difficultés de son métier, et il concluait avec emphase qu'il faut *vingt ans* d'études pour faire un charlatan accompli. C'était lui, bien entendu, qui réalisait cet idéal.

Assuré de la confiance de son auditoire, qui prenait ses paroles à la lettre, il commençait ce qu'on appelle un *boniment* (1), auquel la verve et même l'esprit ne manquaient pas. Comme il avait aperçu le ruban rouge à la boutonnière de M. Durand, il se félicita, d'un ton pathétique, d'avoir *même des messieurs décorés* pour auditeurs. Cet homme, condamné assurément à se répéter souvent, savait cependant profiter des circonstances pour donner à son langage quelque chose de piquant et d'imprévu.

Il possédait réellement le secret d'intéresser ceux qui n'étaient venus que pour l'écouter en passant, et de les retenir, comme s'il s'était agi d'une affaire sérieuse. Sa

____

(1) Annonce pompeuse que font les charlatans pour attirer le public.

bonhomie, ses boutades quelquefois hardies, mais jamais grossières, son clinquant (1) même et ses oripeaux (2) exerçaient une espèce de fascination, dont on eût rougi par réflexion, mais qu'on subissait machinalement. Et puis, tel qui aurait eu honte d'acheter une poudre ou une liqueur prétendues miraculeuses, tendait la main sans scrupule au vendeur de crayons incorruptibles. C'était, après tout, un achat utile, une grave fourniture de bureau. L'orateur en plein vent atteignait un double but : il amusait les oisifs et débitait assez lestement sa marchandise. Aujourd'hui encore, les *crayons Mengin* ont conservé quelque chose de leur ancienne renommée, et ces deux mots, lus à la vitrine (3) d'une papeterie, sont un appât pour les acheteurs.

Quand M. Durand et Alfred eurent joui, pendant le quart d'heure convenu, de ce spectacle populaire, ils continuèrent leur promenade et engagèrent la conversation.

— Père, dit Alfred, tous les charlatans ressemblent-ils à celui que nous venons d'entendre?

— Il y a, répondit M. Durand, une grande variété de charlatans, qui emploient toutes sortes de moyens pour gagner leur vie, en divertissant le public. Les uns font des tours de force ou d'adresse; les autres éblouissent les gens crédules par des annonces pompeuses; presque tous essaient de joindre une industrie à leurs parades, qui ne suffiraient pas à garnir leur bourse. Ils vendent des élixirs (4), des remèdes contre tous les maux; ils

(1) Lames ou feuilles de cuivre.
(2) Broderies de faux or.
(3) Montre de boutique.
(4) Liqueur spiritueuse, extraite de plusieurs substances.

arrachent quelquefois les dents avec dextérité. Celui-ci, Mengin, a imaginé de vendre des crayons, fort bons d'ailleurs, et il en tire un honnête profit.

ALFRED.

Ce doit être un état bien pénible. Vivre ainsi en plein air; y parler sans cesse; chercher toujours des moyens nouveaux de faire rire; risquer souvent de rentrer les mains vides dans une misérable auberge où l'on n'est pas sûr de pouvoir payer son dîner; voilà, à ce que j'ai entendu dire, le sort de ces pauvres gens qui nous amusent, mais qui, je crois, ne s'amusent guère, et je serais vraiment tenté de les prendre en pitié.

M. DURAND.

Ce que tu dis-là, mon ami, est d'un enfant qui a l'habitude de réfléchir. Oui, ces pauvres charlatans ne réussissent pas toujours comme Mengin, qui fait exception. Il y a souvent bien des chagrins sous cette apparence de fausse gaieté, bien des privations derrière ces simagrées (1) de joie et de bonheur. Et tiens ! Mengin, lui-même, quand il est descendu de son tréteau, et qu'on l'entend causer, non plus en charlatan, mais en homme comme les autres hommes, a des paroles fort tristes, et montre moins d'envie de rire que de pleurer. Je l'ai vu en particulier, à son dernier voyage. Il venait de perdre un enfant unique. Son cœur était brisé; il n'avait que des idées funèbres. Quelques instants après, il est remonté sur son théâtre, et là, il a fallu rire, faire rire, et toujours, et toujours ! Moi, qui avais été témoin de

_____
(1) Grimaces.

sa douleur, je t'assure que je trouvais son métier bien pénible, et je ne crois pas qu'il y résiste longtemps. Son voyage d'aujourd'hui pourrait bien être le dernier.

Une anecdote du même genre me revient à l'esprit. Il y avait à la fin du dernier siècle, un farceur célèbre, un charlatan très-populaire, qui se nommait Carlin. On disait de lui *qu'il faisait rire des pieds à la tête*. Cependant, il était d'un caractère mélancolique, et ne descendait guère de ses tréteaux, où il égayait la foule, que pour se livrer à ses idées noires. Il alla, dit-on, sans se nommer, consulter un médecin spécial pour ces sortes de maladies : « Le meilleur remède, lui dit le docteur, serait d'aller entendre, chaque soir, pendant une quinzaine, le fameux Carlin. » — Alors, reprit tristement le pauvre charlatan, je suis perdu — car je suis Carlin lui-même.

L'anecdote est peut-être inventée; mais il est bien vrai que cette gaîté folle, dont les charlatans sont obligés de prendre le masque, peut cacher de grandes douleurs.

— Il me semble, dit Alfred, que j'entends quelquefois appliquer ce nom de charlatan à d'autres qu'à ces farceurs de la place publique, à des gens du monde. Que veut-on dire par là ?

M. DURAND.

On donne ce nom, mon ami, aux hommes qui cherchent à éblouir les autres par des vanteries, qui se font valoir en exagérant leur influence, qui se prônent eux-mêmes en faisant croire qu'il possèdent des secrets merveilleux. Tu apprendras plus tard à te défier de ces grands éclats qui n'annoncent d'ordinaire que des qualités bien minces, mais qui peuvent tromper les gens de bonne foi. Tu es naturellement ami de la simplicité, et tes parents t'en donnent l'exemple ; tu ne te repentiras jamais de cette bonne habitude. C'est un rôle très-fatiguant que d'enfler notre propre mérite, de vouloir nous faire passer pour des êtres supérieurs. Quand nous jouons cette comédie, on ne nous croit pas et on nous méprise. Nous faisons quelques dupes, mais, tôt ou tard, nous découvrons notre côté faible, alors nous sommes bafoués (1) sans pitié — et c'est justice.

Mais, voilà assez de morale pour aujourd'hui : allons retrouver ceux qui ont gardé la maison. Nous leur dirons un mot du pauvre Mengin, mais sans insister sur le côté triste de l'affaire. Entre hommes, nous avons bien fait d'en parler, et, quand on a l'honneur d'avoir douze ans révolus, on peut bien soutenir une petite conversation sérieuse. C'est le moment où l'expérience commence à venir, et, si l'on riait toujours, on resterait un petit enfant jusqu'à l'âge d'homme. N'es-tu pas de mon avis?

ALFRED.

Oui, père, j'aime bien les conversations sérieuses avec toi, car elles m'apprennent toujours quelque chose. Mais n'est-il pas singulier que nous soyons sortis avec l'intention de rire, et que nous soyons si graves maintenant?

M. DURAND.

C'est ce qui peut arriver souvent, mon cher Alfred.

(1) Moqués.

Tout se tient dans la vie, et il y a souvent bien peu de distance du rire aux larmes.

Mais voilà que je retombe dans des réflexions qui finiraient par te fatiguer. Ce diable de Mengin m'a donné des idées qui ne sont pas gaies du tout. Il est temps que nous pensions à autre chose, et je me fais fort de trouver des sujets plus riants, quoique toujours instructifs, pour continuer la chère éducation de famille.

XXXVIII

LA BONNE DUCHESSE

Quand on avait raconté en famille l'histoire du *bon roi René*, Blanche s'était souvenue d'une dame illustre de la Bretagne, dont lui avait parlé sa mère, et qui dut aussi à la *bonté* ce surnom historique simple et touchant. Madame Durand avait promis d'en faire l'objet d'un entretien, et la reine Anne de Bretagne fut mise à l'ordre du jour (1).

Madame Durand aimait à payer ses dettes. Les jeunes garçons, Brétons dans l'âme, apprirent avec plaisir qu'ils allaient entendre une histoire bretonne, demandée par leur sœur, racontée par leur mère. Chacun prit place, et madame Durand commença ainsi :

Anne de Bretagne naquit à Nantes, vers la fin du XVe siècle, à une époque où cette province n'était pas

____

(1) Indiquée pour sujet de conversation.

encore française. C'était un duché indépendant, et les Bretons ne voulaient pas entendre parler de se donner un étranger pour maître.

Cependant, Anne, qui perdit son père de bonne heure, se trouva, à quatorze ans, unique héritière du duché de Bretagne. Alors, de puissants personnages prétendirent à sa main, et leurs prétentions, soutenue par de nombreux partisans, firent éclater une guerre civile. La duchesse se trouva dans une position très-critique, dont elle ne sortit qu'à force de prudence et d'énergie. Son esprit, comme son caractère, étaient au-dessus de son âge.

Obligée de choisir un époux, elle se décida en faveur de Maximilien d'Autriche, veuf de la duchesse de Bourgogne, que cette alliance devait rendre maître de deux riches héritages ; mais la réunion de deux grandes provinces sous le même sceptre inquiéta le roi de France, Charles VIII, qui, par des négociations habilement dirigées, écarta cette combinaison dangereuse. La princesse Anne, renonçant à sa première pensée, consentit à devenir reine de France ; mais elle conserva la souveraineté de ses États.

Et ce n'était pas seulement pour ménager l'amour propre des Bretons qu'elle avait fait cette réserve ; c'était aussi par un attachement sincère pour ce noble pays dont elle avait les qualités et peut-être les défauts : l'habitude des sentiments élevés et une dignité un peu fière.

Aussi, la Bretagne avait-elle plus que du dévouement pour celle qu'elle appelait déjà sa *bonne duchesse*. Les Bretons l'entouraient d'une sorte de culte, que justifiaient d'ailleurs la pureté de sa vie et la fermeté de son esprit.

Charles VIII, à qui le don de la beauté manquait, mais que son extrême bonté faisait aimer, reconnut bientôt les grandes qualités de la reine, et lui accorda une confiance sans bornes. Quand il partit, un peu étourdiment, pour conquérir le trône de Naples auquel il se croyait des droits, il laissa le gouvernement entre les mains de la reine Anne. Elle montra dans cette épreuve une habileté remarquable et une grande équité.

Le roi étant mort, après sept années de mariage, la reine donna les signes de la plus vive et de la plus sincère douleur. On remarqua qu'elle prit le deuil en noir, quoique les reines, jusqu'alors, l'eussent porté en blanc. Un deuil purement officiel ne suffisait pas à ses regrets.

Cependant, il avait été stipulé dans son contrat de mariage que, si le roi mourait sans enfant, la reine serait obligée d'épouser son successeur au trône. L'intérêt de la France, dont il ne fallait plus séparer la Bretagne, avait motivé cette disposition. Les souverains sont obligés quelquefois de soumettre leurs sentiments particuliers à des raisons d'intérêt public.

Après un an passé à Rennes, où elle se distingua encore par la sagesse de son gouvernement, et devint de plus en plus populaire, la reine Anne épousa Louis XII, qui lui donna, comme l'avait fait Charles VIII, toute sa confiance, et lui dut plusieurs des meilleures inspirations qui ont illustré son règne. Ce fut une époque heureuse pour la France. Le roi Louis XII, que l'histoire a nommé *le père du peuple*, reconnaissait hautement dans la reine tous les dons de l'intelligence et du cœur.

Il lui reprochait parfois, en souriant, d'être d'une humeur un peu dominante. Il lui cita même un jour la fable des biches qui perdirent leurs cornes pour avoir voulu s'égaler aux cerfs (1), voulant ainsi lui faire comprendre que les femmes doivent laisser certaines questions à la décision des hommes. Néanmoins, leur union fut sans nuages, et la reine eut toujours une grande part au gouvernement bienfaisant du roi. Elle soutint constamment contre les cabales (2) de cour le vertueux cardinal d'Amboise, le premier ministre et l'ami de Louis XII, digne de conserver une faveur qu'il n'employait qu'à faire le bien.

En montant sur le trône de France, la princesse, je vous l'ai dit, mes enfants, s'était réservé le gouvernement du duché de Bretagne. Elle en distribuait sagement les revenus. Ses libéralités allaient chercher les veuves, les orphelins, les pauvres. Ce n'était pas seulement une souveraine généreuse; c'était une mère pour ses sujets.

En même temps, comme elle aimait la représentation, elle donnait des fêtes brillantes ; mais jamais ce goût ne fit tort à ses charités. Elle encourageait les savants, dont elle aimait l'entretien, et à qui elle assurait une aisance honorable. Elle ne restait étrangère à rien de ce qui pouvait procurer à sa chère Bretagne honneur et prospérité.

Mais c'était surtout dans les grandes occasions que cette illustre princesse déployait les ressources de son génie. Lorsque, au début du XVIᵉ siècle, une ligue des

(1) On croit que Louis XII lui-même composa cette fable.
(2) Intrigues.

puissances chrétiennes se forma contre les Turcs, la reine Anne équipa à ses frais douze des plus grands vaisseaux armés pour l'expédition. Elle dépensait donc généreusement, mais elle administrait ses revenus avec tant d'ordre que son trésor pouvait toujours suffire à l'imprévu.

Comme souveraine de Bretagne, elle avait des gardes, des gentilshommes à elle; elle donnait audience aux ambassadeurs. Tout cet éclat ne lui déplaisait pas, mais elle y mêlait beaucoup de dignité et de noblesse ; on ne lui comptait pas cette habitude pour un défaut.

Son goût pour les arts est prouvé par un monument précieux, conservé à la Bibliothèque nationale. C'est son *livre d'heures* (1), orné de miniatures, suivant l'usage du temps. Ces figures sont exécutées avec une grande délicatesse. Il y en a une pour chaque mois, représentant les opérations agricoles; les autres représentent les fêtes de l'année. Trois cents plantes, dont plusieurs sont rendues avec finesse et exactitude, mettent pour ainsi dire à notre disposition un herbier (2) complet de la fin du xv⁰ siècle. Le goût de la princesse a inspiré le plan et dirigé l'exécution de ces curieux ornements.

De l'union d'Anne de Bretagne avec Louis XII naquirent plusieurs enfants. Deux filles seulement vécurent. L'aînée épousa le duc d'Angoulême, qui régna depuis sous le nom de François Iᵉʳ.

La bonne reine Anne mourut au château de Blois en 1514, et fut enterrée à Saint-Denis. Ce fut un deuil uni

(1) Livre de piété.
(2) Collection de plantes.

versel, non pas un deuil d'étiquette (1), mais un de ces deuils profonds que fait naître dans les âmes le souvenir des bienfaits et des vertus.

C'est alors que fut consommée la réunion irrévocable du duché de Bretagne à la couronne de France ; mais l'histoire ne sépare jamais du nom de la reine de France celui de la duchesse de Bretagne, et les Bretons, devenus Français, n'en fêtent pas moins leur bonne duchesse Anne, dont le nom leur rappelle une époque de paix et de bonheur.

BLANCHE.

Est-ce qu'elle n'a pas été mise au rang des saintes, cette bonne reine ? Il me semble qu'elle l'aurait mérité.

MADAME DURAND.

La reine Anne avait de grandes et nobles qualités : sa mémoire est digne de respect. C'en est assez pour justifier nos hommages ; nous n'avons pas le droit de réclamer pour elle un plus grand honneur.

XXXIX

LES SCRUPULES DU PÈRE MARCEL

Le père Marcel, nous le savons, était un homme de sens, qui, avec une instruction médiocre, ne laissait pas de se rendre utile par ses conseils. Il n'avait pas fréquenté

(1) De pure représentation.

impunément la maison d'un sage père de famille, et il se souvenait à propos des bonnes maximes, des vérités pratiques qu'il avait recueillies de la bouche de M. Durand.

Seulement, les avis qu'il donnait, à l'occasion, n'étaient pas accompagnés de ces précautions que les esprits cultivés emploient pour ménager les gens. Sa parole était brusque, un peu bourrue, et, auprès des personnes trop susceptibles, il n'aurait pas réussi; heureusement, on le connaissait, on le savait bon et dévoué, et le fond faisait passer la forme.

Dans ses visites à l'hôtel de l'Acacia, il racontait avec un plaisir d'enfant les algarades (1) qu'il lui arrivait de faire aux imprudents, aux égoïstes, aux gens à système, qu'on rencontre à la campagne comme à la ville. Il semblait rendre compte à son maître en sagesse des efforts qu'il faisait pour l'imiter, et son langage pittoresque animait les réunions de famille.

Il arriva, un jour, moitié riant, moitié grondeur, comme s'il sortait d'une conversation un peu vive, dans laquelle il aurait eu maille à partir (2) avec quelque tête à l'envers.

— A qui en avez-vous, mon bon Marcel, lui dit M. Durand, en le faisant asseoir auprès de lui? Est-ce que le temps est à l'orage aujourd'hui?

— Auprès de vous, mon capitaine, répondit le sergent, le temps est toujours au calme, parce que vous ne vous fâchez guère. Je ne suis pas si parfait, je l'avoue, et, quand un niais ou un bravache (3) se met en travers de

----

(1) Reproches faits avec brusquerie.
(2) Une occasion futile de querelle, comme si l'on avait une maille à partager.
(3) Faux bravo.

ma route, je ne m'entends pas à lui dire des douceurs. Cependant je lui veux du bien, chrétiennement parlant, et j'aurais grand plaisir à le voir se corriger ; mais je lui dis son fait, sans prendre des mitaines, et, s'il n'a pas l'esprit de comprendre que c'est pure amitié de ma part, ma foi, je me console de sa mauvaise humeur, et je le laisse dans le pétrin (1) où il s'est fourré.

M. DURAND.

Et vous venez de faire quelqu'une de ces belles rencontres ?

MARCEL.

J'en ai fait deux, vraiment, pas plus tard que ce matin et je vais vous les dire. Cela me déchargera d'un poids, car il n'y a rien de plus lourd que les propos des imbéciles.

M. DURAND.

Voyez-vous comme les enfants se rapprochent, comme leurs yeux s'émérillonnent (2), et comme ils dressent l'oreille ? Votre auditoire est tout prêt.

MARCEL.

Voici l'affaire, ou plutôt les deux affaires en question.

Je suis tombé d'abord sur un de mes voisins, un brave homme, travailleur, honnête, mais toujours soucieux, embarrassé de la moindre chose, et qui se noierait dans une goutte d'eau. Un rien le décourage, et, quoique ses petites affaires n'aillent pas mal, il se croit toujours à la veille de sa ruine.

(1) Embarras.
(2) L'émérillon est un petit oiseau très-vif.

— *Je n'ai pas de chance*, me dit-il d'un ton piteux.

— Que vous arrive-t-il donc ?

— Mon petit garçon vient d'avoir un accès de fièvre. Il paraît que c'est le travail de la dentition.

— C'est fâcheux, mais il faut que les enfants y passent ; ce n'est pas un mal bien dangereux.

— On me le dit ; mais, c'est égal ; je n'ai jamais de chance.

— Jamais, c'est beaucoup dire. De quoi vous plaignez-vous donc encore ?

— Eh ! mon cher voisin, c'est tous les jours quelque nouvel ennui. Hier, je me trompais dans mes comptes, et je n'ai pas encore retrouvé mon erreur. Aujourd'hui, en me mettant à table, je casse par maladresse un verre de bohême auquel je tenais beaucoup. Que voulez-vous ? je ne fais rien comme je le désire. *Je n'ai pas de chance*, c'est tout dire en un mot.

Ce refrain m'agaça les nerfs, et, me plantant devant ce grand pleurard (2), je lui dis : Eh ! merci de ma vie (3), vous la feriez vous-même, votre *chance*, si vous aviez du cœur. Il y a bien des choses que le hasard seul amène. On n'y peut rien d'abord ; mais avec un peu d'énergie, on les répare ou on les oublie.

Est-il raisonnable de jeter ainsi le manche après la cognée (4) ? Il vous arrive une contrariété, une misère peut-être ; et vous en concluez que vous n'avez *jamais de chance*. Est-ce qu'on doit généraliser de cette façon-

(1) Verre élégant, fabriqué en Bohême.
(2) Qui pleure sans sujet.
(3) Exclamation qui annonce l'impatience.
(4) De se décourager.

là ? Il n'y aurait alors sur la terre que des gens condamnés au malheur à perpétuité, car il n'y a personne qui n'éprouve quelque chagrin dans sa vie. Gardez donc vos plaintes pour les vrais malheurs, ou plutôt ne soyez pas injuste envers la Providence, meilleure mère que vous ne paraissez le croire.

Voulez-vous que je vous dise? Votre mot de *chance* n'a pas le sens commun. Vous avez l'air de penser que la volonté ne peut rien, et que nous n'avons qu'à nous croiser les bras et à tendre le dos. Essayez donc d'agir en homme, et, au lieu de gémir sans cesse sur une prétendue *mauvaise chance* qui n'existe que dans votre tête, obtenez, en vous aidant le premier, que le bon Dieu vous vienne en aide. Le temps que vous perdez à dire d'un ton lamentable : *Je n'ai pas de chance, je n'ai jamais de chance,* vous l'emploieriez plus utilement à bien régler vos affaires, à profiter de votre travail.

Il m'écoutait en branlant la tête. Je vis bien que je ne l'avais pas convaincu. Je le quittai en levant les épaules, et je me dis : Voilà une toquade (1) qu'il ne sera pas facile de guérir.

Mais ce n'était pas fini. J'allais tomber, comme on dit, de fièvre en chaud mal (2). Je vois venir à moi un autre de mes voisins, un cabaretier, qui passe pour riche, mais qui mène la dépense grand train. Je crois bien qu'il mange, ou plutôt qu'il boit le fonds avec le revenu. Il a toujours le teint fleuri, la figure épanouie, toute l'encolure de ce qu'on appelle *un bon vivant.*

— Eh bien! mon camarade, lui dis-je, comment vont les

(1) Manie.
(2) De mal en pis.

affaires ? Car je ne vous parle pas de votre santé, qui me paraît superbe.

— La santé et les affaires vous très-bien, me répondit-il, et je ne néglige rien pour qu'elles aillent à merveille.

— Tant mieux ! vous pourrez, un peu plus tard, grâce à vos économies.....

— Que dites vous-là ? interrompit mon homme, des économies! comment voulez-vous qu'on soit heureux en s'imposant des privations? Non, non ; entretenir un petit courant de ressources pour suffire à la dépense au jour le jour, à la bonne heure. Jamais de dettes par exemple ; oh ! je suis inflexible sur ce point-là. Mais placer de l'argent, le faire travailler, et, pour cela, retrancher un plat de sa table et une bouteille de son office ; s'interdire une partie de campagne ; porter longtemps, le mari des habits fanés, la femme des robes défraîchies, pour éviter les mémoires du tailleur et de la couturière ; ma foi non ! c'est un métier d'avares, qui ne savent pas jouir de ce qu'ils ont. Nous ne sommes pas de ceux-là ; nous voulons *descendre* gaiement, comme dit la chanson, *le fleuve de la vie. Après nous le déluge !*

J'étais confondu de cet aplomb.

— Mais enfin, lui dis-je, quand ce beau raisonnement suffirait pour vous, avez-vous pensé à vos enfants?

— Oh ! dit-il avec quelque embarras, les enfants feront comme nous ; ils seront les fils de leurs œuvres. Ils se tireront d'affaire comme nous nous en sommes tirés.

— Mais, pour se tirer d'affaire, il faut commencer avec quelques ressources ; y avez-vous songé?

— Nous y songerons un peu plus tard.

— Ah ! mon voisin, repris-je assez doucement d'abord,

mais avec un commencement de colère que je contenais à peine, savez-vous si le jour de demain vous appartiendra? Est-ce qu'il ne serait pas plus sage de pourvoir dès à présent, en bon père de famille, à cet avenir dont vous parlez si légèrement? Et pour vous-même, croyez-vous qu'il n'y ait pas d'autres jouissances possibles que celles dont vous faites si grand cas? quelques économies assureraient le repos de votre vieillesse, et vous permettraient aussi de soulager quelques misères. Vous n'avez pas mauvais cœur, et vous agissez comme si vous ne pensiez qu'à vous seul. Si vous pouviez voir comme dans un miroir la vraie figure d'un égoïste, vous en auriez peur.

Vous avez prononcé tout à l'heure un mot que vous regretterez quelque jour : *Après nous le déluge !* c'est-à-dire, après nous la misère pour nos enfants, des malédictions contre notre mémoire. On pardonne aux hommes bien des faiblesses ; l'égoïsme ne se pardonne pas. Comme les hommes ne peuvent vivre que par un échange de services, celui qui s'isole et qui ne pense qu'à se satisfaire devient comme un ennemi du genre humain. On ne lui doit rien puisqu'il ne fait rien pour personne, et son nom ne se prononce qu'avec répugnance et avec mépris.

Après nous le déluge ! ah ! malheureux que vous êtes; retirez-la, cette expression impie et coupable ! Elle serait votre condamnation dans ce monde et dans l'autre; elle vous retrancherait de l'humanité.

Il paraît, ajouta Marcel, que, dans le feu de ma réplique, je m'étais un peu souvenu d'un sermon de notre curé sur ce vilain sujet de l'égoïsme, et qu'il m'était revenu des mots que je n'aurais pas trouvés tout seul. Le mécréant (1) s'en aperçut :

— Vous avez manqué votre vocation, me dit-il d'un ton ironique ; vous auriez fait, ma foi, un joli prédicateur. Je vous remercie toujours, et, si vous me faites l'honneur d'entrer chez moi, j'ai un verre de vin à votre service.

Je vis qu'il était incorrigible, et je lui tournai les talons.

— C'est égal, dit M. Durand. Incorrigible ou non, vous avez bien fait de lui river son clou (2) comme à l'autre, mon bon Marcel, et vous avez agi deux fois en homme d'honneur.

XL

LA CINQUANTAINE

Le facteur apporte une lettre à l'adresse de M. et de madame Durand. Alfred la reçoit au passage, et la porte aussitôt à son père. Quoiqu'elle ne soit pas fermée, il n'a pas l'indiscrétion d'y jeter les yeux. A en juger par la forme, c'est évidemment une lettre de faire part ou d'invitation pour un mariage. Elle est timbrée de la ville même. C'est donc une personne de connaissance qui s'est mariée ou qui va se marier bientôt. Dans les petits ménages, où la correspondance se borne aux relations de famille, une lettre de source inconnue est presque un événement, et,

(1) Qui ne croyait à rien.
(2) De lui faire une réplique vigoureuse.

lorsqu'il y a des enfants, même discrets, ils sont désireux d'apprendre la nouvelle.

M. Durand, ayant développé la lettre, se prit à sourire. Il la montra à la mère de famille, qui arrivait, et qui sourit à son tour. Les enfants étaient un peu intrigués, mais ils gardaient le silence.

— Mes amis, dit le père, cette lettre nous annonce un grand événement.

Les enfants échangèrent des regards de surprise, et, il faut bien le dire, de curiosité.

— Vous rappelez-vous, reprit M. Durand, cette bonne famille qui habite une ferme à un kilomètre de la ville, au delà de notre faubourg? ces deux vieillards encore verts à qui j'ai pu rendre un petit service, et qui sont venus m'en remercier, il y a quelques mois ?

— Oui, dit Blanche. La bonne vieille était bien aimable ; elle m'a embrassée, comme si elle me connaissait depuis vingt ans.

— Oui, dit à son tour Alfred. Je n'ai jamais vu de barbe aussi blanche et aussi vénérable que celle de ce beau vieillard.

— Oui, dit enfin Gustave. Ils avaient avec eux un petit garçon, leur petit-fils, je crois, qui est venu jouer avec moi dans le jardin, et qui était bien complaisant.

— Eh bien ! mes amis, ces bons vieillards nous invitent à la noce.

La surprise des enfants fut à son comble.

— A la noce de qui? dit Alfred.

— A leur propre noce, répondit gravement le père.

Il y eut un silence ; le jeune auditoire ne comprenait pas.

— Allons, reprit M. Durand, je vais vous tirer d'embarras et vous expliquer ce qui vous étonne.

Il y a cinquante ans que ces deux vieillards sont mariés.

Cinquante ans, entendez-vous ? On ne rencontre pas beaucoup de mariages qui aient cette durée, car, en les supposant contractés entre vingt et vingt-cinq ans, cinquante ans de plus feront des mariés des époux septuagénaires. Comme l'âge de soixante-dix à soixante-quinze ans est le terme ordinaire de la vie humaine, il semble qu'au delà de cette limite, on recommence une vie nouvelle, dont il est naturel de célébrer le début.

Aussi l'usage s'est-il établi (car ce n'est pas une obligation, c'est un usage) que les vieillards arrivés à ce terme consacrent par une cérémonie religieuse le renouvellement de leur union, et qu'après l'avoir fait bénir, on la fête par quelque réunion de famille, à l'imitation des fêtes du premier mariage.

Eh bien ! c'est là ce que vont faire nos respectables voisins.

Au jour marqué sur la lettre, ces braves gens, qui ont de la piété, mais aussi de la gaieté et de l'entrain, entendront d'abord la messe, puis donneront à leurs parents les plus proches un modeste repas, et le soir, qui sait ? se permettront peut-être d'ouvrir la contredanse.

— Oh ! vraiment, dit Blanche en joignant les mains pour exprimer la surprise.

M. DURAND.

Oui, mademoiselle ; voilà le programme, et le lendemain, les bons vieillards, ayant mis sous la protection de Dieu les années qui leur restent à vivre, commenceront gaiement la seconde partie de leur course, entourés de la sympathie et du respect de tous.

— Je voudrais bien voir cette cérémonie, dit Alfred d'un ton un peu railleur.

M. DURAND.

Nous sommes invités à la messe, mon ami, et je pense que nous n'irons pas pour nous moquer de ceux qui nous invitent.

— C'est qu'aussi, cher père, insista l'enfant, il doit être bien drôle de voir des personnes si âgées en habits de noce, complimentées comme des mariés ordinaires, faisant *les jeunes*, enfin. Sera-t-il bien facile de garder son sérieux à cette vue?

M. DURAND.

Il y aura une chose beaucoup plus facile pour vous, Alfred; ce sera de rester à la maison, puisque vous n'avez pas plus d'empire sur vous-même. Je ne vous forcerai pas à nous accompagner. Nous irons, nous, assister avec respect à la cérémonie religieuse, et, si nous nous permettons de sourire, ce ne sera pas sans attendrissement, à la vue de deux vieillards qui viennent, je vous le répète, placer sous la protection divine le peu qui leur reste à vivre.

Les larmes vinrent aux yeux d'Alfred. Son père lui avait parlé sévèrement; il s'était servi de ce *vous* que ses enfants redoutaient comme un signe grave de mécontentement.

M. Durand, une fois la leçon donnée, reprit avec douceur : Je ne doute pas, mon ami, que tu ne sentes déjà ta faute. Oui, tu viendras avec nous, et, comme ton frère et ta sœur, comme ta mère et moi, tu garderas, à l'église et hors de l'église, un maintien respectueux.

La paix fut faite, et scellée par un baiser.

Le jour venu, la cérémonie religieuse eut lieu, comme elle avait été annoncée. La famille Durand y assista, et fut frappée du vif intérêt que tout le monde accordait au couple plus que septuagénaire. Les vieillards étaient habillés simplement, mais avec goût. Le bouquet traditionnel indiquait l'objet de la cérémonie. Le prêtre, dans une courte et touchante allocution, insista sur la piété des époux, qui venaient incliner leurs cheveux blancs au pied de la croix.

Quant à la partie plus profane de la fête, à laquelle nos amis ne furent pas intéressés, elle se passa dans l'ombre modeste de l'intimité, et n'eut pas même l'honneur douteux d'être racontée dans un journal. Aussi n'avons-nous rien à en dire.

Il peut y avoir des cinquantaines célébrées avec plus de fracas, mais le bon goût n'y trouve pas toujours son compte. Qu'on s'amuse un peu en famille, dans une occasion si exceptionnelle, c'est assurément légitime ; mais, si l'on veut éviter les railleries, dont l'occasion ne manque jamais aux mauvais esprits, il faut que la pensée religieuse domine la fête, et la consacre par une douce et grave autorité.

Le lendemain, on en reparla, assis à l'ombre de l'acacia fleuri.

M. DURAND.

Nous n'avons pas tout dit sur les *cinquantaines.* Il y en a qui sont purement religieuses. Un pape, un évêque,

un simple ecclésiastique fêtent l'anniversaire, soit de leur
entrée dans les ordres, soit des fonctions dans lesquelles
ils ont vieilli. Le fond de la pensée est toujours le même.
C'est comme la date d'un mariage spirituel, qui est consacrée par la reconnaissance d'un vieillard voué au service de Dieu. J'ai été témoin d'une solennité de ce genre,
pour la *cinquantaine* d'un archevêque de Paris. L'esprit
du monde ne s'y mêle en rien ; la pensée religieuse y res-
plendit seule dans tout son éclat.

Il est même arrivé plusieurs fois à des négociants, à
de grands industriels de fêter l'anniversaire du jour où ils
étaient entrés dans les affaires, où ils avaient monté quelqu'une de ces grandes maisons qui font vivre de nombreux ouvriers, une imprimerie, une forge, une usine (1),
et d'autres entreprises de ce genre. C'est aussi leur *cinquantaine*. Les détails de la fête se modifient selon les
habitudes et l'importance des maisons. Ainsi, les distri-
butions d'argent aux ouvriers, les sommes consacrées
aux pauvres, les frais des divertissements offerts à la
population industrielle, y occupent une large place ; mais
il est rare que la journée, qui doit finir par des réunions
de plaisir, ne commence pas par des actions de grâces à
l'être suprême, tant le sentiment religieux est naturel,
même à ceux qui, dans la préoccupation des affaires,
pourraient l'oublier quelquefois !

Vous saurez maintenant, mes amis, ce qu'on entend
par *cinquantaine*. C'est un reste de ces vieux usages de
nos pères, qu'il est bon de connaître, et qu'il ne faudrait
pas tourner en ridicule, faute de les avoir compris.

(1) Établissement industriel où l'on emploie des machines.

XLI

UN HOMME D'ARGENT

Un grand désastre financier occupait alors l'attention publique. Les journaux étaient remplis de détails sur la ruine d'un banquier célèbre, qui avait inspiré une confiance sans bornes, et qui, tout à coup, par suite d'opérations trop hardies, avait vu crouler sa fortune, entraînant dans ses débris une foule de petits rentiers qui avaient placé sur cette maison toutes leurs économies. Ces catastrophes sont malheureusement assez communes, mais elles ne servent pas de leçons. Les spéculateurs téméraires ne manquent jamais, non plus que la confiance aveugle des dupes ; c'est une histoire qui recommence toujours.

On en parla dans la maison Durand. On avait connu le banquier pour un homme probe et intelligent, lorsqu'il débutait dans les opérations financières. On l'avait vu prudent dans ses entreprises, toujours prêt à secourir les pauvres ; puis, on l'avait perdu de vue, quand il s'était lancé dans les aventures. Le coup de tonnerre qui éclata et qui renversa tout l'édifice de son opulence affligea la bonne et sympathique famille. On déplora cette manie de s'appuyer toujours sur le hasard, sans tenir compte des épreuves qu'inflige la Providence, et de surmener, pour ainsi dire la fortune, comme un cavalier qui excéderait sa monture pour arriver le premier, et qui verrait son cheval s'abattre au moment d'atteindre le but.

M. Durand, qui ne laissait échapper aucune occasion d'instruire ses enfants et de former leur jugement, profita de cette malheureuse circonstance pour leur faire sentir combien il importe de rester toujours et en tout dans les justes bornes.

Il leur rappela l'histoire de Fouquet, ce financier célèbre du temps de Louis XIV, devenu surintendant des finances et ministre tout-puissant, mais qui, généreux jusqu'à la prodigalité, jetant au vent, si l'on ose le dire, l'argent de la France, finit par être arrêté, mis en prison par ordre du roi, et mourut misérablement dans la citadelle de Pignerol (1), après dix-neuf ans de captivité.

— Voilà, leur dit-il, un homme qui avait de grandes qualités, et qui en a perdu le fruit pour n'avoir pas su en régler l'emploi. Il avait rendu des services à l'État ; il avait fait beaucoup de bien aux particuliers ; des personnages illustres, comme madame de Sévigné, l'académicien Pellisson et notre bon La Fontaine, qui n'avaient connu Fouquet que par ses beaux côtés, lui conservèrent une reconnaissance courageuse ; mais son luxe insensé, ses dépenses excessives le perdirent, et tous les efforts de ses amis ne réussirent pas à le sauver.

Je me rappelle une autre histoire plus ancienne, mais peut-être plus intéressante encore, qui mérite d'être connue en détail. Si vous le voulez, mes amis, nous allons en parler aujourd'hui.

(1) Prison d'État.

Le fait est du xvᵉ siècle, que nous connaissons déjà en partie, puisque nous en avons tiré la belle histoire de Jeanne d'Arc, l'héroïne qui a délivré la France, et celle du bon roi René, qui a excité votre intérêt.

Les enfants témoignèrent par leurs gestes qu'ils allaient écouter avec attention.

— Vous savez déjà, reprit M. Durand, que le roi Charles VII, grâce au dévouement inspiré de Jeanne d'Arc, reconquit son royaume envahi par les Anglais, qu'il fut sacré à Reims, que Paris lui ouvrit ses portes, et que, sans la mort déplorable de la sainte fille qu'il ne sut pas sauver du bûcher, il n'y aurait eu à cette époque que des sujets de joie et de noble orgueil pour la France.

Charles VII avait montré jusqu'alors un caractère indolent et indécis. Il changea tout à coup, comme si la gravité des circonstances eût réveillé ses facultés endormies. Le surnom de *victorieux,* que lui avait valu l'expulsion des Anglais, ne lui suffit pas. On le vit saisir d'une main ferme les rênes du gouvernement, réparer les maux soufferts par le pays, réformer son armée qui pillait les provinces, et réorganiser les finances à demi ruinées, avec le concours d'un homme de génie qu'il sut trouver et choisir. Cet homme s'appelait Jacques Cœur ; c'est sa vie que je veux vous raconter.

Jacques Cœur, né vers la fin du xivᵉ siècle, à Bourges, était fils d'un marchand de fourrures. Il sentit de bonne heure une vocation déterminée pour le commerce. Devenu un des administrateurs de la monnaie de Bourges, il s'y trouva trop à l'étroit et se lança avec ardeur dans les entreprises commerciales. Doué d'une puissante volonté, qui ne croyait pas aux obstacles, il rêva d'enlever aux

Vénitiens le commerce du Levant (1), voyagea en Egypte, en Syrie, ouvrit partout des relations actives, entretint plus de trois cents facteurs (2). La Méditerranée fut couverte de ses navires. Sa fortune s'éleva avec une rapidité telle qu'on le crut possesseur du fameux secret qui occupa tant d'imaginations au moyen âge, et qu'on appelait *la pierre philosophale*. Je n'ai pas besoin de dire que ce secret, en vertu duquel on pouvait faire de l'or à volonté, n'était qu'une pure illusion. Jacques Cœur n'employait pas d'autre magie que sa pénétration, son activité et son audace.

Charles VII fut frappé de la réputation immense de Jacques Cœur; il pensa qu'un homme qui faisait si bien ses affaires devait être apte à remonter les finances de l'État. il l'appela auprès de lui, et le fit son *argentier*, c'est-à-dire, en réalité, son ministre des finances. Il l'anoblit, et, plein de confiance dans ses talents, il lui confia même plusieurs missions politiques très-importantes, sans rapport avec ses fonctions ordinaires. Il le chargea, par exemple, d'installer le parlement du Languedoc (3), de négocier l'annexion de la République de Gênes à la France. Les attributions des administrateurs à cette époque n'étaient pas toujours clairement définies. Elles s'étendaient plus ou moins, selon le degré de confiance qu'ils inspiraient au souverain.

Cependant, Jacques Cœur continuait ses grandes opérations commerciales, et on pouvait entrevoir déjà le peu de solidité de l'édifice qu'il avait élevé.

(1) L'Orient. — Les contrées littorales de la Méditerranée.
(2) Commissionnaires du commerce.
(3) Province du midi de la France.

Il faisait certainement un noble usage de ses richesses. Il fournissait au roi des ressources abondantes qui lui permettaient d'accélérer la ruine de la domination anglaise. Son habileté était évidente; son intégrité n'était pas encore contestée.

Mais comment se fût-il garanti de tout soupçon, quand on le voyait possesseur de trente seigneuries (1), dont une seule, celle de Saint-Fargeau, renfermait vingt-deux paroisses; propriétaire de mines d'argent, de plomb et de cuivre, de plusieurs manufactures, de somptueux hôtels, à Paris, à Montpellier, à Bourges et ailleurs?

Évidemment, si toute cette opulence était légitime, Jacques Cœur avait au moins le tort d'en faire trop d'étalage, et l'envie ne devait lui pardonner ni son faste, ni surtout sa capacité.

L'orage éclata. Les envieux convoitaient ces riches dépouilles. Ils accusèrent Jacques Cœur de dilapidations et de complots contre le roi et contre l'État. Quelques-unes de ces accusations étaient absurdes, celle, par exemple, d'avoir fourni aux Sarrazins (2) des armes et de l'argent. Jacques Cœur avait fait ses preuves de patriotisme, et il n'eût pas commis la faute stupide de subventionner les ennemis de la France. Là, pour la seconde fois, Charles VII encourut le reproche d'inertie et d'ingratitude qu'avaient fait peser sur lui le procès et le martyre de Jeanne d'Arc.

Jacques Cœur fut arrêté et traduit devant une commission présidée par un de ses ennemis avoués. On le

(1) Domaines dont il était seigneur.
(2) Musulmans.

traîna de prison en prison. Comme il n'avouait pas assez vite les crimes qu'il n'avait pas commis, on le menaça de la torture. Enfin, il fut condamné sur tous les points, et enfermé au couvent des Cordeliers de Beaucaire. Tous les biens qu'il avait en France furent confisqués. Il ne dut la vie qu'à l'intervention du pape Nicolas V, qui le tenait en haute estime.

Il réussit à s'évader, se rendit à Rome auprès de son protecteur, qui le reçut affectueusement, et put recueillir quelques débris de sa fortune passée.

Le successeur de Nicolas V, Calixte III, lui continua la même faveur. Il le nomma capitaine général de l'Église, et lui donna le commandement de la flotte qu'il envoyait au secours des îles grecques, menacées par les Turcs.

C'étaient autant de témoignages de la considération qu'il inspirait encore, malgré ses malheurs.

Il mourut à Chio, pendant un séjour de la flotte dans ces parages. Sous Louis XI, sa mémoire fut réhabilitée (1); et aujourd'hui encore on peut douter de sa culpabilité, mais la renommée de son génie n'a pas souffert.

Quelle est, mes bons amis, la morale à tirer de cette histoire? C'est que, pour garder une réputation intacte, surtout quand on dispose de grandes richesses, il ne suffit pas d'être probe et loyal ; il faut encore être prudent, éviter un trop grand éclat, et se souvenir que l'envie, toujours en éveil, ne manque jamais de prétextes pour abattre ce qui l'offusque, pour écarter ce qui peut gêner ses désirs cupides et sa haine instinctive contre tout ce qui réussit.

____

(1) Il fut reconnu innocent par un jugement.

L'histoire de Jacques Cœur prit rang parmi les souvenirs de la famille, et, longtemps après, elle fut plus d'une fois rappelée dans la conversation du père et des enfants.

XLII

LES FÊTES PUBLIQUES

C'était en 1855, après la victoire de Malakoff et la prise de Sébastopol.

Une grande fête avait été indiquée pour toute la France. L'État, les départements, les villes les plus modestes s'apprêtaient à célébrer cet événement national, avec plus ou moins d'éclat, suivant les ressources budgétaires (1). La petite ville qu'habitent nos amis ne restera pas en arrière. Le maire qui l'administre passe pour un organisateur, et la population ne doute pas qu'il n'ait pris ses mesures pour fêter dignement le succès de nos armes.

En effet, à six heures du matin, une pièce d'artillerie donne le signal. On se réveille joyeux, et on se prépare aux plaisirs du jour. M. Durand et ses deux fils suivront tous les détails de la fête. Ils s'associeront de bon cœur à l'allégresse publique. Madame Durand, avec sa fille, se contentera de prendre place à une fenêtre, d'où elle jouira du coup d'œil, et se réservera seulement une promenade le soir, en l'honneur de l'illumination générale qui terminera la journée.

(1) Financières, inscrites au budget.

Accompagnons le père, qui commence ses excursions dans la ville, avec les deux jeunes garçons.

On se rend d'abord à l'église, où la messe est célébrée. Le curé monte en chaire, et en quelques paroles émues, adresse, au nom de tous, des actions de grâces au Dieu qui a béni les armes françaises. C'est par là qu'il est naturel de commencer toute grande solennité; à Dieu appartient le premier hommage.

Bientôt commence une revue de ces braves pompiers qui acquièrent tant de droits à la reconnaissance publique, et qui, tout à la fois, sauveteurs et défenseurs de l'ordre, gardent sous les armes une tenue que pourraient envier de vieux soldats. Le sous-préfet et le maire passent devant les rangs, complimentent cette milice dévouée, et le premier magistrat de l'arrondissement remet au commandant, dont la poitrine est ornée de plusieurs médailles, la récompense nationale par excellence, la croix d'honneur. Une fanfare joyeuse se fait entendre. La musique municipale, qui a fait ses preuves et qui a remporté la première médaille dans un concours avec les villes voisines, reçoit de justes applaudissements.

Les divertissements se multiplient. Ici, un spectacle en plein vent, dont le programme a été prudemment réglé d'avance, amuse de nombreux spectateurs. Les lazzis (1) même des bateleurs (2) restent dans les bornes des convenances. L'indispensable polichinelle capte les suffrages de la foule; des hommes graves se surprennent à l'écouter.

Là, c'est un spectacle plus relevé. La ville possède un

(1) Plaisanteries bouffonnes.
(2) Faiseurs de tour, charlatans.

joli bassin, où le maire a organisé des *régates* (1). Des barques pavoisées de plusieurs couleurs se disputent le prix de la vélocité et de l'adresse, et les vainqueurs reçoivent les récompenses promises.

Des drapeaux flottent à chaque fenêtre; plusieurs portent des devises qui brillent peut-être plus par le patriotisme que par la poésie, mais qui expriment naïvement la pensée commune.

La promenade de nos trois amis s'accomplit au milieu de ces spectacles variés. C'est un plaisir pour tous trois; pour les enfants, c'est aussi l'occasion d'acquérir une connaissance nouvelle, et, pour le père, ce sera la matière de l'entretien du lendemain.

Allons maintenant retrouver madame Durand et sa fille, qui ont vu de leur observatoire une partie de la fête, les régates, et redescendons avec elles pour les faire jouir du couronnement de la journée.

En effet, la nuit tombe et le gaz s'allume. L'hôtel de la sous-préfecture, celui de la mairie, l'église elle-même se parent de brillants cordons de lumière. Des lanternes vénitiennes (2), et quelques lampions classiques, préférés par les amis des vieux usages, éclairent les maisons particulières. C'est comme une langue universelle, facilement comprise de tous.

Mais attention! une fusée s'élève; c'est le signal du feu d'artifice. Ne craignez pas qu'il trompe l'attente générale; c'est à Ruggieri (3) en personne qu'on l'a commandé.

(1) Joutes sur l'eau.
(2) Lanternes en papier de couleur dans lesquelles brûle une bougie.
(3) Célèbre artificier.

Aussi est-il composé avec art, exécuté avec précision, et le bouquet qui le termine mérite les bravos dont il est couvert.

Rentrons maintenant, il se fait tard ; l'heure du repos est arrivée. Une conversation à onze heures du soir ne serait pas de mise. *A demain*, comme le disait un ancien (1), *les affaires sérieuses !* ne craignons pas que le père de famille perde une semblable occasion d'éprouver l'intelligence de ses enfants et de leur donner quelques notions nouvelles. M. Durand nous est connu, et nous le verrons à l'œuvre, à l'heure favorable, le lendemain.

Le moment arrivé, la conversation ne se fit pas attendre.

— Voyons, cher Alfred, commença M. Durand, ce que nous avons vu hier a-t-il été de ton goût ?

ALFRED.

Certainement, cher père. Il me semble que tout cela était fort bien imaginé ; je me suis intéressé à tout ; je n'ai regretté qu'une chose, c'est qu'une telle journée fût si vite passée. J'ai entendu dire qu'autrefois les belles fêtes comme celle-là duraient plusieurs jours.

M. DURAND.

En effet, mon ami, sous plusieurs de nos anciens rois, les fêtes publiques, à Paris du moins, duraient quelquefois assez longtemps. On raconte que le roi Philippe le Bel, ayant fait conférer à ses fils le titre de chevaliers, donna une fête publique qui dura quatre jours. C'étaient

(1) Archais, tyran de Thèbes, qu'on prévenait d'une conspiration.

des bals, des spectacles, des mascarades (1), des concerts. Quand les rois et les reines entraient solennellement dans la ville de Paris, cette entrée donnait lieu à des fêtes du même genre. Elles se reproduisirent avec beaucoup de luxe sous François 1er. Mais, ce qu'il y eut de plus remarquable, ce fut une fête qui dura six semaines, et qui fut donnée par le roi Henri II, à propos du couronnement de la reine sa femme, à Saint-Denis. Entre autres choses, il y eut un tournoi, c'est-à-dire une fête militaire, qui dura quinze jours. Louis XIV se contenta de sept jours pour une fête magnifique qu'il donna à Versailles.

Les fêtes publiques furent plus courtes et moins chargées dans les temps qui suivirent. Les époques de révolution sont peu favorables aux divertissements populaires.

Le premier Empire et les règnes qui l'ont suivi ont donné surtout à leurs fêtes un cachet militaire, et, aujourd'hui encore, on n'y convie guère les populations que dans le cas d'une victoire obtenue. C'est que les populations sont plus occupées, plus affairées qu'autrefois, et qu'on les laisse plus volontiers à leur industrie. C'est peut-être à l'éloge de la société contemporaine. Mais il y a une autre différence très-importante, que je vais vous faire connaître, mes chers enfants, si vous n'avez pas d'abord quelque question à m'adresser.

—Père, dit Gustave, est-ce qu'on ne fait rien pour les pauvres, dans ces grandes cérémonies? Les pauvres ne peuvent pas s'amuser comme les autres, et on nous a dit à l'école qu'il ne faut jamais les oublier, parce que la part des pauvres, c'est la part du bon Dieu.

(1) Bals masqués.

M. DURAND.

Ta question, mon bon ami, est naturelle, et je te loue
de l'avoir faite. Elle se rapporte précisément à ce que j'ai
encore à vous dire ; tu feras toi-même la réponse, après
m'avoir écouté.

Dans les temps anciens, la foule profitait comme elle
pouvait du spectacle des fêtes publiques. On ne s'occupait pas beaucoup d'elle, et les amusements de ce genre
s'adressaient surtout aux seigneurs. Depuis, on a tenté
d'y intéresser les classes inférieures, mais on l'a fait
d'une manière qui n'était pas toujours de bon goût.

J'ai vu, il y a une cinquantaine d'années (car mes souvenirs d'enfance remontent jusque-là), des divertissements
donnés au peuple de Paris dans les Champs-Élysées. Il
y avait une baraque, de laquelle on jetait — ne riez pas,
mes amis, car c'était un usage déplorable — on jetait,
dis-je, des pains et des cervelas aux gens groupés devant
la porte, et qui se les disputaient dans un désordre vraiment affligeant. Du haut d'une autre baraque voisine,
on lançait de la même manière des sous qui tombaient
à terre, et sur lesquels la foule se ruait en se bousculant.
Ce n'était pas là le pire ; plus loin, on avait placé sur des
tréteaux des pièces remplies de vin, et on faisait couler
ce vin, comme d'une fontaine, non pas dans des verres
ou dans des écuelles, il n'y en avait pas, mais dans la
bouche même des malheureux qui se plaçaient au-dessous de la bonde (1), et qui, souvent, roulaient ivres, dans
la boue où ils s'étaient agenouillés.

____

(1) Trou pratiqué dans le tonneau.

Certes, les gouvernements étaient honnêtes. Ils ne voulaient pas avilir les pauvres par ces largesses malencontreuses. Mais l'habitude était prise, et la force de la routine est telle qu'il a fallu beaucoup de temps pour faire disparaître un usage si honteux.

Aujourd'hui, mes enfants, nous sommes mieux inspirés. Nous songeons aux pauvres dans les fêtes publiques, mais d'une plus noble manière. Nous fixons une somme d'argent, que nous dépensons en aumônes honorables, et il n'y a pas de fête dans laquelle ne figurent en première ligne les dons mis à part pour les malheureux. Les autorités communales et départementales, à l'exemple de l'État, retranchent plutôt une partie du programme projeté que de priver les pauvres de leur part légitime. On ne donnera pas des fêtes dispendieuses qui dureraient plusieurs jours, et dans lesquelles on déploierait un luxe fabuleux ; mais on fera du bien, on aidera de pauvres familles ; on exercera la première des vertus chrétiennes, la charité.

Maintenant, mon cher Gustave, tu te souviens de la question que tu m'as faite. Si quelqu'un te l'adressait, à toi, serais-tu embarrassé d'y répondre?

GUSTAVE.

Je n'aurais, cher père, qu'à répéter tes paroles, et je dirais : Non, Dieu merci, dans nos fêtes publiques, les pauvres ne sont pas oubliés.

QUESTIONNAIRE

Des chapitres XXXVII à XLII inclusivement.

XXXVII. — Dans quel équipage se présentait le charlatan Mengin?

Quel jugement portèrent sur lui M. Durand et son fils Alfred?

Qu'est-ce qu'un charlatan?

Qu'était-ce que Carlin?

Y a-t-il d'autres charlatans que ceux de la place publique?

XXXVIII. — Qu'était-ce qu'Anne de Bretagne?

N'épousa-t-elle pas successivement deux rois de France?

Quel était son caractère?

Comment gouverna-t-elle son duché de Bretagne?

N'aimait-elle pas la représentation et les arts?

Qu'était-ce que son *livre d'heures*?

Où mourut-elle?

Quel surnom lui a-t-donné?

XXXIX. — Qu'est-ce qu'avoir *de la chance*?

Que signifient ces mots : *Après moi le déluge*?

Que faut-il penser de l'égoïsme?

XL. — Qu'appelle-t-on la *cinquantaine*?

Que peut-on penser de cet usage?

Comment célèbre-t-on d'ordinaire la cinquantaine

Ce mot ne s'applique-t-il pas à d'autres occasions?

XLI. — Qu'était-ce que le surintendant Fouquet?

Qu'était-ce que Jacques Cœur?

16.

Donnez une idée de sa fortune.

Comment excita-t-il des soupçons?

Peut-on affirmer sa culpabilité?

Comment mourut-il?

Quelle leçon de prudence peut-on retirer de cette histoire ?

XLII. — Dans quelles occasions célèbre-t-on des fêtes publiques?

Donnez une idée de ces fêtes.

Quels en sont les principaux caractères?

Ne duraient-elles pas plus longtemps dans l'ancienne France?

Citez quelques exemples de ces fêtes prolongées.

Quelle part faisait-on aux pauvres?

Quelle amélioration a-t-on apportée à cette partie des fêtes publiques!

XLIII

LE COLPORTEUR

L'instituteur dont Gustave suivait les leçons était un digne homme, déjà ancien dans l'exercice de ses fonctions, et qui ne se croyait pas quitte envers ses élèves quand l'heure de la classe était passée.

Il rendait volontiers visite aux parents, parce qu'il était persuadé que leur accord avec le maître est un puissant moyen d'éducation.

Chez M. Durand, il avait la satisfaction de voir qu'on le recevait avec empressement, qu'on l'écoutait avec déférence, qu'on entrait dans tous ses petits complots d'honnête homme pour exciter le zèle de Gustave et développer ses heureuses dispositions.

Un jour que Gustave avait mérité une récompense spéciale pour son travail, l'instituteur voulut aller en personne féliciter les parents. Il était d'ailleurs de ceux qui aimaient à consulter M. Durand, dont le bon jugement lui était plus d'une fois venu en aide, et qui ne refusait jamais un conseil.

M. Durand lui tendit amicalement la main, et la conversation s'engagea entre eux.

M. DURAND.

Eh bien! monsieur l'instituteur, nous apportez-vous quelque bonne nouvelle? vous nous y avez accoutumés.

L'INSTITUTEUR.

J'en apporte une excellente. Ce jeune garçon-là a résolu hier un petit problème assez difficile, qui en a embarrassé de plus âgés que lui. Il avait déjà un avantage marqué pour l'orthographe; le voilà mathématicien.

M. DURAND.

Heureusement, vous ne prononcez pas ce mot sans rire; Gustave ne s'y trompera pas. Il prend goût à l'arithmétique; tant mieux! c'est tout ce que nous pouvons demander à son âge, et son modeste succès me fait grand plaisir. Si, comme nous le désirons, il entre plus tard dans le commerce, il importe qu'il fasse connaissance de bonne heure avec les petits mystères du calcul.

Vous vous levez déjà, monsieur l'instituteur? j'espère que vous n'allez pas me quitter si vite. Va, mon enfant, embrasser ta mère et lui annoncer la nouvelle. J'ai à causer avec monsieur.

Maintenant que nous sommes seuls, dites-moi, je vous prie, ce qu'il y a de vrai dans une histoire qu'on est venu me conter à l'oreille.

L'INSTITUTEUR.

Une histoire?

M. DURAND.

Oui; on m'a dit que vous aviez trouvé un mauvais livre entre les mains d'un de vos grands élèves; qu'il n'avait pu vous donner d'explications satisfaisantes, et que vous aviez rendu sans bruit cet enfant à sa famille.

L'INSTITUTEUR.

C'est malheureusement vrai, et j'en éprouve un vif chagrin, car c'était un de mes élèves les plus intelligents et les plus avancés. Il avait un goût déterminé pour la lecture ; mais je me flattais que celle des bons livres lui suffirait. Il a trompé mon espoir.

M. DURAND.

Mais comment ce mauvais livre est-il tombé entre ses mains ?

L'INSTITUTEUR.

Mon Dieu ! monsieur Durand, je peux vous dire cela, à vous qui êtes un homme sage et qui n'abusez jamais des confidences ; la famille de ce pauvre enfant est probe et d'une conduite régulière, mais elle n'est pas surveillante ; elle n'a pas fait le mal, elle l'a laissé faire.

M. DURAND.

Est-ce que l'enfant a été le maître d'aller seul chez un libraire et d'y choisir ce qui piquait sa curiosité ?

L'INSTITUTEUR.

Oh ! non ; il n'était pas nécessaire d'y mettre tant de façon. Il y a un fléau, voyez-vous, qui, depuis quelque temps, désole nos campagnes et même nos petites villes.

M. DURAND.

Et ce fléau, c'est ...

L'INSTITUTEUR.

Le colportage. Un individu, la plupart du temps sans

aveu, payé par des gens qui essayent d'empoisonner le peuple, pour faire quelques profits honteux, se présente chez les paysans ou chez les ouvriers qui savent lire, et leur offre des livres à bon marché. Quand il déballe sa marchandise, on n'y voit d'abord que des ouvrages utiles, honnêtes, parce que le colporteur se donne le temps d'observer les gens avant de se risquer avec eux. S'il les trouve crédules ou peu scrupuleux, s'il y a dans la maison de jeunes étourdis qu'on ne surveille pas, et dont les mauvais instincts le frappent, il prend un air mystérieux, ouvre un double fond que renferme sa boîte, et fait miroiter (1) à leurs yeux des livres défendus, contraires à la religion et aux bonnes mœurs. Les pauvres dupes se laisse prendre au piége, et donnent leur argent pour se procurer un plaisir malsain, qui égare leur imagination et pervertit leur jugement.

M. DURAND.

Et c'est là ce qui est arrivé à ce malheureux enfant ?

L'INSTITUTEUR.

Son père était avec lui, lorsque le colporteur s'est présenté et qu'il a commencé sa manœuvre ordinaire. Un bon petit livre, à bon marché, a été acheté tout d'abord ; puis, le père, qui est un marchand en détail, a été obligé d'aller servir un client. Il a laissé son fils, un garçon de 13 ans, seul avec ce suppôt (2) du diable. Celui-ci avait déjà remarqué la convoitise qui se peignait dans les regards de l'enfant. Il ouvrit rapidement la boîte

(1) Briller en éblouissant.
(2) Serviteur.

à scandales, et en tira un volume qu'il lui mit dans la main, en indiquant du doigt, sans parler, le prix réduit du poison. La maigre bourse du jeune homme suffit à l'achat et le colporteur s'éclipsa pour porter ailleurs son ignoble industrie.

Ceci se passait quelques instants avant la classe du soir. Curieux de jouir de son trésor, le malheureux enfant apporta le livre caché dans son portefeuille. Quand la leçon fut commencée, l'habitude que j'ai de suivre de l'œil les mouvements de mes élèves me fit apercevoir bientôt les regards furtifs que celui-là portait sur un objet qu'il essayait de dissimuler. J'allai droit à lui, et saisis le corps du délit (1). L'enfant rougit, moins de honte que de colère. Il réclama insolemment sa propriété. C'était mettre le comble à sa faute. Par prudence, je me contentai de lui dire que nous nous expliquerions à la fin de la classe. Il se tut en rongeant son frein. Quand la classe fut terminée, et les autres enfants partis, je le reconduisis chez son père, qui, je dois le dire à son honneur, le traita sévèrement. Je lui déclarai que son fils ne pouviat rentrer à l'école ; mais je lui promis de ne pas ébruiter l'affaire. Je n'ai pas su quel parti il avait pris.

Cette affaire m'a donné bien du souci, et je n'en suis pas encore consolé.

M. DURAND.

Les lois sont devenues pourtant bien plus sévères qu'autrefois pour le colportage. Je me souviens qu'en 1848, il avait été rendu complétement libre, et qu'alors les com-

---

(1) L'objet qui le mettait en faute.

munes furent inondées de livres impies et scandaleux qui
créèrent un vrai danger social. Aussi, le législateur ne
tarda-t-il pas à rétablir des conditions sévères pour l'exercice du colportage, et une pénalité grave contre les
abus qu'on en pouvait faire ; et il me semble que ces
dispositions sont toujours en vigueur.

L'INSTITUTEUR.

Sans doute ; aussi les violations des règlements sont-
elles plus rares. Mais la cupidité est bien habile. Elle
multiplie ses ruses, à mesure que les gens honnêtes re-
doublent de précautions.

M. DURAND.

Et il résulte de là un bien grand mal ; c'est que les
personnes qui sont frappées de ces abus de la lecture
vont jusqu'à en condamner l'usage, et prétendent qu'on
rend un mauvais service à la société en étendant l'instruction populaire. Aujourd'hui, cependant, c'est un
courant contre lequel on ne pourrait lutter. L'ouvrier,
le paysan qui savent lire, écrire et calculer, ce qui est
le minimum de l'instruction primaire, sont capables de
comprendre et de régler leurs affaires. Appelés à voter
comme citoyens, ils peuvent émettre un vote éclairé, et
ne sont plus à la discrétion des intrigants qui exploi-
taient (1) leur ignorance. Les meilleures institutions, les
progrès les plus utiles ont leurs mauvais côtés, comme
certaines substances, selon l'usage qu'on en fait, sont un
remède ou un poison. Que n'a-t-on pas dit contre l'im-

1) Abusaient de.

primerie? et qui pourrait ou qui voudrait la supprimer ? Il en sera de même de l'instruction primaire. Ce n'est pas par l'ignorance que le peuple deviendra plus moral. Il abusera d'une lecture mal dirigée, mais la lecture des bons livres, et il n'en manque pas, sera pour lui un moyen puissant de moralisation. La lumière peut aveugler, le feu causer des incendies ; mais le feu entretient la vie ; la lumière éclaire et anime tous les objets. Employons tous nos soins, tout notre dévouement à empêcher l'abus sans proscrire l'usage. C'est ce que vous faites, pour votre part, monsieur l'instituteur, et je pense que nous sommes du même avis.

L'INSTITUTEUR.

Assurément. Je crois même que le véritable remède aux abus d'une instruction incomplète, c'est de l'étendre dans la mesure des conditions où sont placés ceux qui la reçoivent. L'homme du peuple solidement instruit se respectera davantage, exercera son jugement avec plus de rectitude, comprendra mieux les préceptes de la religion et de la morale. Il y aura encore des exceptions malheureuses, c'est le sort de toutes les choses humaines; mais la *raison*, que le Créateur ne nous a pas donnée pour la laisser inactive, *finira*, comme on l'a dit, *par avoir raison* (1).

M. DURAND.

Allons ! cher monsieur, bon courage. Vous êtes, je crois, dans les vrais principes, et vous méritez que de nouveaux succès vous dédommagent d'un déplaisir passager.

(1) D'Alembert.

XLIV

LES PLAISIRS DE FAMILLE

Je ne veux pas médire des fêtes publiques, dit M. Durand à ses enfants réunis. Vous vous souvenez de celle qui nous a vivement intéressés, d'abord parce qu'elle avait lieu à l'occasion d'un succès des armes françaises (1), et ensuite parce que tout cet éclat des revues, des illuminations, des feux d'artifice, charme les grands et les petits enfants.

Mais voyons, mes bons amis, si nous ne devons pas une mention honorable à d'autres plaisirs, moins bruyants, plus fréquemment renouvelés, et que l'on rencontre sans avoir besoin de descendre dans la rue. Qui m'en dira le nom?

Ce n'est pas difficile, dit Alfred. Nous en jouissons tous les jours. Ce sont : *les plaisirs de famille.*

M. DURAND,

Bien nommés, vraiment, et dignes d'occuper une place dans nos causeries. Essayons d'en dresser la liste ; faisons le compte de nos richesses ; quelque modestes qu'elles soient, nous verrons qu'elles ne sont pas à dédaigner.

Mais d'abord j'ai un scrupule. Est-ce qu'on peut nommer *plaisirs* des jouissances si tranquilles ? Il me

(1) La prise de Sébastopol.

semble qu'un *plaisir* est quelque chose de vif, de varié, qui remue, qui étonne et qui excite l'imagination.

ALFRED.

Il y a aussi, vous nous l'avez dit souvent, notre bonne mère et toi, des plaisirs doux, paisibles, qui laissent l'imagination plus tranquille, et qui s'adressent surtout au cœur.

M. DURAND.

Il faudrait nous les rappeler. Allons, Alfred, garde la parole; les autres suivront, et, si tu oublies quelque chose, ils compléteront le tableau.

ALFRED.

N'éprouvons-nous pas un vrai plaisir, mon bon père, lorsque ta fête ou celle de notre mère nous donne, chaque année, l'occasion de vous exprimer plus vivement notre tendresse, et de vous réjouir par nos promesses de bonne conduite et de travail? lorsque le jour de l'an ramène aussi cette occasion désirée, et se termine par quelques jolies étrennes que nous devoes à votre bonté?

M. DURAND.

C'est vrai, mon ami; il y a là pour tous de pures jouissances. Mais voilà trois occasions de plaisirs par an; ce n'est pas beaucoup!

GUSTAVE.

Alfred en oublie une, qui est pourtant très-agréable. C'est lorsqu'on tire une fève renfermée dans un gâteau, et quand celui qui a la fève est nommé roi pour toute la soirée.

M. DURAND.

Le plaisir alors consisterait-il, par hasard, à manger le gâteau?

GUSTAVE.

Le gâteau y est bien pour quelque chose; mais c'est surtout le titre de roi qui plaît, quoiqu'on sache bien que c'est une royauté pour rire. Et puis, comme on est gai! comme on crie de bon cœur : *le roi boit! le roi boit!* On en rêve, et le lendemain, on y pense encore.

M. DURAND.

Puisque nous parlons de cet usage, il serait bon de savoir d'où il vient.

Pour nous, chrétiens, c'est un souvenir de l'adoration des Mages. Vous savez que ces réunions de famille ont lieu le jour de l'Épiphanie; mais elles datent de bien plus loin. Elles existaient déjà chez les Juifs, chez les Grecs, et c'est à ces derniers qu'il faut rapporter l'emploi de la fève, dont ils se servaient, eux, pour voter dans l'élection de leurs magistrats. Les Romains pratiquèrent le même usage. Dans notre ancienne France, c'était un enfant pauvre qu'on choisissait pour roi. Non-seulement on le régalait du gâteau de la fête, mais on payait souvent ses mois d'école. L'aumône ennoblissait le plaisir.

ALFRED.

Et l'usage des étrennes, père, d'où nous vient-il donc?

M. DURAND.

Il est aussi d'une très-haute antiquité. C'est à Rome qu'il prit naissance, sous les premiers rois, et le nom même d'*étrennes* vient de celui d'un bois sacré que les Romains nommaient *strenia*. On y cueillait des rameaux qu'on envoyait, comme marque de déférence, aux magistrats. Plus tard, on s'éloigna de cette simplicité primitive, et les étrennes devinrent de riches cadeaux. Dans les pays chrétiens, ces cadeaux s'échangeaient à Pâques, où commençait l'année, jusqu'au xvie siècle. Puis, la mobilité de la fête de Pâques engagea à substituer à cette date la date immuable du 1er janvier, et c'est aujourd'hui le 1er janvier de chaque année que les amis s'envoient réciproquement des cadeaux, et aussi, ajouta le père en souriant, que les parents gâtent leurs enfants encore un peu plus qu'à l'ordinaire.

Et toi, ma chère Blanche, continua M. Durand, que dis-tu des *plaisirs de famille?*

. BLANCHE.

Je trouve très-bien tout ce qu'ont dit Alfred et Gustave. Je goûte fort les fêtes de nos bons parents; je rends justice au gâteau des rois et aux bonnes aubaines du jour de l'an ; mais, pour moi, les *plaisirs de famille* sont de tous les jours, de tous les instants; je me trouve toujours heureuse auprès de vous, et je n'éprouve jamais le désir de chercher des plaisirs plus vifs et plus variés. La vie en famille est un plaisir perpétuel, qui dure toute l'année.

M. DURAND.

C'est bien dit, ma chère fille, et surtout c'est bien senti. Tu as raison, mon enfant, et je suis sûr que tu garderas toujours cette bonne pensée. Au fond, tes frères la partagent; mais les garçons, qui ne resteront pas toujours au logis, peuvent être plus frappés des occasions qui rompent l'uniformité des jouissances domestiques. Il suffit qu'ils trouvent plus de plaisir à ces fêtes innocentes qu'aux distractions banales et bruyantes du dehors. La préférence qu'ils leur accordent prouve leur bon jugement et fait espérer leur sagesse. Pour les jeunes filles, pour toi, chère enfant, il vaut mieux ressentir le bonheur général d'être sous la garde et sous l'inspiration maternelles. Tu es dans la bonne voie, et tu la suivras sans effort.

XLV

L'ESPRIT D'ORDRE

M. DURAND.

Mes enfants, vous ai-je cité cette maxime : *une place pour chaque chose, et chaque chose à sa place ?*

Les enfants font signe qu'ils ne la connaissent pas encore.

Eh bien! mes amis, vous la pratiquez chaque jour, car nous nous appliquons, votre mère et moi, à vous en enseigner la pratique.

C'est une grande vérité, voyez-vous, rendue en termes précis par un sage moraliste, un philosophe américain, nommé Franklin, qui a publié, sous le nom du *Bonhomme Richard*, un recueil de maximes très-sensées, qu'on peut consulter avec beaucoup de fruit.

Cette maxime est une recommandation de mettre de l'ordre dans toutes ses affaires, d'avoir, par exemple, pour ses livres, pour ses papiers, pour ses effets de toilette, une place bien marquée, toujours la même, où chaque objet soit rétabli quand on n'a plus à s'en servir; de ne pas encombrer cette place en y fourrant ceux qui appartiennent à une autre; enfin, d'organiser son ménage, petit ou grand, avec tant d'ordre qu'on ne soit jamais embarrassé de s'y reconnaître, ni réduit à perdre du temps pour s'y retrouver.

Votre mère vous a déjà dit un mot de cette qualité, quand elle vous a parlé des *petites vertus* (1). Je ne crains pas d'y revenir, à cause de sa grande importance.

L'esprit d'ordre, enfants, est un trésor pour ceux ou celles qui le possèdent. Il leur donne de la sécurité; il double ou triple la force de leur intelligence. Avec de l'ordre, on fait plus et mieux que les autres, lors même qu'ils seraient plus intelligents que nous. Il simplifie tout; il régularise tout, et aucune autre qualité ne le remplace.

Franklin y est revenu à plusieurs reprises, sous des formes différentes; par exemple, lorsqu'il a dit : *Ne gaspillez pas le temps, car c'est l'étoffe dont la vie est faite.* Il excellait à rendre ainsi d'une manière vive et saisissante des vérités communes, applicables à tout instant. C'est, en effet, *gaspiller le temps*, que de l'employer à chercher la place qui convient aux objets qu'on doit ranger, et il y a tout profit à fixer cette place à l'avance. La vie se compose de journées, et la journée de moments. Perdre des moments, c'est perdre la jour-

(1) Chapitre XVII.

née, et perdre la journée, c'est bien *gaspiller l'étoffe dont la vie est faite.* Retenez, mes chers enfants, cet oracle de la sagesse.

Franklin a donné l'exemple de ce qu'il recommandait de faire. Sa vie a été si bien remplie que l'esprit d'ordre peut seul expliquer tout ce qu'il a entrepris et réalisé.

Né en 1706, à Boston, il fut d'abord destiné au métier de son père, modeste fabricant de chandelles. Comme il montrait peu de goût pour cette profession, il fut placé chez un coutelier; mais d'autres idées le préoccupaient. Ce fut d'abord un vif désir d'être marin, puis une ardente passion pour la lecture. Le père en conclut qu'il aurait plus de chance de réussir comme imprimeur, et le mit en apprentissage chez son autre fils. Là, Franklin se trouva dans son élément, au milieu des livres.

Parvenu à l'âge d'homme, il résolut d'acquérir l'instruction sérieuse qui lui manquait. Une volonté inébranlable le soutint et lui fit atteindre le but désiré. Il devint journaliste, mais d'abord avec un médiocre succès; puis il passa en Angleterre, où il essaya de se faire une position dans le commerce. Les esprits distingués tâtonnent quelquefois avant de faire un choix définitif. Retourné en Amérique, Franklin réussit enfin à fonder une imprimerie, qui prit bientôt de grandes et avantageuses proportions. C'est alors qu'il publia la *Science du bonhomme Richard*, où il donna le modèle d'une philosophie élevée et pratique tout ensemble, rendue populaire par la simplicité et la lucidité de l'expression.

Bientôt il porta son ardeur ordinaire dans l'étude des sciences physiques, et surtout des phénomènes de l'électricité. On a dit avec raison que l'invention du paratonnerre (1), qui ne fut qu'un incident de la vie de Franklin, eût suffi à la gloire d'un savant.

Nous ne le suivrons pas dans sa carrière politique, où il prit une part considérable au gouvernement de son pays. Ce serait un tableau beaucoup trop large pour le petit cadre de cet entretien. Il suffit que vous sachiez que, chez Franklin, la qualité dominante était le jugement, le sens pratique. Ses actes l'ont prouvé comme ses maximes. Il avait certainement du génie; mais il savait maîtriser son imagination; il la soumettait à la raison, et lui laissait toute sa puissance, en écartant ses dangers.

Revenons à notre point de départ, mes enfants, et rappelez-vous bien ce que le sage Franklin a dit sur *l'esprit d'ordre* et sur le bon emploi du temps.

ALFRED.

Mon bon père, j'ai entendu dire qu'il y avait quelquefois des savants bien distraits, qui ne pratiquaient guère la maxime de Franklin, qui laissaient volontiers leurs livres, leurs papiers traîner en désordre, et dont le cabinet était un vrai chaos. Ils s'y reconnaissaient, eux, et, quoique sans *esprit d'ordre*, ils faisaient quelquefois des découvertes admirables. On m'en a cité un, dont j'ai oublié le nom (1), qui précisément, comme Franklin, étudiait la science de l'électricité. L'ordre était dans ses idées, s'il n'était pas sur son bureau, et,

___

(1) Tige métallique très-aiguë, qui attire la foudre et en préserve les bâtiments.

(1) L'illustre Ampère.

quoiqu'il n'eût pas *une place pour chaque chose*, et qu'il ne mît *pas chaque chose à sa place*, il n'en a pas moins acquis la renommée d'un homme de génie.

M. DURAND.

Je te suppose trop sensé, mon ami, pour croire que le désordre soit justifié par les distractions d'un esprit supérieur. Celui dont tu parles a fait de belles découvertes *malgré* son défaut d'ordre, et non *à cause* de ce défaut. Il aurait encore mieux servi la science, s'il avait ajouté la puissance de l'esprit d'ordre à ses qualités d'inventeur, et pour terminer par une autre maxime : *Ne nous fondons jamais sur une exception pour établir une règle.* Ce serait la source infaillible des faux raisonnements.

XLVI

LES ADIEUX DU PÈRE MARCEL

Depuis quelques années, la sœur du père Marcel, établie à Nantes, où son mari était courtier de marchandises (1), le pressait par lettres de venir se fixer auprès d'elle. Il avait toujours résisté, parce qu'il tenait à son pays natal, et le bon accueil qu'il recevait dans la famille Durand lui rendait précieux son voisinage.

Cependant, le poids de l'âge commençait à se faire sentir. D'anciennes blessures du vieux soldat menaçaient

____

(1) Intermédiaire pour la vente des marchandises.

de se rouvrir, et les fonctions assez laborieuses de garde champêtre devenaient un peu lourdes pour lui.

Et puis, cette sœur, plus jeune que lui de dix ans, lui était tendrement attachée, et son beau-frère, *la meilleure pâte d'homme*, comme il le disait lui-même, ne désirait rien tant que de lui entendre raconter ses campagnes, et de fumer quelques bonnes pipes avec lui.

Marcel était, avant tout, un homme raisonnable. Il sentait bien que son âge exigeait des soins plus attentifs, plus dévoués que ceux d'une femme de ménage, et qu'un vieux garçon a besoin de se rapprocher de sa famille.

Il aimait beaucoup les enfants, et une de ses grandes peines serait de s'éloigner de son cher Gustave mais il y avait aussi des enfants, et des enfants qui lui tenaient de près, dans la maison de sa sœur. Il contribuerait à l'éducation des plus jeunes. Il y aurait ainsi un échange de services entre des parents qui s'aimaient, et tout le monde travaillerait au bonheur commun.

Marcel, qui avait toujours eu de l'ordre, possédait de petites économies, suffisantes pour le faire vivre modestement. Il habiterait, non pas chez sa sœur, mais à côté d'elle : il ne voudrait à aucun prix lui être à charge ; il garderait une indépendance convenable et digne, recevant et rendant tous les services qu'ennoblirait un dévouement parti du cœur.

Le départ fut donc décidé, et fixé aux premiers jours du mois d'août, dont on n'était plus séparé que par une quinzaine. C'était le moment où la famille Durand devait s'absenter, pour aller passer un mois au bord de la mer, avant qu'Alfred entrât au collége.

M. Durand n'avait pas combattu le projet du père Marcel. Il aimait beaucoup cet excellent homme, mais il ne l'aimait pas en égoïste, et il trouvait que le sergent avait pris un sage parti.

Mon vieil ami, lui dit-il, vous viendrez, n'est-ce-pas, la veille de votre départ, vous asseoir à notre table rustique, et nous aurons encore une bonne causerie avant de nous séparer. La Providence sait ce qu'elle fait, et les esprits religieux comme le vôtre suivent les inspirations qu'elle leur envoie.

Une poignée de main donnée en silence fut la réponse de Marcel.

Cette veille de départ arriva. Marcel, assis à la droite de M. Durand, avait Gustave à sa gauche. On avait voulu faire ce plaisir aux deux amis.

Le repas fut un peu triste ; c'était naturel. Cependant, M. Durand cherchait à l'animer, pour accoutumer les enfants à supporter les petits mécomptes de la vie. Le plus difficile à consoler, c'était le bon Marcel. Il voyait qu'il avait eu raison de prendre son parti; mais il ne pouvait faire taire, disait-il dans son langage plus poétique qu'il ne le savait lui-même, *ce qu'il sentait battre au-dessous de sa mamelle gauche* (1).

Le lendemain matin, il embrassa ses amis, les larmes aux yeux, et prit l'engagement de leur écrire tous les mois, autant que sa main droite, jadis engourdie par un biscayen (2), voudrait bien le permettre. On lui promit de ne pas le laisser non plus sans nouvelles, et il roula vers la grande cité bretonne.

(1) Expression du poëte latin Juvénal.
(2) Balle de fonte ou de fer.

Après son départ, il fut naturellement l'objet des conversations de la famille.

— Voyez, mes enfants, disait M. Durand, comme les qualités morales ennoblissent l'homme le plus simple. Ce bon père Marcel ne se fait pas valoir, mais, quand on sait ce qu'il vaut, comme nous le savons, nous, il ne le cède en rien aux plus savants et aux plus riches. Il a la science du bon sens et la richesse du cœur.

Avec quelle tendresse, ajoutait madame Durand, il nous parlait de sa sœur ! C'est un excellent frère ; comme il eût été un époux et un père excellent si le ciel lui eût permis de jouir de la vie de famille !

Comme il aimait à causer avec nous, reprenait Alfred ! Il n'avait pas l'air de s'ennuyer, malgré notre étourderie et nos enfantillages.

— Parle pour toi ! dit Gustave avec une petite moue significative, car il avait surpris un malin coup d'œil dirigé vers lui par son frère aîné. Moi, je trouve qu'un homme âgé se délasse avec les enfants ; on dirait qu'ils le rendent plus jeune.

— C'est profond, ce que tu dis là, ajouta en riant le père de famille. Et toi, Blanche, que nous diras-tu ?

— Moi, dit Blanche, je trouve qu'il nous manquera bien ce bon père Marcel. Il était vraiment de notre famille.

M. DURAND.

Oui, mes chéris, vous avez tous raison, et ces éloge que vous faites de notre ami lui sont bien dus. Son souvenir nous occupera souvent ; il aura toujours une place dans notre pensée, comme il en avait une à notre foyer.

ALFRED.

Est-ce que sa médaille militaire lui rapporte quelque chose?

M. DURAND.

Cent francs par an, c'est-à-dire plus d'honneur que d'argent ; mais il n'a eu garde de s'en plaindre. *Je n'adore pas le veau d'or* (1), disait-il en riant : *Ce n'est pas mon genre.*

Quand il a quitté le service, il lui a été proposé divers emplois ; car on recherche beaucoup et avec raison les anciens sous-officiers, surtout ceux qui sont décorés de la croix ou de la médaille, pour les attacher comme surveillants soit aux musées, soit aux promenades publiques, aux grands établissements financiers, ou enfin aux administrations supérieures de l'État, ministères, préfectures, palais nationaux. On connaît leur esprit d'ordre, leur probité, leurs habitudes régulières ; on les regarde comme des acquisitions précieuses, et ceux qui les voient à l'œuvre reconnaissent qu'on ne pourrait faire un meilleur choix.

Un mot du colonel sous lequel nous avons servi, Marcel et moi, et qui a des relations avec de grands personnages, aurait suffi pour faire accorder au vieux sergent un de ces postes enviés. Il ne voulut pas profiter des offres très-honorables qu'on lui fit. Ce n'était pas par orgueil, mais parce qu'il avait la maladie du retour au pays natal, ce que les savants appellent la *nostalgie* (2). Comment voulez-vous, me disait-il, que j'aille me renfermer entre quatre murailles, dans cette grande ville de

____

(1) Idole élevée par les juifs et brisée par Moïse.
(2) Mot formé de deux mots grecs.

Paris, où l'on n'entend pas chanter le coq, ni gazouiller les oiseaux ; où il ne pousse de l'herbe que dans de petits jardins auxquels on mesure l'espace? C'est dans mon village que je trouverai tout ce qui me manquerait dans la grande capitale : l'herbe à perte de vue, les oiseaux chantant dans les arbres, le coq, meilleur réveille-matin que ceux qu'inventent les horlogers. Je sais qu'on me réserve là un poste de garde champêtre. Là, je respirerai l'air pur de mon pays, je me rendrai utile sans beaucoup de fatigue ; puisque je ne sers plus la France comme soldat, je veux au moins, comme paysan, la servir à ma manière.

Et il est parti, le brave homme, pour la chère bourgade où il avait passé son enfance. Il y a vécu heureux pendant quelques années, et le sacrifice qu'il vient de faire, en s'éloignant, ne s'explique que par un autre sentiment, non moins puissant que l'amour du pays natal sur les âmes bien trempées, par l'amour de la famille et l'espoir d'être utile aux siens.

On devisa ainsi pendant plusieurs jours sur le départ et sur les qualités du père Marcel, et, si l'on parla moins de lui plus tard, on lui conserva, au fond du cœur, l'attachement et l'estime dus à cette loyale nature.

XLVII

L'HONNEUR DU COMMERCE

Gustave avait grandi, depuis que nous l'avons introduit sur la scène. Il venait d'atteindre l'âge respectable de neuf ans accomplis. Il devenait questionneur à son tour ; on eût dit que les lauriers (1) de son frère l'empêchaient de dormir.

Il avait été souvent question de le destiner au commerce. Très-pacifique par nature, il n'enviait pas à Alfred les honneurs militaires, et quoiqu'il ne fût pas porté à l'avarice, il penchait en faveur d'une carrière où il pensait qu'il y avait de l'argent à gagner.

Il avait cependant entendu dire par un de ces visiteurs qui ne ménagent pas leurs paroles devant les enfants, que le commerce était une profession perdue, où l'on ne rencontrait plus que des dupes et des fripons.

M. Durand avait relevé et réfuté cette exagération injuste, mais elle avait laissé une trace dans l'esprit de l'enfant, qui saisit l'occasion d'amener son père sur ce terrain.

Mon bon père, lui dit-il, si je dois entrer dans le commerce, je voudrais bien n'être ni dupe, ni fripon. Dis-moi donc, je te prie, ce qu'il faut faire pour ne pas mériter ces vilains noms-là !

— Oh ! malicieux enfant, répondit le père, tu as retenu un propos que j'ai entendu avec regret ; mais je ne te refuserai pas les explications que tu demandes, car, si tu méprisais d'avance la carrière où tu pourrais entrer, tu n'y ferais pas bonne figure. Écoute donc, et ne m'épargne pas les questions, puisque tu as commencé.

Je tiens d'abord à ce que tu saches bien ce que c'est

(1) Allusion à une parole de Thémistocle, général Athénien, que les lauriers de Miltiade empêchaient de dormir.

que le commerce, indépendamment des abus qui peuvent s'y glisser.

Le commerce est un échange entre deux produits, ou entre un produit et une somme d'argent qui en représente la valeur. Il est aussi ancien que le monde, car, dès qu'il y a eu deux hommes dont chacun possédait un objet qui manquait à l'autre, et pouvait le lui céder pour un prix convenu, l'échange, c'est-à-dire le commerce, avait commencé. Que servirait-il au boucher d'avoir sa viande, s'il ne pouvait acheter du pain au boulanger? au cordonnier de remplir son magasin de chaussures, si le tailleur ne lui fournissait pas des habits?

Entre les différentes nations, le procédé est le même qu'entre les individus. Seulement l'échange ne peut pas se faire directement. Il faut un intermédiaire, qui achète des produits à l'une et les revende à l'autre; cet intermédiaire, c'est le grand commerçant.

Tu comprends déjà qu'une société ne peut se passer du commerce, et que, plus le commerce est actif et florissant, plus la société accroît sa prospérité matérielle.

Le commerce est un lien naturel entre les nations, comme entre les individus; il répand partout le bienfait de la civilisation, et remplace par des relations bienveillantes l'isolement où, sans lui, les hommes vivraient pour leur malheur.

M'as-tu bien compris?

GUSTAVE.

Oui, père; je comprends que le commerce nous donne les moyens de vivre, car il nous procure ce qui nous manque, soit par des objets que nous donnons en échange, soit par de l'argent qui en représente la valeur, et les peuples font en grand ce que les particuliers font en petit. C'est bien là, je crois, ce que tu m'as dis ?

M. DURAND.

Oui, mon ami ; c'est ce qu'il est indispensable de retenir, car, il ne s'agit pas ici d'une conversation savante.

Maintenant que nous savons que le commerce est nécessaire et qu'il est utile, nous devons exiger qu'il remplisse une condition pour être légitime. Il faut qu'il soit loyal. Ce mot-là te représente-t-il une idée claire ?

GUSTAVE.

Cela veut dire qu'un commerçant doit être probe, scrupuleux, ne jamais tromper personne. Mais, si nous en croyions notre visiteur de l'autre jour, cette condition-là manquerait souvent.

M. DURAND.

As-tu retenu quelques autres détails de sa conversation ? Ne te gêne pas pour les répéter ; nous les apprécierons ensuite.

GUSTAVE.

Oui, je me rappelle qu'il citait l'exemple d'un marchand de meubles qui lui avait demandé un prix élevé pour une table, et qui, lorsque l'acheteur eût bien marchandé, la lui donna pour un tiers de moins qu'il n'avait réclamé d'abord. Si je n'avais pas eu un peu d'expérience, ajoutait-il, j'aurais été volé, puisque j'aurais payé pour l'objet vendu un tiers de plus que sa valeur.

M. DURAND.

Est-ce tout ce dont tu te souviens ?

GUSTAVE.

Ce monsieur disait aussi qu'étant allé chez un autre marchand, pour l'achat d'une pièce d'étoffe, il avait remarqué à la montre (1) un objet conditionné comme il le voulait, mais que, entré dans le magasin, on ne lui avait offert que des pièces de qualité inférieure pour le même prix. L'étiquette, ajoutait-il encore, était donc menteuse, et, si j'avais pris sans réflexion ce qu'on m'offrait dans le magasin, j'aurais été dupe de la confiance que m'avait inspirée la montre.

M. DURAND.

Continue, si tu as encore quelque chose à dire.

GUSTAVE.

Il se plaignait enfin de ce que les marchands de comestibles falsifient les aliments qu'ils nous vendent, depuis le lait juqu'au vin, depuis le café jusqu'au sel même, diminuant la valeur des marchandises et en augmentant le prix, sans compter le grave préjudice que ces fraudes causent à la santé publique.

Il en a tant dit que j'en ai oublié les trois quarts, et tu sais quel était son refrain après chaque boutade : *Les commerçants sont des menteurs et des fripons, dont le public est la dupe.*

M. DURAND.

Tu sais que je lui ai reproché d'être beaucoup trop absolu dans ses critiques ; mais je n'ai pas voulu, le connaissant peu, engager avec lui un combat en règle. Main-

______
(1) Boîte vitrée où l'on expose des échantillons.

tenant, je vais te dire en peu de mots ce que j'aurais pu lui répondre.

On raisonne mal, quand on généralise trop et qu'on rend une classe entière responsable des torts de quelques individus. Qu'il y ait des commerçants peu scrupuleux, c'est malheureusement hors de doute ; mais que commerçant et fripon soient synonymes (1), c'est une assertion très-fausse et très-injuste.

Mon Dieu ! je pourrais ajouter moi-même quelques traits à ceux que citait mon interlocuteur (2). J'ai acheté une fois un panier de fruits dont la beauté charmait la vue, et dont je voulais régaler la famille. Rentré à la maison, je débarrassai la corbeille des fruits de la première rangée. Ceux de dessous, que je n'avais pu voir, étaient d'une qualité très-inférieure. Le marchand avait trompé ma bonne foi ; mais je n'en ai pas conclu que tous les marchands de fruits eussent l'habitude de tromper leurs pratiques. J'ai pris ma mésaventure en patience, résolu seulement, c'était bien le moins, à ne pas m'y laisser prendre une autre fois.

Il y a un usage pratiqué par quelques commerçants, et que je verrais avec plaisir adopté par tous ; c'est l'habitude de vendre *à prix fixe*. L'acheteur est prévenu par l'enseigne qu'il serait inutile de *marchander*, ce qui l'affranchit d'une discussion fort désagréable, fort peu digne, au bout de laquelle il ne sait pas au juste le prix réel de l'objet qu'il achète. *Le prix fixe*, annoncé par le marchand, signifie qu'il vend en conscience ; il faut l'en

(1) Signifient la même chose.
(2) Celui qui causait avec moi.

croire, puisqu'il risque de compromettre son bénéfice, et il mérite la confiance du consommateur.

Il est probable, mon enfant, que, si tu entreprends le commerce, ce sera dans des proportions modestes, car nous n'avons pas assez de fortune pour faire de toi un spéculateur, un calculateur hardi, prêt à sacrifier une forte somme, dans l'espoir toujours incertain de réaliser de gros bénéfices. Dans cette petite sphère (1) où je te suppose entré, tu pourras, par l'activité et par la loyauté, arriver à des profits raisonnables. Tu te préserveras de l'ambition dangereuse des gens qui voudraient s'enrichir promptement et sans peine. Ceux-là sont fort exposés à sacrifier les principes, pour n'écouter que leur convoitise. Il est rare qu'ils soient assez habiles ou assez favorisés du hasard pour conserver longtemps la confiance dont ils se rendent indignes. De là, des chutes déplorables, la faillite, la ruine, quelquefois la honte. Mais, laissons de côté ce triste sujet, et arrêtons-nous plutôt à cette probabilité consolante que ta carrière, mon cher Gustave, sera celle d'un homme d'honneur. Tu ne mentiras pas aux traditions (2) de ta famille.

M. Durand s'était ému à cette image de l'avenir d'un enfant chéri. Il avait fini par oublier que cet avenir était bien éloigné encore, et que le temps n'était pas venu de donner des instructions complètes au commerçant futur.

Cependant, il faut dire à sa décharge que Gustave était fort intelligent; que, depuis un an, il n'était plus l'enfant qui se débrouille, mais le jeune homme qui commence, et que, lorsqu'il avait un intérêt personnel à une conver-

(1) Condition.
(2) Habitudes.

sation, à celle-ci par exemple, qui avait rapport à ses projets d'avenir, on pouvait lui parler déjà, à peu de chose près, comme à un homme.

D'ailleurs, le père était d'avis que les premières impressions ne s'effacent jamais entièrement, et que, même après un certain nombre d'années, elles se représentent à l'esprit comme un frais souvenir ; et, dans cette pensée, il ne regretta pas d'avoir donné un tour un peu sérieux à la conversation.

Néanmoins, il voulut en égayer la fin. Comme le temps était beau, et le jardin tout prêt à recevoir ses hôtes, il proposa à Gustave une partie de boules, à laquelle notre ami Alfred, averti par son frère, ne demanda pas mieux que de prendre part.

XLVIII

UN MENDIANT QUI FAIT L'AUMONE

Au retour d'une promenade de famille, on passa devant une église, à la porte de laquelle un vieux mendiant était assis.

M. Durand le fit remarquer à ses enfants, et, lorsqu'on fût rentré, il leur dit :

Ce mendiant à figure vénérable que je vous ai montré tout à l'heure a fait, l'autre jour, une belle action. Il faut que je vous la raconte.

Un jeune garçon de ton âge, Gustave, dont la famille est pauvre et demeure dans le voisinage, venait souvent puiser de l'eau à la fontaine qui est devant l'église. Comme l'enfant avait bon cœur, il s'était pris d'amitié pour ce vieillard, et, quand il avait deux sous dans sa poche, chose assez rare, il en laissait un dans la sébile (1) du mendiant. Celui-ci, de son côté, l'appelait son petit bienfaiteur, et lui promettait de songer à lui dans ses prières.

Un jour, l'enfant, portant sa cruche, s'approche de la fontaine. Un mauvais garçon le heurte en courant; la cruche tombe et se casse. Le petit malheureux pleure et se désespère. Comment osera-t-il rentrer à la maison? sa mère est malade; son père n'est pas tendre. Toute nouvelle dépense à faire serait mal venue dans un moment où l'ouvrage manque. Et pourtant, il faut de l'eau dans le pauvre ménage, et la cruche est l'ustensile indispensable pour s'en procurer.

Hélas! cet ustensile est cher. Comment le remplacer? où trouver les dix sous nécessaires pour acheter une cruche neuve? La poche du pauvre enfant est absolument vide. Il faut qu'il se résigne à être grondé, battu peut-être, si le bon Dieu ne vient pas à son aide.

Le bon Dieu l'a entendu; car le vieux mendiant, que ses mauvaises jambes clouent sur sa chaise, mais qui a du moins l'usage de ses mains, fait un signe à l'enfant, et lui dit tout bas :

Je suis riche aujourd'hui; j'ai fait des économies. J'ai là dix sous qui me gênent et qui pourront vous servir. Prenez-les, mon jeune ami. Vous m'avez fait assez de bien pour que je vous en rende quelque chose.

____

(1) Vase de bois, rond et creux.

Et il lui mit dans la main une petite pièce blanche, enveloppée dans un morceau de papier ; et l'enfant acheta une cruche neuve, et ne fut pas grondé par ses parents.

Plusieurs passants avaient été témoins de sa douleur. Pendant qu'il s'en retournait, ils le questionnèrent, et il raconta naïvement ce que le mendiant avait fait. C'étaient des personnes charitables, qui, admirant la délicatesse du mendiant, revinrent sur leurs pas, s'approchèrent du pauvre homme, sans rien dire, pour ne pas l'effaroucher, et mirent quelques pièces blanches dans la sébile. Le vieillard soupçonna bien l'indiscrétion de son jeune ami, mais il n'osa pas interroger les passants, et se contenta de les remercier de tout son cœur.

— Je crois, cher père, hasarda Alfred, que tu ne nous dis pas tout ; je suis sûr que tu étais une de ces personnes qui firent l'aumône au mendiant.

M. DURAND.

Oui, mon ami, et je t'assure que je n'ai jamais donné avec plus de plaisir.

— Je te demanderai, dit à son tour Gustave. de m'emmener un de ces jours de ce côté-là, pour que je puisse donner aussi. Et puis, nous pourrions peut-être faire connaissance avec ce petit garçon si charitable. J'ai une boîte de bonbons que tu me permettrais bien de partager avec lui.

M. DURAND.

Pour le bon mendiant, cher ami, c'est chose facile ; nous le rencontrerons quand nous voudrons. Pour l'enfant, il y a une petite précaution à prendre. Nous ne connaissons pas sa famille. Il est possible que son père soit un peu fier, et qu'il n'accepte pas volontiers quelque chose d'un inconnu. Je te promets de m'informer de sa position. Je le crois laborieux ; si je puis contribuer à lui procurer de l'ouvrage, nous ferons naturellement connaissance, et tu pourras, sans blesser son amour-propre, et même sans parler de l'aventure de la cruche, faire tes petites générosités à son aimable enfant.

M. Durand tint parole. Il sut que cet homme était un bon ouvrier cartonnier qui souffrait alors, comme beaucoup d'autres, de ce qu'on appelait une *morte-saison* (1). Il le recommanda à un fabricant qui lui fit une commande avantageuse, et, quand l'ouvrier sut que la recommandation venait de M. Durand, dont tout le monde connaissait l'obligeance, il alla le remercier sans phrases, ne soupçonnant pas ce qui avait éveillé son attention.

Son petit garçon, qu'il avait élevé un peu sévèrement, mais à qui il n'avait donné que de bons principes, l'accompagnait dans cette visite. Gustave, autorisé par M. Durand, se hâta d'aller chercher une jolie boîte remplie de pastilles de chocolat, et, quoique le père fît d'abord quelques difficultés, il obtint la permission d'en faire cadeau à son jeune camarade.

M. Durand le mena promener, le même jour, du côté de l'église, et Gustave fut heureux de faire sonner dans la sébile de fer blanc une pièce neuve d'un franc, qu'il avait gagnée pour ses bonnes notes à l'école, et qui lui attira les bénédictions du mendiant.

____

(1) Temps où le travail manque.

XLX

UNE ÉLECTION

Que se passe-t-il donc dans la petite ville bretonne? pourquoi ces conversations en plein air, où l'un des interlocuteurs retient par le bouton de sa veste ou par la manche de sa blouse celui à qui il parle avec tant de feu ?

Ah! il s'agit d'une grosse affaire. On va renouveler pour moitié et par voie d'élection le Conseil municipal.

De nombreuses conversations préparatoires ont lieu entre les électeurs, et, quoique les élections communales ne comportent pas autant de passion que les élections politiques, on débat les candidatures avec une certaine animation.

Au jour marqué, la convocation officielle a eu lieu. Les membres du bureau sont à leur poste ; l'urne du scrutin (1) attend les billets que chaque électeur a préparés d'avance ou qu'il choisit parmi ceux qu'on lui offre à l'entrée de la salle. Le défilé des votants va commencer.

Parmi les candidats, il faut compter d'abord les conseillers sortants, qui espèrent bien avoir conservé la faveur populaire. Heureux ceux qui, pendant leur ges-

---

(1) L'urne qui reçoit les bulletins des votants.

tion, ont pu rendre des services marqués à la commune, ou dont l'influence s'est exercée visiblement dans l'intérêt général; la réélection de ceux-là est assurée. Quelques-uns, peut-être, bénéficieront de leurs relations de famille ou d'amitié; mais, en général, l'instinct des électeurs ne se trompe guère à l'égard de ceux qu'ils ont vus à l'œuvre, et il est rare qu'ils ne renomment pas les plus capables et les plus méritants.

Pour les nouveaux candidats, la situation est un peu moins nette. Il y a sans doute des capacités qui se font reconnaître au premier abord, mais il peut y avoir aussi de petites ambitions moins justifiées, et l'esprit d'intrigue se glisse un peu partout. Là, comme ailleurs, ceux qui savent se remuer à propos, ceux qui ont des prôneurs (1) et des compères (2), peuvent surprendre un vote peu réfléchi. Cependant, on est si rapproché les uns des autres dans les communes modestes, et il est si bien de l'intérêt de tous de faire des choix utiles et pratiques, que le bon sens et l'esprit de justice dominent habituellement dans les résultats obtenus.

Enfin, il n'est pas sans exemple que d'honorables citoyens, qui ne briguent pas, qui ne désirent pas ces fonctions délicates, mais dont le caractère commande la confiance, et qui jouissent d'une popularité de bon aloi (3), soient choisis spontanément par la majorité des électeurs, et que leur nom sorte, comme de lui-même, de l'urne du scrutin.

Toutes ces combinaisons se réalisèrent, cette fois,

---

(1) Des gens qui les vantent.
(2) Des gens qui s'entendent avec eux.
(3) Légitime.

comme dans les autres occasions analogues. Sur douze nominations qui devaient avoir lieu, les deux tiers, c'est-à-dire huit, furent des réélections faites à une majorité considérable, trois candidats nouveaux passèrent avec un nombre de voix suffisant. Un seul nom fut acclamé comme ayant obtenu l'unanimité des suffrages. C'était celui d'un homme qui ne s'était pas présenté dans la lutte..... le nom de M. Durand.

On s'étonnera peut-être que sa modestie connue n'ait pas mis obstacle à cette démonstration flatteuse, et qu'il n'ait pas eu vent (1) de la conspiration tramée contre lui. Mais il faut savoir qu'il ne comptait point d'ennemis dans la commune, où il avait servi tant de gens par de sages conseils ; et que, à peine la proposition de le nommer eût-elle été murmurée par quelques-uns à l'oreille de tous, elle devint l'opinion de tout le monde. On se promit, et on eut le courage rare, de garder le plus grand secret, et ces braves gens jouissaient par avance de la surprise de celui que les plus âgés nommaient *leur conseil*, et les plus jeunes *leur père*.

M. Durand, après avoir déposé son vote, était assis tranquillement dans son jardin, au milieu de sa famille Une députation de cinq notables (2) demanda à être introduite auprès de lui. Le chef était armé d'un gros bouquet, composé avec soin par le premier jardinier de la ville.

— **Nous venons** vous offrir, dit l'orateur, nos cordiales et respectueuses félicitations.

(1) Entendu parler.
(2) Personnages importants de la commune.

— Et de quoi donc, mes bons amis, dit M. Durand, au comble de la surprise ?

Celui qui portait le bouquet, et qu'il reconnut pour un fabricant à qui ses bons conseils avaient épargné un procès, cria d'une voix retentissante : Vive M. Durand, conseiller municipal !

Cette exclamation valait un long discours.

On expliqua au nouvel élu le complot qui avait eu cette heureuse issue. M. Durand se défendit de son mieux, et, tout en protestant de sa reconnaissance, il se montra peu disposé à faire le sacrifice de son cher loisir. Mais, quand il sut que le vote avait été unanime, il fut ébranlé. Madame Durand, quoiqu'elle restât neutre en apparence, était évidemment flattée de l'honneur conféré à son mari. Les enfants ne cachaient pas leur joie.

M. Durand prit son parti ; il accepta le bouquet symbolique (1), et, s'adressant à la députation :

— Mes amis, leur dit-il, je n'aurais jamais cru attendre si tard pour devenir ambitieux. C'est vous qui l'aurez voulu ; votre conscience en sera chargée.

Parlons sérieusement. S'il suffit d'avoir le sentiment de ce qui est juste et un grand désir de faire le bien, je pourrai vous être de quelque utilité dans les fonctions que votre confiance m'impose ; mais, pas d'illusions, mes chers amis ! Vous auriez pu faire un bien meilleur choix, et, si je croyais qu'il restât à quelqu'un le moindre regret de ce qui arrive, je déposerais sur l'heure un titre que je croirais avoir usurpé.

— Vous avez fait vos preuves, monsieur Durand, in-

____

(1) Qui avait une signification particulière.

terrompit un membre de la députation ; vous n'avez à craindre les regrets de personne.

— Soit donc ! reprit le père de famille, plus ému qu'il ne voulait le paraître. J'accepte ce mandat (1), puisque mes concitoyens m'en ont cru digne. — Puis, se tournant vers ses enfants : mes bons amis, leur dit-il, n'allez pas croire que je sois devenu un grand personnage, pour avoir obtenu un honneur si imprévu. Je reste le petit bourgeois modeste, qui ne recherche pas le bruit, et qui se sent très-indigne d'occuper la renommée. Ne soyez donc pas plus orgueilleux que moi de cette nomination, qui m'est précieuse, mais dont je ne ferai jamais un moyen d'influence égoïste. Nous n'en continuerons pas moins nos bonnes conversations du jardin ou du coin du feu, et ces messieurs ne sauront pas mauvais gré au nouveau conseiller municipal de rester toujours et avant tout père de famille.

Cette petite allocution, moitié sérieuse, moitié enjouée, fut bien accueillie de la députation, qui se retira, après force de poignées de mains données et rendues.

Après son départ, M. Durand reçut les tendres félicitations de la mère et des enfants.

— Mon ami, lui dit Madame Durand, je n'aime pas plus que toi l'étalage et les pures satisfactions de vanité ; mais pourquoi ne serais-tu pas sensible à une marque si rare d'estime et de reconnaissance ! Après une vie modeste, dans laquelle tu as fait des heureux, tu n'as pas rencontré d'ingrats ; c'est une merveille ! Il t'est bien permis de t'en réjouir.

(1) Acte par lequel on confie à quelqu'un le soin d'une affaire.

— Allons, allons! madame la *conseillère*, dit le père en souriant, vous voulez faire la désintéressée; je suis sûr que vous êtes plus fière que moi des suffrages qu'on m'a donnés.

— Et moi, cher père, dit Alfred, je n'ai pas besoin de cacher ma pensée. Je vais, comme je l'ai entendu dire à mon cousin, qui est fort en histoire ancienne, *marquer ce jour d'une pierre blanche* (1), c'est-à-dire, le ranger parmi les jours heureux. *Conseiller municipal!* dame! c'est un beau titre. Et, plus tard, peut-être *adjoint!* peut-être *maire!* qui sait?

— Mon enfant, reprit plus sérieusement M. Durand, tu me ferais de la peine, si je croyais que ce fût là ta pensée. Non! mille fois non! je tâcherai de faire honneur au simple titre que j'ai reçu; mais je ne veux, je n'accepterai rien de plus, et je t'engage à laisser de côté ces fumées d'ambition enfantine. Tu me ferais repentir d'avoir dit *oui* cette fois, et d'avoir fait violence à mes habitudes.

ALFRED.

Ne te fâche pas, cher père! je plaisantais.

M. DURAND.

A la bonne heure. Souvenez-vous bien, mes enfants, qu'un homme prudent ne doit jamais accepter un fardeau trop lourd pour ses épaules, et que, lorsque le ciel nous a donné le goût d'une vie obscure, le plus sage est de s'y maintenir.

(1) C'est ainsi que les anciens constataient les jours heureux.

L

QUE SONT DEVENUS NOS AMIS?

Ceux qui ont pris la peine de lire ce petit livre ont sans doute, comme beaucoup d'autres, leur dose légitime de curiosité. Je crois les entendre me demander ce que devint Alfred, qui allait commencer au collége des études bien préparées par les soins de son père ; si les espérances que donnait l'intelligence de Gustave se sont réalisées ; quelles qualités a développées Blanche en grandissant ; si M. et madame Durand, en gagnant des années, ont joui d'une vieillesse tranquille, à l'abri de ces grandes épreuves que la Providence réserve, même aux Justes. Voilà bien des questions, et peut-être ne les ai-je pas devinées toutes.

Je vais essayer d'y répondre en quelques mots.

Au moment où on me les adresse, Alfred vient d'être admis à l'école de Saint-Cyr, après un brillant examen. Son esprit positif et chercheur avait trouvé à se satisfaire dans l'étude des sciences exactes. Sans être bien fort dans les Lettres, il avait appris ce qui était nécessaire pour les examens, et tout annonçait qu'il serait un officier instruit et exact à remplir ses devoirs.

Le goût de Gustave l'a porté vers les sciences appliquées (1). A quinze ans, il est à la tête de sa classe, pour

______

(1) Opposées aux sciences *abstraites*, et qui comprennent l'étude de la pratique.

le français, la physique, la chimie, l'histoire naturelle, et il a de bonnes notions de comptabilité ; l'anglais lui est familier. Le commerce est devenu son idée fixe. Il aspire à se perfectionner dans l'École de Paris (1) où cette science est enseignée avec les développements nécessaires. Tout indique qu'il obéit à une vocation.

Blanche, à seize ans accomplis, est une aimable jeune fille. Sous la direction de sa mère, qui a nourri en elle les sentiments d'une piété éclairée, elle croît chaque jour en grâces et en vertus.

M. et madame Durand vieillissent doucement, avec le sentiment intime du bien qu'ils ont fait. M. Durand, qui remplissait avec conscience ses devoirs de conseiller municipal, a refusé d'être maire, malgré les vives instances dont il a été l'objet. Rien n'a pu vaincre sa modestie. Il croyait sincèrement ce poste au-dessus de ses forces, et, quoiqu'il fût seul de cet avis, il y persista avec une persévérance toute bretonne.

Par exemple, il ne renonce pas à ses habitudes de *grand juge de paix*. Le pli en est pris. Il continue donc à concilier les gens, à éteindre les procès, et il ne peut se soustraire du moins à la respectueuse reconnaissance de ceux à qui il a rendu service.

Un seul chagrin, mais un vrai chagrin, a troublé les jours sereins de sa vieillesse. Le bon père Marcel n'a pas survécu longtemps à son départ pour Nantes. Quoique sa sœur et son beau-frère l'entourassent des soins les plus tendres, il ne s'est pas consolé d'avoir quitté son pays natal. Il cachait son affliction pour ne pas

(1) L'École de commerce.

attrister ses bons hôtes, mais il languissait, i l sentait diminuer ses forces ; bientôt, le moment suprême arriva, et, le lendemain même du jour où il écrivait à son *capitaine* une affectueuse et dernière lettre, il passait à une vie meilleure.

Il avait légué à M. Durand sa médaille militaire, en le priant d'engager Alfred à y porter quelquefois les yeux ; et, selon son désir, une petite somme, religieusement transmise par sa sœur à la famille Durand, fut consacrée à former pour les enfants un noyau modeste de bibliothèque. Gustave reçut, comme souvenir d'affection intime, le portrait du vieux soldat.

Maintenant, me sera-t-il permis de dire que je ne me sépare pas sans émotion de ce charmant intérieur où j'ai vécu avec mes lecteurs pendant une année? La pensée qui me console, c'est que nous y avons trouvé et mis en umière les exemples d'une vie pure, les principes solides qui doivent gouverner les particuliers et les familles, et que nous n'aurons pas écouté sans profit des récits où les vérités religieuses et morales ont occupé la place d'honneur.

Je prends donc congé de vous, mes chers lecteurs. Quand vous aurez quelque doute à éclaircir, quelque bonne résolution à fortifier, ouvrez ce livre ; consultez cet homme de bien, ce bon père de famille, cet utile citoyen, et que M. Durand soit pour vous ce qu'il a été si longtemps pour ses compatriotes, un conseil et un ami !

QUESTIONNAIRE

Des chapitres XLIII à L inclusivement.

XLIII. — Qu'est-ce que le colportage?
Quels en sont les abus?
N'est-il pas soumis à des règlements?
Quels services peut-il rendre à l'instruction?

XLIV. — Qu'est-ce que *les plaisirs de famille?*
Citez-en plusieurs exemples.
D'où vient l'usage de tirer la fève?
D'où vient l'usage des étrennes?

XLV. — Qu'est-ce que *l'esprit d'ordre?*
Comment le définissait Franklin?
Comment Franklin l'a-t-il pratiqué?
Quels en sont les effets?

XLVI. — Quel parti prend le père Marcel, quand il sent venir la fatigue?
Quels regrets laisse-t-il en partant?

XLVII. — En quoi consiste le commerce?
N'est-ce pas une nécessité sociale?
Quel doit être son caractère essentiel?
Quels peuvent en être les abus?
Que faut-il penser de la vente à prix fixe?
De quoi faut-il se préserver, en entrant dans le commerce?

XLVIII. — Qu'arriva-t-il à un enfant charitable?
Comment un mendiant à qui il avait fait l'aumône se montra-t-il reconnaissant?
Quelles furent les conséquences de cette bonne action?

XLIX. — Qu'est-ce qu'une élection municipale?
Quelle visite imprévue reçut M. Durand?
A quelles conditions accepta-t-il le mandat de conseiller municipal?
Ne donna-t-il pas, à cette occasion, une leçon de modestie à ses enfants?

L. — Que devint cette bonne famille?
Racontez la mort du père Marcel et les souvenirs qu'il destina à ses amis.

TABLE DES CHAPITRES.

CLICHY. — Imp. PAUL DUPONT, rue du Bac-d'Asnières, 12. (64-10-8.

www.ingramcontent.com/pod-product-compliance
Ingram Content Group UK Ltd.
Pitfield, Milton Keynes, MK11 3LW, UK
UKHW022101120726
13694UKWH00001B/280